Otto Retzlaff

Vorschule zu Homer

I. Homerische Antiquitäten, II. Abriss der homerischen Mythologie und Geographie

Otto Retzlaff

Vorschule zu Homer
I. Homerische Antiquitäten, II. Abriss der homerischen Mythologie und Geographie

ISBN/EAN: 9783743612273

Hergestellt in Europa, USA, Kanada, Australien, Japan

Cover: Foto ©ninafisch / pixelio.de

Manufactured and distributed by brebook publishing software (www.brebook.com)

Otto Retzlaff

Vorschule zu Homer

Vorschule zu Homer.

I.

Homerische Antiquitäten
in Form eines Vokabulariums.

II.

Abriß der Homerischen Mythologie und Geographie.

Von

Dr. Otto Retzlaff,

Oberlehrer an dem Altstädtischen Gymnasium zu Königsberg in Preußen.

Mit 2 Tafeln Abbildungen.

Berlin, 1868.

Verlag von Th. Chr. Fr. Enslin

(Adolph Enslin.)

Vorwort.

Der Verfasser des vorliegenden Werkchens hofft in demselben manchem seiner Collegen ein erwünschtes Hilfsmittel für die Lectüre des Homer in den oberen Gymnasialklassen in die Hand zu geben. Dasselbe macht keine weiteren Ansprüche, als ein Leitfaden zu sein, der einem gedrängten Vortrage der homerischen Antiquitäten und der Mythologie zu Grunde gelegt werden kann, und der nebenbei dem Schüler durch systematisches Memoriren der Vokabeln möglichst schnell zur Kenntniß der homerischen Sprache, die zum größten Theil von der attischen, ihm vor dem Beginn der Homerlectüre allein bekannten, wesentlich verschieden ist, verhelfen und ihm so das mühsame, nur zu oft die Lust an dem Dichter verleidende Aufschlagen in einem dickleibigen Lexikon ersparen, mindestens bedeutend abkürzen soll. Daß eine Einführung des Schülers in die homerischen Alterthümer durch gelegentliche, zusammenhängende, kleine Vorträge des Lehrers über einzelne Abschnitte derselben, neben der Bekanntschaft mit den Realien der homerischen Gedichte, die der Schüler durch die langsam fortschreitende Lectüre des Dichters selbst gewinnt, für das leichtere und bessere Verständniß des Dichters von dem ersprießlichsten Erfolge sei, davon hat der Verfasser durch vieljährige Erfahrung sich überzeugt: Er fand wenigstens bei derartigen Excursen, die er, nicht regelmäßig, mit der Lectüre zu verbinden pflegte, in seinen Schülern stets ein dankbares Auditorium, das sich lebhaft für die Sache interessirte und nebenbei, im Spiele fast, eine reiche copia vocabulorum in das Gedächtniß aufnahm, die es in der Folge bei der Präparation verwerthen könnte. Ein sehr fühlbarer Uebelstand dabei war, abgesehen von dem Zeitverluste, die Unzuverlässigkeit der schriftlichen Notizen, die sich die Schüler bei dieser Gelegenheit zu machen pflegten. Um diesem Mangel abzuhelfen, beabsichtigte der Verfasser schon lange, ein kurzes Verzeichniß der homerischen Substantiva, nach dem Stoffe geordnet, drucken zu lassen und dieses den Vorträgen zu Grunde zu legen. Als ihm endlich die Muße zu Theil wurde, die ihm gestattete, zu der Ausführung des lange gehegten Plans zu schreiten, zeigte sich bald das Bedürfniß einer Erweiterung der ursprünglich sehr knapp begränzten Anlage. Um dem Schüler ein einigermaaßen anschauliches Bild zu geben, durften die Epitheta, wenigstens die significanten, nicht fehlen. Die oft gemachte Wahrnehmung, daß es unseren Schülern leider an mythologischen Kenntnissen zu fehlen pflegt (wol eine Folge der Beschränkung des historischen Unterrichts auf den untersten Unterrichtsstufen), bewog den Verfasser, an das Vokabularium noch einen kurzen Abriß der homerischen Mythologie anzureihen, der zugleich durch kurze Erwähnung des von Homer Verschwiegenen Anhalt zu einer Repetition der gesammten Mythologie bieten könnte; ihm schließt sich aus ähnlichem Grunde ein Abriß der homerischen Länder und Völkerkunde an, der ein vollständiges Verzeichniß aller von dem Dichter erwähnten Oertlichkeiten und Völker enthält und durch Befestigung und Erweiterung der geographischen Kenntnisse der Schüler auch für den historischen Unterricht nicht ohne Nutzen sein dürfte.

Von den bereits vorhandenen Vorschulen zu Homer unterscheidet sich die vorliegende einmal dadurch, daß sie mit möglichster Kürze möglichste Vollständigkeit zu vereinigen strebt. Für die Vollzähligkeit der gegebenen Nomina substantiva, so weit sie unter die einzelnen Rubriken sich bringen ließen, glaubt der Verfasser, der sich vielfach mit den homerischen Synonymen beschäftigt hat, im Allgemeinen einstehen zu können. Von den Epithetis sind die stehenden sämmtlich, von den übrigen alle diejenigen aufgenommen, die für die Charakteristik des betreffenden Nomens von Wichtigkeit zu sein schienen. Von den Verben sind von Cap. VIII. an nur die wichtigsten, fast nur primitiva und termini technici aufgeführt, da die Bedeutung der abgeleiteten, mit Hilfe der gegebenen Substantiva, von dem reiferen Schüler mit Leichtigkeit gefunden werden kann. Was

zweitens die Kürze der Darstellung betrifft, so hätte vielleicht
Mancher eine, wenn auch gedrängte, so doch zusammenhängende Darstellung der Vokabularform vorgezogen. Bei dem Zweck indessen,
den der Verfasser bei Abfassung des Buches vor Augen hatte, er-
schien gerade diese Form wegen der übersichtlichen Anordnung des
Stoffes, die nicht wenig zur Unterstützung des Gedächtnisses beiträgt,
als die zweckmäßigere. Auch ein äußerer Grund, die Rücksicht auf
möglichste Billigkeit des Buches, damit es in der That ein Schulbuch,
d. h. ein von den Schülern wirklich benutztes werden könnte, bewog
den Verfasser zu der Wahl dieser knappen Darstellung, bei der na-
türlich dem Lehrer die Hauptarbeit überlassen bleibt. Seine Aufgabe
ist es, das Skelett zu bekleiden und zu beleben! Die den einzelnen
Capiteln beigegebenen Hauptstellen bieten ihm dann Gelegenheit, das
mit den Schülern Besprochene sofort zu verwerthen und durch den
Dichter selbst bestätigen zu lassen. Erörterungen von Fragen, wie
die über die Entstehung und die Einheit der homerischen Gedichte,
wie sie in manchen der vorhandenen Vorschulen vornehmlich oder
auch wohl ausschließlich behandelt werden, liegen über den Gesichts-
kreis der Schule hinaus und bleiben am Besten der Universität
überlassen. — Der Verfasser hat sich endlich bemüht, den Resultaten
der in neuerer Zeit vielfach gerade auf die homerische Worterklärung
gerichteten Untersuchungen von Döderlein, Nägelsbach, Cur-
tius, Göbel, Ameis, Düntzer u. A. weitere Verbreitung zu ver-
schaffen, indem er da, wo er nach reiflicher Ueberlegung der neueren
Interpretation beistimmen zu müssen glaubte, dieser, gegenüber den
abweichenden, traditionellen Deutungen, wie sie in den älteren Vorschulen sich noch vielfach finden, den Vorzug gab. Daß der Verfasser
bei abweichenden Ansichten nicht alle Deutungsversuche, sondern nur
die ihm plausibelsten aufgenommen hat, wird man in einem Vokabularium gewiß billigen. Die der Schrift beigefügten Beilagen werden, wie ich hoffe, Manchem erwünscht sein, namentlich das Verzeichniß der Homonyma, die, soviel ich weiß, bis jetzt noch nicht in
dieser Weise zusammengestellt sind, ebenso wie die beiden Tafeln Abbildungen, die vielleicht in ihren Details manchen Widerspruch erfahren könnten, jedoch, wie ich glaube, geeignet sind, dem Schüler

im Allgemeinen ein richtiges Bild von den homerischen Waffen, dem Fuhrwerk, dem Hause und dem Schiffe zu geben. Schließlich glaubt der Verfasser von den mannigfachen Hilfsmitteln, die er benutzt hat, vor allen das treffliche homerische Speziallexikon von C. E. Seiler nennen zu müssen, das ihm bei der Zusammenstellung des Stoffes die wesentlichsten Dienste geleistet hat. Für die Epitheta ist das Verzeichniß derselben von Ernst Schultze (Progr. v. Magdeburg 1851) zu Grunde gelegt worden. Die verhältnißmäßig nicht zahlreichen Druckfehler, die sich trotz aller auf die Correctur verwandten Mühe eingeschlichen haben, bittet der Verfasser zum Theil wenigstens mit seiner Entfernung von dem Druckort zu entschuldigen.

Möge das Büchlein, das nicht so ganz ἀνιδρωτί, wie es auf den ersten Blick scheinen könnte, zu Stande gekommen ist, sich als praktisch bewähren!

Königsberg in Preußen im Juni 1868.

Inhalts-Verzeichniß.

I. Abschnitt.

II. Abschnitt.

III. Abschnitt.

Anhang.

Cap. I.

Himmel. — Luft. — Himmels- und Lufterscheinungen. — Gestirne. — Licht. — Feuer. — Zeiteintheilung.

ὁ οὐρανός der Himmel
  Epitheta: ἀστερόεις sternenreich
  εὐρύς weit
  χάλκεος ehern
  πολύχαλκος erzreich
  σιδήρεος eisern
  μέγας groß

ἡ αἰθήρ, έρος die obere, reine Himmelsluft, der Aether
  ἄσπετος unaussprechlich groß
  ἀτρύγετος öde (A. wogend)
  νήνεμος windstill
  δῖα göttlich

ἡ αἴθρη der Himmelsglanz
  ἀνέφελος wolkenlos

ὁ αἶθρος) der Morgenfrost

ἡ ἀήρ b. Hom. nur in d. cass. obl.
ἠέρος etc. 1) die untere, dickere Luftschicht, die Atmosphäre, 2) der Nebel, das Dunkel
  ἐρεβεννή dunkel
  βαθεῖα } dicht
  πολλή }
  Dat. ἦρι im Morgennebel d. i. früh
  adj. ἠέριος in der Frühe

ἡ νεφέλη der Nebel, die Wolke
  κυανέη schwarzblau
  πορφυρέη purpurn
  πυκινή dicht

τὸ νέφος das Gewölk, der Nebel

μέλαν schwarz
pl. σκιόεντα schattig

ἡ ὀμίχλη der Nebel

*ἡ αὔρη der kühle Luftzug, die Brise

ἡ πνοιή das Wehen, der Wind
  ἀλεγεινή widerwärtig
  λιγυρή hell pfeifend

ὁ ἄνεμος der Wind
  βύκτης heulend
  λιγύς hell pfeifend
  *εἰλυφόων wirbelnd
  ζαής heftig wehend
  δυσαής widrig wehend
  ζαχρηής heftig andringend
  ἀργαλέος } schwer
  χαλεπός }

ὁ βορέης der NNO-Wind
  αἰθρηγενής } im Aether erzeugt
  *αἰθρηγενέτης }
  ὀπωρινός herbstlich
  κραιπνός reißend
  ἀκραής stark wehend
  μέγας groß, stark
  καλός schön

ὁ νότος der Südwestwind
  ἀργεστής reißend

ὁ εὖρος der Südostwind

ὁ ζέφυρος } der Westwind
*ἡ ζεφυρίη sc. πνοιή }

---

*) Die mit einem * bezeichneten Nom. sind Ἅπ. εἰρημένα.

αἰὲν ἔφυδρος stets Regen bringend

λάβρος heftig

θύων }
ἐπαιγίζων } einherstürmend

κεκληγώς sausend

κελαδεινός }
κελάδων } brausend

ἀκραής -δυσαής -μέγας

ὁ ἀήτης der Weher, der Wind

δεινός fruchtbar

λιγὺ πνείων pfeifend, scharf wehend

ἡ ἄελλα der Wind, Sturm

ὑπεραής hoch erbrausend

χειμερίη winterlich

ἡ θύελλα der Sturm, die Winds=
braut

κραιπνή reißend

χαλεπή — δεινή

ἡ λαῖλαψ, πος der Regensturm,
Orkan

βαθεῖα voll, heftig

θεσπεσίη gewaltig

κελαινή schwarz

ἐρεμνή — πολλή — μεγάλη.

ἡ στροφάλιγξ, ιγγος der Wirbel=
wind

ὁ χειμών, ῶνος das Winterwetter,
der Sturm

δυσθαλπής übel erwärmend

ἔκπαγλος erstarrend

τὸ χεῖμα die Winterkälte

ἡ χιών, όνος der Schnee

ψυχρή kalt

ὁ νιφετός das Schneegestöber

ἡ νιφάς, άδος die Schneeflocke,
pl. das Schneegestöber

χειμέριαι winterlich

ψυχραί kalt

θαμειαί }
ταρφεῖαι } dicht

ἡ χάλαζα der Hagel

*ἡ πάχνη }
*ἡ στίβη } der Reif

ὁ κρύσταλλος das Eis

ἡ ἐέρση der Thau

ἡ νοτίη die Nässe, pl. der Regen

*ὁ ὑετός pluvia, der Regen

ὁ ὄμβρος imber, der Platzregen

ἀθέσφατος } unsäglich,
ἄσπετος } unermeßlich

πολύς —

ἡ ῥαθάμιγξ, ιγγος }
*ἡ ψιάς, άδος } der Tropfen

ἡ ἶρις, ιδος der Regenbogen

πορφυρέη purpurn

ἡ ἀστεροπή fulmen, der Wetter=
strahl

ἡ στεροπή fulgur, der Blitz

ὁ κεραυνός der Donnerkeil

ἀργής, ῆτος glänzend weiß

ψολόεις rauchend

ἡ βροντή der Donner

βροντᾶν donnern

ἀστράπτειν blitzen

ὕειν regnen

νίφειν schneien

ὁ ἠέλιος (att. ἥλιος) die Sonne
(Epith. Cap. XXIV)

*ἀντολαί (f. ἀνατ.) der Aufgang

ὁ ἠλέκτωρ die strahlende Sonne

ἡ σελήνη }
ἡ μήνη } der Mond

σελ. πλήθουσα d. Vollmond

ὁ ἀστήρ, έρος der Stern

λαμπρός glänzend

τὸ ἄστρον das Sternbild

τὰ τείρεα die Sternbilder als Him-
melszeichen

ὁ ἑωσφόρος der Morgenstern

ὁ ἕσπερος der Abendstern

ὁ ὀπωρινός ἀστήρ) der Hunds-
κύων Ὠρίωνος } stern
(der N. Σείριος erst b. Hesiod)
ὁ Ὠρίων Orion
ὁ Βοώτης eig. der Rinderhirt (sp. Ἀρκτοῦρος)
αἱ Πληιάδες die Plejaden oder das Siebengestirn
αἱ Ὑάδες die Hyaden (suculae)
ἡ ἄρκτος) der Bär oder
ἡ ἄμαξα } Wagen

τὸ φάος, εος (att. φῶς) das Licht
τὸ φόως
ἡ ἀκτίς, ῖνος der Strahl
ἡ αὐγή
τὸ σέλας, αος } der Lichtglanz
ἡ αἴγλη der Glanz, Schimmer
ἡ ἀτμή u. } d. sengende Gluth-
ὁ ἀτμήν, ένος } hauch, die Lohe
*εὔπρηστος heftig angefacht
ἀμέγαρτος entsetzlich
τὸ πῦρ, ός das Feuer
αἰθόμενον
καιόμενον } brennend,
φλεγέθον
χήλεον } flammend
λαμπετόων leuchtend
φαεινόν glänzend
ἀκάματον unermüdlich
δήιον feindlich
ὀλοόν verderblich
ἀίδηλον vernichtend
μαλερόν heftig
θεσπιδαές gottentzündet
ἡ φλόξ, φλογός die Flamme
παμφανόωσα hellleuchtend
ἄσβεστος unauslöschlich
δεινή furchtbar
*τὸ φλέγμα die Feuersgluth
*τὸ καῦμα die Sonnenhitze

*ὁ σπινθήρ, ῆρος der Funke
(σπέρμα πυρός O. 5. 490)
ὁ καπνός der Rauch
αἶθοψ röthlich schimmernd
κακός schädlich O. 13. 435
ἡ κνίση der Fettdampf
ἡδεῖα süß
*ἡ σποδός) die Asche
ἡ τέφρη }
ἡ σποδιή der Aschenhaufen
μέλαινα schwarz
*ἡ ἀνθρακιή der Kohlenhaufen

ὁ χρόνος die Zeit
(δηρός lange dauernd)
ὁ λυκάβας, αντος die Lichtbahn, das Jahr
τὸ ἔτος) das Jahr
ὁ ἐνιαυτός }
τελεσφόρος Vollendung herbeiführend
ἡ ὥρη die Zeit, die rechte Zeit, die Jahreszeit
1) ὥρη εἰαρινή) der Frühling
τὸ ἔαρ }
2) τὸ θέρος der Sommer
ἡ ὀπώρη der Spätsommer
τεθαλυῖα ὀπ. b. reifende Fruchtzeit
3) ὥρη χειμερίη)
τὸ χεῖμα } der Winter
ὁ χειμών }
ὁ μείς att. μήν, μηνός der Monat
(τοῦ μὲν φθίνοντος μηνός, τοῦ δ' ἱσταμένοιο O. 14. 162)
τὸ ἦμαρ, ατος) der Tag
ἡ ἡμέρη }
ἱερὸν ἦμαρ der heilige Tag
ἡ ἠώς, οῦς (att. ἕως) die Morgenröthe, der Morgen
Epith. f. Cap. XXIV.
ἡ ἠοίη sc. ὥρη der Morgen

μέσον ἦμαρ der Mittag

*ὲ δείπνηστος die Eſſenszeit

ἡ δείλη ⎫ der ſpäte Nachmit-
δείελον ἦμαρ ⎭ tag, Abend

ὁ ἕσπερος der Abend

τὰ ἕσπερα die Abendſtunden

ὁ βουλυτός die Zeit des Ausſpan-
nens der Rinder, die Abend-
ſtunde (bei Homer nur in
βουλυτόνδε)

> ἠοῖος 1) am Morgen, matutinus
> 2) öſtlich, orientalis
>
> ἠέριος in der Frühe
>
> ἠμάτιος 1) diurnus 2) quotidianus
>
> ἔνδιος am Mittage
>
> ἑσπέριος 1) am Abend 2) weſtlich

*ἡ ἀμφιλύκη das Zwielicht, die
Morgendämmerung

τὸ κνέφας, αος die Abenddäm-
merung

> ἱερόν heilig

ὁ ζόφος das Abenddunkel

> ἠερόεις nebelig
>
> πρὸς ζόφον gegen Weſten
>
> πρὸς ἠῶ τ᾽ ἠέλιόν τε gegen Oſten

(oder οἱ μὲν δυσομένου Ὑπερίονος
οἱ δ᾽ ἀνιόντος O. 1. 24)

ἡ περάτη der äußerſte Horizont im
Weſten O. 23. 243

ὁ σκότος das Dunkel

στυγερός verhaßt

ἡ ἀχλύς, ύος das Dunkel, insbeſ.
die Todesnacht

> θεσπεσίη gottgeſendet
>
> κακή unheilvoll

ἡ νύξ, νυκτός die Nacht

> δμήτειρα θεῶν καὶ ἀνδρῶν die Götter
> und Menſchen bezwingt
>
> ἀμβροσίη ⎫ unſterblich, göttlich,
> ἄμβροτος ⎬ als Gabe der Götter
> *ἀβρότη ⎭
>
> κελαινή ⎫ ſchwarz
> μέλαινα ⎭
>
> ὀρφναίη finſter
>
> *σκοτομήνιος mondſcheinlos
>
> δνοφερή ⎫ dunkel
> ἐρεμνή ⎭
>
> θοή ſchnell hereinbrechend
>
> νυκτὸς ἀμολγῷ zur Stunde des Mel-
> kens d. i. im erſten oder letzten
> Drittel der N. (nach A: im Dunkel
> der N.)
>
> Eintheilung der N. Il. X. 253.

Cap. II.

Waſſer. — Meer. — See. — Fluß. — Bach. — Quelle.

Τὸ ὕδωρ, ατος das Waſſer

> ἀγλαόν glänzend, klar
>
> λευκόν weiß ſchimmernd
>
> μέλαν ſchwarz
>
> δνοφερόν dunkel
>
> ὑγρόν fließend

ψυχρόν kühl

λιαρόν lau

γλυκερόν ſüß

pl. *ἀενάοντα aquae perennes, ſtets
fließend

ἀλμυρόν ὕδωρ das Salzwaſſer, die See

ἡ ἅλμη das Seewaſſer
πικρή bitter
ἡ ὑγρή ⎱ das Meer als das
ἡ θάλασσα ⎰ naſſe, flüſſige Welt-
    element.
  ἀτρύγετος öde (oder wogend)
  πολιή grau
  γλαυκή glänzend, glitzernd
  ἀθέσφατος unausſprechlich, groß
  εὐρύπορος weit befahren
  ἠχήεσσα tönend, brauſend
  πολύφλοισβος ſtark wogend
ὑγρὰ κέλευθα die naſſen Bahnen,
    das Meer
ἡ ἅλς, ἁλός die Salzfluth, das
    Meer
  δῖα heilig
  πορφυρέη purpurn
  μαρμαρέη ſchimmernd
  πολυβενθής ſehr tief
  βαθεῖα tief
  ἀτρύγετος — πολιή —
ὁ πόντος die tiefe, hohe See
  οἴνοψ weinfarbig
  ἰοειδής ⎱ violenfarbig
  ἰόεις ⎰
  ἠεροειδής nebelig
  ἰχθυόεις fiſchreich
  ἀπείριτος ⎱ gränzenlos, unendlich
  ἀπείρων ⎰
  εὐρύς breit, weit
  μεγακήτης großſchlundig
  πολύκλυστος ſtark anſpülend
  κυμαίνων wogend
  ἀτρύγετος ſ. ob.
τὸ πέλαγος das weite, offene Meer
  δεινόν furchtbar, gewaltig
  μέγα groß
ἡ λίμνη die ruhige See
ἡ γαλήνη die Meeresſtille
  νηνεμίη windlos
*ἡ πλημυρίς, ίδος die Fluth

τὸ λαῖτμα ⎫
τὸ οἶδμα ⎬ der Wogenſchwall
ὁ κλύδων ⎭
ἡ ῥηγμίν, ῖνος die Brandung
  βαθεῖα tief
ὁ θίς, θινός der Wellenſchlag am
    Ufer (A.: der Strand)
  φυκιόεις voll Seetang
ἡ φρίξ, φρικός das Gekräuſel des
    Meeres
τὸ κῦμα die Welle, Woge
  πορφύρεον purpurn
  κελαινόν ⎱ ſchwarz
  μέλαν ⎰
  *φαληριόων weiß aufſchäumend
  πελώριον rieſig
  δεινόν gewaltig
  λάβρον reißend
  κυρτόν gewölbt
  κατηρεφές überhangend
  πηγόν gedrungen, ſtark
  *τρόφι ⎱ wohlgenährt, geſchwellt
  τροφόεν ⎰
  ἀνεμοτρεφές vom Winde genährt
  κυλίνδον rollend
  ῥόθιον rauſchend
  παλιρρόθιον zurückrauſchend
  ἐπεσσύμενον heranſtürmend
  ἐρευγόμενον aufgiſchend
  κυκώμενον kochend, toſend
  ἀργαλέον ſchwer
τὸ βένθος ⎱ die Tiefe
*ὁ βυσσός ⎰
ὁ πορθμός die Meerenge, der
    Sund
ὁ κόλπος der Meerbuſen
ἡ λίμνη der See, Teich
τὸ ἕλος der Sumpf
ὁ ποταμός der Fluß
  ἱερός ⎱ heilig
  δῖος ⎰
  λάβρος reißend

ὠκύροος schnell strömend
καλλίροος;
ἐυρρεής } schön fließend
ἐύρροος
εὐρὺ ῥέων breit strömend
βαθύρροος tief strömend
δινήεις strudelreich
βαθυδίνης } tief strudelnd
βαθυδινήεις
ἀργυροδίνης silberstrudelnd
διιπετής himmelentströmend
ἁλιμυρήεις in's Meer rauschend
κελάδων brausend
ἐρίδουπος laut tosend

ὁ ῥόος } die Strömung, die Fluth
ἡ ῥοή }   pl. die Wellen

τὰ ῥέεθρα (att. ῥεῖθρα) die Wellen des Flusses

ἡ προχοή die Mündung

ὁ χειμάρρους torrens der Gießbach

ὁ ἔναυλος } der Wildbach, auch
ἡ χαράδρη } das Bett desselben

ἡ κρήνη die Quelle, der Brunnen
μελάνυδρος mit schwarzem Wasser
καλλιρέεθρος } schön fließend
καλλίροος

ὁ κρουνός der Quell, Born
καλλίροος

*ἡ πίδαξ, ακος die Quelle

ἡ πηγή die Quelle als Ursprung eines Flusses (Il. 22. 147)

*τὸ φρεῖαρ (att. φρέαρ) der künstliche Brunnen

ἡ τάφρος }
ἡ κάπετος } der Graben
ὁ οὐρός

*ὁ χνόος }
ὁ ἀφρός } der Schaum
ἡ ἄχνη

Cap. III.

Erde. — Land. — Aker. — Berg. — Thal. — Wald. — Wiese. — Straße.

ὁ χῶρος) der Raum, Platz, die
ἡ χώρη } Gegend, d. Landstrich

ἡ αἶα
ἡ γαῖα } die Erde, das Land
ἡ γῆ

ἀπείρων } gränzenlos
ἀπειρεσίη
πολυφόρβη Viele ernährend
φυσίζοος Leben erzeugend
μέλαινα schwarz
κωφή unempfindlich (Il. 24. 54)
ἐρεμνή dunkel

ἡ χθών, χθονός der Erdboden
δῖα göttlich
εὐρεῖα weit
εὐρυόδεια weit umwandert
πουλυβότειρα Viele ernährend
κελαινή schwarz

τὸ οὖδας der Erdboden
ἄσπετον unsäglich groß

ἡ ἄρουρα eig. Akerland, Land, Erde
ζείδωρος Getreibe spendend (ἄχθος ἀρούρης Il. 18. 104)

ἡ ἤπειρος das Festland
ἐριβῶλαξ starkſchollig
μέλαινα ſchwarz
ἡ χέρσος das trockene Land, das
Feſtland
ἡ νῆσος die Inſel
ἀμφιρύτη rings umſtrömt
εὐδείελος weithin ſichtbar
*πλωτή umſchiffbar (A. ſchwimmend)

ἡ ἀκτή das ſchroffe Meeresufer
ὑψηλή hoch
προὔχουσα hervorragend
ἀπορρώξ, ῶγος (praeruptus) ſchroff
τρηχεῖα rauh
προβλής, ῆτος vorſpringend
ἐρίδουπος laut dröhnend
ὁ αἰγιαλός litus, der Uferſaum
κοῖλος ausgehöhlt, buchtig
πολυηχής laut tönend, wiederhallend
μέγας — εὐρύς —
ἡ ἠιών, όνος der ſandige Strand,
die Düne
βαθεῖα geräumig
μεγάλη groß
παραπλήξ, ῆγος von der Seite beſpült
προὔχουσα hervorragend
ἡ ὄχθη das Flußufer, ripa
τὸ χεῖλος der Rand eines Grabens

————

τὸ ἔρος der Berg, das Gebirge
αἰπύ jäh, ſteil
ὑψηλόν hoch
περίμηκες ſehr lang, ſehr hoch
μακρόν hoch
περιφαινόμενόν ringsum ſichtbar
παιπαλόεν vielfach gewunden, zackig,
klippenreich
καταειμένον ὕλῃ mit Wald bekleidet
ἀκριτόφυλλον dicht belaubt
ἀζαλέον dürr, mit dürrem Gehölz be-
wachſen (?)
σκιόεν ſchattig

νιφόεν ſchneereich
οἰοπόλον einſam, öde
*ἡ ὑπώρεια der Fuß des Berges
ἡ πέτρη der Felſen
αἰγίλιψ ſteil, unzugänglich
ἠλίβατος ſteil anſteigend
λίθαξ ſteinig
λίς ⎫
λισσή ⎭ glatt
ἐπηρεφής überhangend
ὑψηλή — αἰπεῖα — ἠεροειδής nebelig — περιμήκης — προβλής
cf. oben
ὁ σκόπελος ⎫
ἡ σκοπιή ⎬ die Warte, d. Berg-
ἡ περιωπή ⎭ ſpitze, Höhe
ἡ σπιλάς, άδος die Felsklippe im
Meere, das Riff
ἡ ἄκρη ⎫ die Bergſpitze, das
τὸ ἄκρον ⎭ Vorgebirge
ἡ ἄκρις, ιος die Bergſpitze
ὁ πρών, ῶνος die Anhöhe, das
Vorgebirge
*ὁ πρόβολος der Ufervorſprung
τὸ ῥίον die Felsſpitze, das Vorgebirge
ὁ πάγος die Steinklippe, das Riff
ἡ κορυφή der Berggipfel
ἡ στεφάνη der Rand (eines Fel-
ſens)
ὁ κρημνός der ſteile Abhang, Ab-
ſturz
ἡ κλιτύς, ύος die Neigung, der
Abhang
ὁ λόφος ⎫
ἡ κολώνη ⎬ der Hügel
αἰπεῖα ſteil
περίδρομος umgehbar
ὁ γουνός der Bühl, Hügel
ὁ θρωσμός die Anhöhe

Θρ. πεδίοιο die Hochebene
ἡ ὀφρύς, ύος (supercilium), die bewaldete Höhe
ὁ κνημός die Waldschlucht
ἡ βῆσσα die Schlucht
 ἱερή heilig
ἡ νάπη das Waldthal
τὸ ἄγχος die Bergschlucht, das Felsenthal
*ἡ μισγάγκεια) die Schlucht als
ὁ ἔναυλος } Flußbett d. Gieß-
ἡ χαράδρη) bäche, d. Rinnsal
τὸ βέρεθρον der Schlund, Abgrund
*ὁ χηραμός die Kluft
*ἑ ῥωχμός der Riß, der Spalt, die Kluft
τό σπέος die Höhle
 γλαφυρόν ausgehöhlt, gewölbt
 κατηρεφές überwölbt
 ἀργύφεον silberglänzend
 ἠεροειδές nebelig, dämmernd
 εὐρύ- ὑψηλόν- μέγα- κοῖλον-
τὸ ἄντρον die Grotte
 ἐπήρατον lieblich
 θεσπέσιον göttlich, herrlich
 ἠεροειδές-
ἡ χειή das Loch, die Höhle (der Natter)

τὸ πεδίον die Ebene, das Blachfeld
 εὐρύ breit, weit
 σπιδές ausgedehnt
 λεῖον flach
τὶ ἰσόπεδον der ebene Grund
ὁ λειμών, ῶνος die Wiese
 ἀνθεμόεις blumenreich
 μαλακός weich, sanft
 ὑδρηλός wässerig, feucht

ἡ εἰαμενή die Niederung, Aue
τὸ πῖσος die Aue, die Marsch
ἡ ὕλη sylva, der Wald
 *ἄξυλος holzreich
 δάσκιος dichtschattig
 πολυανθής vielblühend
 βαθεῖα }
 πυκινή } dicht
 τηλεθόωσα blühend, grünend
τὸ ἄλσος der Hain (eines Gottes)
 σκιερόν schattig
 δενδρῆεν baumreich
*τὸ νέμος nemus, der Hain
ἡ ξύλοχος die Holzung
*ὁ δρίος [δρυμά } d. Ge-
ὁ δρυμός nur im pl. τὰ } hölz
ὁ θάμνος das Gebüsch
τὸ τάρφος das Dickicht
ἡ ῥώψ, ῥωπός das Gebüsch, Reisig
τὸ ῥωπήιον das Gesträuch

ἡ ὁδός die Landstraße
 παιπαλόεσσα sich schlängelnd
 λείη eben
 κοίλη ὁδ. Hohlweg
 λαοφόρος ὁδ. die Heerestraße
 στεινωπός ὁδ. der Engpaß
ἡ κέλευθος }
pl. -οι u. α } die Bahn, der Weg
 ὑγρὰ κέλευθα die nassen Pfade d. i. das Meer
ὁ πόρος die Wasserstraße, die Furth
*ἡ ἀμαξιτός der Wagenweg, Fahrweg
ἡ ἀγυιά die Straße in der Stadt, die Gasse
 ἐυκτιμένη wohl bebaut
ἡ λαύρη das Gäßchen
ὁ πάτος der Pfad

ἡ ἀταρπός ⎫ der Fußſteig, semi-
ἡ ἀταρπιτός ⎬ ta, der Holzweg,
u. ἀτραπιτός ⎭ Bergpfad, callis

τρηχεῖα rauh
παιπαλόεσσα gewunden
διηνεκής continuus, fortlaufend

Cap. IV.
Die Mineralien.

ἡ γαῖα die Erde (*Il*. 24. 54)
  κωφή gefühllos
ἡ κόνις ⎫
ἡ κονίη ⎬ der Staub
  αἰθαλόεσσα rußfarbig, ſchwarz
ὁ κονίσαλος der Staub, Staub-
  wirbel
*ἡ ψάμμος der Sand
ἡ ψάμαθος dto. beſ. Seeſand
ἡ ἄμαθος der Sand auf dem Felde
ἡ ἄσις, ιος der Sand im Fluſſe
ἡ ἰλύς, ύος ⎫
*ὁ ἀφυσγετός ⎬ der Schlamm
*τὸ χέραδος das Steingeröll
ὁ u. ἡ λίθος der Stein (Bauſtein,
  Feldſtein, Felſen)
  στερεή hart
  τρηχύς rauh
  ὀκριόεις ſpitzig
  ξεστός behauen
  (κατῶρυξ, χος eingegraben)
  (ὄβριμος gewaltig)
ὁ λᾶας (att. λᾶς) g. λᾶος der Stein,
  Felsblock
  ὀξύς ſpitz
  ῥυτός herbeigeſchleift
  κατῶρυξ
ὁ πέτρος das Felsſtück
  μάρμαρος ſchimmernd
  μυλοειδής groß wie ein Mühlſtein

  ὀκριόεις.
*ὁ ὀλοοίτροχος runder Felsblock
  (Rollſtein)
ὁ μάρμαρος der (ſchimmernde)
  Felsblock (Marmor?)
  ὀκριόεις.
ἡ λιθάς, άδος der Stein
τὸ χερμάδιον der Feldſtein
  ἀνδραχθές einen Mann belaſtend
ἡ λάιγξ, ιγγος der Kieſel am See-
  ſtrande
ἡ ψηφίς, ῖδος das Steinchen

ὁ χρυσός das Gold
  ἐρίτιμος ⎫
  τιμήεις ⎬ hochgeſchätzt, koſtbar
  εὐεργής gut verarbeitet
  πολυδαίδαλος kunſtvoll verarbeitet
ὁ ἄργυρος das Silber
ὁ χαλκός das Kupfer
  ἐρυθρός roth
  αἴθοψ roth ſchimmernd
  ἦνοψ ⎫
  νῶροψ ⎬ blendend, blinkend
  φαεινός ſtrahlend
  ἀτειρής unverwüſtlich
  εὐήνωρ den Mann ehrend od. ſtärkend
ὁ σίδηρος das Eiſen
  αἴθων brandroth
  πολιός weißlichgrau
  ἰόεις violenfarbig

πολύκμητος mühsam bereitet
ὁ κύανος der Stahl

μέλας schwarz
ὁ κασσίτερος das Zinn

ἐανός geschmeidig
ὁ μόλιβος (att. μόλυβδος) das Blei

τὸ ἤλεκτρον auch ὁ, ἡ, -ος } das Elektron, eine Metallmischung v. Gold u. Silber

ἡ μίλτος der Mennig (nur in dem adj. μιλτοπάρῃος rothbäckig)

τὸ θέειον ob. θήιον (att. θεῖον) der Schwefel

κακῶν ἄκος malorum medicina
ὁ ἅλς, ἁλός das Salz

θεῖος göttlich, heilig
(οὐδ᾽ ἅλα δοίης Od. 17. 455)
τὸ ἤλεκτρον der Bernstein

Cap. V.
Die Pflanzen.

Τὸ φυτόν die Pflanze
τὸ δένδρεον (att. δένδρον) der Baum

ὑψιπέτηλον hochbelaubt
τηλεθόων grünend
μακρόν lang, hoch
τὸ δόρυ, δούρατος u. δουρός der Baumstamm

*ὁ φλοιός die Rinde
ἡ ῥίζα die Wurzel
*ὁ ὄρπηξ der Zweig

ὁ ὄζος } der Sprößling,
*ὁ πτόρθος } Zweig, Ast
ὁ μόσχος der Zweig, die Ruthe
ὁ λύγος die Gerte
τὸ ἔρνος der Sprößling
(τὸ θάλος dto. aber nur tropisch)
τὸ φύλλον } das Blatt
τὸ πέταλον }

τέρεν zart

ἡ κόμη das Laub
ὁ ὀπός der Saft
ὁ καρπός die Frucht
τὸ ξύλον das Holz
ἡ τομή der Baumstumpf
ὁ φιτρός } der Baumklotz,
*ὁ κορμός } Kloben
ἡ σχίζη das Holzscheit
τὸ ἄνθος die Blume, Blüthe

τέρεν zart

*ὁ ἄσταχυς, νος } die Aehre
*ὁ στάχυς, νος }
*ὁ ἀνθέριξ, ικος die Hachel an der Aehre, die Aehre
ἡ καλάμη der Halm, die Stoppel
*ὁ λοπός die Schale (der Zwiebel)
ἡ ποίη das Gras

νεοθηλής frisch sprossend
ὁ σχοῖνος } die Binse
*τὸ θρύον }

ἡ ῥίψ, ῥιπός das Schilf
ὁ δόναξ, ακος⎫
ὁ ὄροφος⎭ das Rohr
   λαχνήεις wollig
*ὁ δοναχεύς das Röhricht
   *ῥοδανός schwankend
*τὸ φῦκος fucus, das Seegras,
   Tang
τὸ κύπειρον das Cypergras
ἡ ἄγρωστις, ιος das Feldgras
   μελιηδής honigsüß
ὁ λωτός 1) der Steinklee, 2) der
   Lotosbaum
τὸ λίνον die Leinpflanze
   (b. Hom. nur von den daraus
   bereiteten Gegenständen)
τὸ σέλινον der Eppich
ὁ ἀσφόδελος der Asphodill, eine
   lilienartige Pflanze (nur in
   dem adj. ἀσφοδελός)
ἡ μήκων, ωνος der Mohn
*ἡ κώδεια der Mohnkopf
*ὁ κρόκος der Saffran
τὸ ῥόδον die Rose (nur in den
   adj. ῥοδόεις und ῥοδοδάκτυλος)
τὸ λείριον die Lilie (nur in λειριόεις lilienweiß, zart)
*ὁ ὑάκινθος die Hyacinthe (Iris
   germanica oder Delphinium
   Ajacis)
ἡ μυρσίνη die Myrthe (nur in
   μυρσινοειδής)
*τὸ ἴον das Veilchen, die Viole
ἡ βύβλος die Papyrusstaude (nch
   A. Hanf oder Bast (nur in
   βύβλινος)
ἡ ἄκανθα die Distel

ἡ αἱμασιά der Dornbusch
*ἡ βάτος der Brombeerstrauch,
   Dornstrauch
ἡ ἄχερδος der Hageborn (A. d.
   wilde Birnbaum)
ἡ μυρίκη die Tamariske
ἡ πύξος der Buchsbaum (nur in
   πύξινος Il. 24. 269)
ἡ ἰτέη die Weide
ἡ οἰσύα die Weide (nur in dem
   adj. οἰσύινος)
   ιτ. ὠλεσίκαρπος die Frucht (vor der
   Reife) verlierend
ἡ φηγός die Speiseeiche, quercus
   esculus
   περικαλλής wunderschön
ἡ βάλανος die Eichel
ἡ δρῦς, δρυός die Steineiche, quercus ilex
   (παλαίφατος uralt)
   ὑψίκομος hochbelaubt
   ὑψικάρηνος hochwipfelig
*ἡ ἄκυλος die Eichel
ἡ ἀχερωίς, ίδος die Silberpappel,
   populus alba
ἡ αἴγειρος populus nigra, die
   Schwarzpappel
   λείη glatt
   μακρή hoch, lang
   μακεδνή schlank
   ὑδατοτρεφής vom Wasser genährt
ἡ πλατάνιστος die Platane
   καλή schön
ἡ πεύκη die Fichte, Weißtanne
ἡ ἐλάτη die Kiefer, Rothtanne,
   pinus abies
   οὐρανομήκης himmelhoch
   περιμήκετος sehr lang
ἡ πίτυς, υος die Lärche
   βλωθρή hochragend

(*ἡ πίσσα das Pech)

*ὁ φοίνιξ, ικος die Dattelpalme

ἡ κλήθρη die Erle, Eller

ἡ πτελέη die Ulme, Rüster
   εὐφυής schön gewachsen

ἡ κράνεια der Kornelkirschenbaum,
   Hartriegel, cornus
   τανύφλοιος mit zäher Rinde

ἡ μελίη die Esche

ὁ ἐρινεός der wilde Feigenbaum,
   caprificus

*ἡ συκέη der veredelte Feigenbaum

τὸ σῦκον die Feige

*ἡ φυλίη der wilde Oelbaum (A.:
   der Wegedorn, Rhamnus)

ἡ ἐλαίη der veredelte Oelbaum
   ἱερή d. heilige, gottgesegnete
   τανύφυλλος mit zähen Blättern (A.
   langblätterig)
   ἀγλαόκαρπος mit glänzenden Früchten
   τηλεθόωσα üppig grünend

*ἡ κυπάρισσος die Cypresse
   εὐώδης schön duftend

*ἡ κέδρος die Ceder
   εὐκέατος leicht zu spalten

*τὸ θύον die Pyramidencypresse,
   citrus (?)

*ἡ δάφνη der Lorbeerbaum

ἡ ὄγχνη 1) der Birnbaum, 2) die
   Birne

ἡ μηλέη der Apfelbaum

τὸ μῆλον der Apfel

ἡ ῥοιά 1) der Granatbaum, 2) der
   Granatapfel

ἡ ἡμερίς, ίδος der veredelte Weinstock

ἡ ἄμπελος der Weinstock, die Rebe

ἡ σταφυλή } die Traube
ἡ βότρυς, υος }

ἡ ὄμφαξ, ακος die unreife Traube,
   Herling

ὁ πυρός der Weizen
   μελιηδής honigsüß
   μελίφρων herzerquickend

ἡ κριθή } die Gerste
τὸ κρῖ }
   *εὐρυφυές breit wachsend
   λευκόν weiß

ἡ ὄλυρα triticum zea, Host (nch
   A.: Einkorn od. Emmerskorn)

ἡ ζειά Dinkel oder Spelt

*ὁ κύαμος die Saubohne
   μελανόχρως schwarzhäutig

*ὁ ἐρέβινθος die Kichererbse, cicer

τὸ κρόμυον die Zwiebel, der Gar-
   tenlauch, allium cepa

τὸ μῶλυ nch Ein. allium nigrum,
   Knoblauch (?)

Cap. VI.

Die Thiere (ἑρπετά Alles was wandelt).

I. Säugethiere.

A. Das Wild.

Ὁ θήρ, θηρός }
τὸ θηρίον } das wilde Thier
ὁ φήρ (aeol.) }

τὸ πέλωρ } das Unthier, Un-
τὸ πέλωρον } gethüm

*τὸ κνώδαλον das schädliche Thier
τὸ τέκνον } das Junge
τὸ τέκος }

*ὁ σκύμνος d. Junge (des Löwen)
ὁ σκύλαξ d. Junge (des Hundes)
*τὸ βρέφος das ungeborene Junge

ὁ λέων, λέοντος } der Löwe
ὁ λίς }

αἴθων brandroth (A.: feurig)
ἠυγένειος starkbärtig
χαροπός freudig blickend, mit funkeln-
  dem Blick (A.: grünäugig)
κρατερός stark
σμερδαλέος furchtbar, grauenvoll
σίντης räuberisch
ὀλοόφρων auf Verderben sinnend
ὠμοφάγος blutdürstig
ὀρεσίτροφος auf den Bergen ernährt

ὁ ἡ πόρδαλις, ιος } der Panther,
od. πάρδαλις } Parder
ὁ ἡ ἄρκτος der Bär
ὁ θώς, θωός der Schakal

δαφοινός braunroth
ὠμοφάγος s. o.

ὁ λύκος der Wolf

πολιός grau
κρατερῶνυξ, υχος starkklauig
ὀρέστερος im Gebirge hausend
σίντης· ὠμοφάγος·

ὁ κάπρος
σῦς κάπριος } der Eber, Keuler
σῦς κάπρος }

ἡ σῦς u. } das Wildschwein,
σῦς ἄγριος } die Bache

ἀκάμας unermüdlich
ἀργιόδους weißzahnig
ληιβότειρα saatabweidend
ὀλοόφρων·

ὁ ἡ ἔλαφος der Hirsch

κεραός gehörnt
ὑψίκερως mit hohem Geweih
φυζακινή flüchtig
ταχεῖα } schnell
ὠκεῖα }
ἀγροτέρη im Freien lebend

ὁ νεβρός }
*ὁ ἑλλός } das Hirschkalb

*ἡ κεμάς, άδος der zweijährige
  Hirsch, der Spießer (A.: Reh)
*ἡ προξ, προκός das Reh
ἡ αἴξ ἄγριος die wilde Ziege,
  Gemse

ἴξαλος schnell springend (A.: stößig)

ιονθάς, άδος zottig, haarig
ορεσκῷος in den Bergen lagernd
ὁ λαγωός (att. λαγώς) der Hase
ὁ τ πτώξ, πτωχός eig. der Ducker
　　 d. i. der Hase

(ἡ κτίς = ἰκτίς, ίδος das Wiesel ob.
der Iltis, nur in dem adj.
κτιδέη)

B. Die Hausthiere.

ὁ ἡ ἵππος das Pferd, Roß

ταχύς ⎫
ὠκύς ⎬ schnell
ποδώκης ⎫
ὠκύπους ⎬ schnellfüßig
πόδας αἰόλος ⎫
ἀερσίπους ⎬ leichtfüßig
ὠκυπέτης schnell dahinfliegend
εὔσκαρθμος leicht dahinspringend
χαλκόπους erzfüßig
κεντρηνεκής vom Stachel gesporut
μῶνυξ, υχος eilhufig (A.: einhufig)
καρτερῶνυξ starkhufig
ὑψηχής mit erhobenem Kopfe wiehernd
καλλίθριξ ⎫
εὔθριξ, τριχος ⎬ schön gemähnt
κυανοχαίτης mit schwarzer Mähne
αἴθων brandroth (oder feurig)
ξανθός falb
ἐριαύχην, ενος starknackig
πηγός gedrungen, kräftig, starkknochig
φυσιόων schnaubend
χρυσάμπυξ, υχος mit goldenem Stirn-
　　band
ἐρυσάρματες ἵπποι wagenziehend
στατός eingestallt

ὁ κέλης ἵππος das Rennpferd
　　des Kunstreiters

ὁ ἡ πῶλος das Füllen, Fohlen
ἀταλή jugendlich, munter

　　Berühmte Rosse sind:

1) Die Rosse der Eos: Λάμπος (leuchtend) und Φαέθων (strahlend)
O. 23. 246.

2) Die Rosse des Achill: Ξάνθος,
(b. Falbe), Βαλίος (b. Schecke) u.
Πήδασος (Springer) Il. 16. 149.
19. 400, von denen die beiden ersten v. Zephyros u. der Harpyie
Podarge gezeugt u. unsterblich sind.

3) Die Rosse des Hector: Ξάνθος,
Πόδαργος (Schnellfuß), Αἴθων
(Brandfuchs) u. Λάμπος. Il. 8. 185.

4) Die Stute des Agamemnon:
Αἴθη. Il. 23. 295.

5) Das Pferd des Menelaos: Πόδαργος. Il. 23. 295.

6) Das Roß des Adrastos: Ἀρείων
Il. 23. 246.

7) Das Gestüt des Troerfürsten Erichthonios, aus 3000 Stuten bestehend. Il. 20. 221 u. die 12 Wunderrosse ib. 225—29.

8) Die Rosse des Anchises u. Aeneas,
die von den edlen Hengsten stamm-
ten, welche Zeus dem Tros als
Entgelt für den geraubten Ganymedes schenkte. Il. 5. 265 ff.

ὁ ἡ βοῦς, βοός das Rind
Ἕλιξ, ικος im Gange sich windend
εἰλίπους, ποδος schleppfüßig, schwer
wandelnd
ὀρθόκραιρος mit aufrecht stehenden
Hörnern
εὐρυμέτωπος breitstirnig
οἶνοψ dunkelroth (weinfarbig)
αἴθων brandroth
ἀργός nitidus, glänzend, feist
πίων fett

ἐρίμυκος laut brüllend
ἄγραυλος auf dem Felde lagernd
ἀγελαῖος zur Heerde gehörig
ἐννέωρος hervorragend, ausgezeichnet
ἀργαλέος schwer zu treiben
ἤκεστος ungestachelt, ungebraucht
*ἧλιξ ausgewachsen

ταῦρος βοῦς ⎫
βοῦς ἄρσην ⎬ der Stier
ὁ ταῦρος ⎭

*ἐρύγμηλος laut brüllend
κυάνεος blauschwarz
παμμέλας ganz schwarz
ζατρεφής wohlgenährt, feist
μεγάθυμος muthig
αἴθων s. ob.

ἡ πόρις, ιος ⎫
ἡ πόρτις, ιος ⎬ das Kalb, die Färse
*ἡ πόρταξ, αχος ⎭

ὁ ἡ ὄις, όιος, οἰός das Schaf
ἄργυφος silberweiß
ἀργεννός weiß schimmernd
δασύμαλλος dichtwollig
λάσιος rauh, wollig
εἰροπόκος wollschürig, wollig
ὑπόρρηνος ein Junges unter sich habend, säugend

τὸ εἴριον, ἔριον ⎫
τὸ εἶρος ⎬ die Wolle

ἰοδνεφές violendunkel
*ὁ λάχνος die Wolle
ὁ ἄωτος die Flocke
τὸ κῶας das Vließ
ὁ μαλλός das Vließ (nur in πηγεσίμαλλος mit dickem Vließ)
*οἱ πρόγονοι die zuerst geborenen Schafe, Frühlinge
*αἱ μέτασσαι die nach diesen geborenen, mittleren Schafe
*αἱ ἔρσαι die zuletzt geborenen, Spätlinge

ὁ ἀρνειός ⎫
ὁ κριός ⎬ der Schafbock, Widder
ὁ κτίλος ⎭

ἀρν. πηγεσίμαλλος dichtwollig
ὁ ἔριφος das Böcklein, Zicklein
ὁ (ἄρην), ἀρνός der Widder, das Lamm
τὸ ἔμβρυον das neugeborene, saugende Lamm
τὸ μῆλον ein Stück Kleinvieh, Schaf oder Ziege, gew. im plur.
τὰ μῆλα das Kleinvieh
ἴφια kräftig (nur b. dies. W.)
κλυτά preiswürdig
ταναύποδα die Füße streckend (A.: langbeinig)
πίονα- ἄργυφα- καλλίτριχα s. ob.
*ὁ τράγος der Ziegenbock

ὁ ἡ αἴξ, αἰγός ⎫
*ἡ χίμαιρα ⎬ die Ziege, Geis

ἐντρεφής ⎫
ζατρεφής ⎬ wohlgenährt

μηκάς, άδος meckernd
πίων fett

ὁ ἡ ὗς, ὑός ⎫
σῦς, συός ⎬ das Schwein

ἀργιόδους- πίων s. ob.
θαλέθοντες ἀλοιφῇ strotzend von Fett
ὁ σίαλος das Mastschwein
ἀπαλοτρεφής ⎫
ζατρεφής ⎬ wohlgenährt, feist
*ὁ χοῖρος das Ferkel
*ὁ ὄνος der Esel
νωθής träge, faul
ὁ ἡ ἡμίονος ⎫ der Maulesel, das
ὁ οὐρεύς ⎬ das Maulthier

ἐντεσιεργός im Geschirr arbeitend
ταλαεργός arbeitduldend, lastbar
κρατερῶνυξ starkhufig
ἀγρότερος im Freien lebend

ὁ ἡ κύων der Hund,
    ἀδδεής furchtlos, unverschämt
    ἀργίπους schnellfüßig
    (λυσσητήρ rasend, toll)
    ἀργύς } flink, schnell
    ταχύς }
    ἀργιόδους weißzähnig
    καρχαρόδους scharfzähnig
    ὑλακόμωρος stets bellend, belfernd

ὠμηστής blutdürstig
κύων τραπεζεύς d. Tisch-, Stubenhund
κ. πυλαωρός der Hofhund
κ. θηρευτής }
κ. εἰδὼς θήρης } d. Jagdhund

Berühmt ist Ἄργος (Hurtig), der treue Hund des Odysseus O. 17. 292

C. Seethiere.

τὸ κῆτος das große Seethier
    εἰνάλιον im Meere lebend
    μέγα —
ὁ δελφίς, ῖνος der Delphin
    μεγακήτης großschlundig
    πέλωρ μέγα τε δεινόν τε

ἡ φώκη } der Seehund, die
auch ὁ κύων } Robbe
    ἁλιοτρεφής im Meere aufgewachsen
    μέλαινα schwarz
    νέποδες schwimmfüßig

D. Andere Säugethiere.

ἡ νυκτερίς, ίδος die Fledermaus

Fraglich ist, ob Hom. den Elephanten kennt, ὁ ἐλέφας ist bei ihm stets das Elfenbein.

II. Vögel.

ὁ ἡ ὄρνις, ιθος } der Vogel
*τὸ ὄρνεον }
    τανυσίπτερος die Flügel ausbreitend
    πετεηνός geflügelt
ὁ οἰωνός der Raubvogel
    τανυπτέρυξ breitgeflügelt
    ταχύς schnell
    ὠμηστής rohes Fleisch fressend, gefräßig
τὰ πετεηνά } das Geflügel, die
τὰ ποτητά } Vögel
ἡ πτέρυξ, υγος der Flügel

τὸ πτερόν die Schwungfeder, der Flügel
ἡ ποτή der Flug
ὁ ὄνυξ, υχος die Kralle (d. Adlers)
τὸ χεῖλος der Schnabel (in ἀγκυλοχείλης)
τὸ τέκνον } das Junge
ὁ νεοσσός }
    νήπια (τέκνα) die unmündigen Il. 2. 311
*ἀπτῆνες (νεοσσοί) unbefiedert

ἡ αὖλις das Nachtlager der Vögel
πέτεσθαι, ποτᾶσθαι fliegen

ὁ ἀετός (att. ἀετός) der Adler
αἴθων braunroth
ὑψιπέτης
ὑψιπετήεις } hochfliegend
μόρφνος schwarz (A.: rapax räuberisch od. schnell)
ἀγκυλοχείλης krummschnabelig
τελειότατος πετεηνῶν der vollkom-
menste der (Weissage-) Vögel
Διὸς ταχὺς ἄγγελος.

*ὁ πέρκνος eine besondere Adlerart
ἡ φήνη der Seeadler, ossifraga
ὁ ἴρηξ, ηκος (att. ἱέραξ) der Ha-
bicht

ὁ κίρκος, auch
ἴρηξ κίρκος } die Gabelweihe

ἐλαφρότατος πετεηνῶν der flinkste
der Vögel
ὤκιστος πετ. der flinkste der Vögel
ὠκύπτερος schnell beschwingt
Ἀπόλλωνος ταχὺς ἄγγελος

*ἴρηξ φασσοφόνος der Taubenfalke
*ἡ ἅρπη der Falke

τανυπτέρυξ, υγος breitgeflügelt
λιγύφωνος laut kreischend

ἡ γύψ, γυπός der Geier
ὁ αἰγυπιός der Geier

γαμψῶνυξ krummkrallig
ἀγκυλοχείλης s. o.

*ὁ κύμινδις } b. Nachthabicht, ac-
*ἡ χαλκίς } cipiter nocturnus

*ὁ σκώψ, σκωπός die Eule, Kauz
(A.: Ohreule)

ἡ γλαύξ, γλαυκός die Eule (nur
in γλαυκῶπις)

ἡ πέλεια } die wilde
ἡ πελειάς, άδος } Taube

τρήρων bebend, schüchtern
ἡ φάσσα die Holztaube (nur in
φασσοφόνος)
ὁ κόραξ der Rabe (nur in κόρακος πέτρη Rabenfels O. 13.
408)
ὁ κολοιός die Dohle, graculus
ἡ χελιδών, όνος die Schwalbe
ἡ ἀηδών, όνος die Nachtigall
χλωρηΐς, ίδος grünlichgelb, falb (A.:
im Grünen lebend)
*ἡ κίχλη der Krammetsvogel, die
Drossel
τανυσίπτερος flügelausbreitend
ὁ ψάρ, ψαρός }
ὁ ψήρ, ψηρός } der Staar
ὁ ἡ στρουθός der Sperling
ἡ γέρανος der Kranich
ὁ ἐρωδιός der Reiher
ὁ κύκνος der Schwan
δουλιχόδειρος langhälsig
ὁ ἡ χήν, χηνός die Gans
ἀργή glänzendweiß
πέλωρος sehr groß
ἥμερος zahm
ἡ ἀλκυών, όνος der Meereisvogel
Il. 9. 563 (A. nehmen es als
N. pr., aber die Sage v. Al-
kyone u. Keyx ist Homer
fremd)
ὁ λάρος die Seemöve, larus
*ἡ κήξ, κηκός das Seehuhn od.
die Seemöve
εἰναλίη auf dem Meere lebend
ἡ αἴθυια das Wasserhuhn, fulica
mergus
ἡ κορώνη εἰναλίη die Seekrähe,
der Kormoran (?)

2

*τανύγλωσσος zungeftredend
(Ἀλεκτρυών der Hahn nur N. pr.
Einige erklären ἠλέκτωρ Il. 6.
513 durch „Hahn")

Zweifelhaft find:
ὁ ἀρνευτήρ der Taucher und
ἡ ἀνόπαια nach Aristarch eine
Ablerart; nch A. adj. Od. 1.
320

III. Amphibien.

ὁ δράκων, οντος die Schlange
δαφοινός dunkelroth
φοινήεις blutroth
κυάνεος schwarzblau
ὀρέστερος auf dem Berge hausend

σμερδαλέος grauenvoll
ὁ ὄφις, ιος die Schlange
αἰόλος sich ringelnd
ὁ ὕδρος die Wasserschlange
ὀλοόφρων Verderben sinnend

IV. Fische.

ὁ ἰχθύς, ύος der Fisch
ἱερός schnell, flink
ὠμηστής rohes (Fleisch) fressend, gefräßig

οἱ ὀλίγοι die kleinen
ὁ ἔγχελυς, υος der Aal

V. Insekten.

*ὁ ἴψ, ἰπός der Holzbohrkäfer, ptinus pertinax
*ὁ τέττιξ, ιγος die Cicade oder Baumgrille
*ἡ ἀκρίς, ίδος die Heuschrecke
ἡ μέλισσα die Biene
ἀδιναί dicht geschaart
τὸ μέλι, ιτος der Honig
γλυκερόν süß
χλωρόν gelb
ὁ κηρός das Wachs
μελιηδής honigsüß

ὁ σφήξ, σφηκός die Wespe
μέσον αἰόλος in der Mitte beweglich
εἰνόδιος (att. ἐν.) auf dem Wege
*ὁ οἶστρος die Bremse
αἰόλος beweglich
ἡ μυῖα die Fliege
ἀδιναί f. ob.
ἡ κυνάμυια die Hundsfliege, bei Hom. nur als Schimpfwort unverschämte Fliege; bei Sp. eine besondere Spezies

*ὁ κυνοραιστής die Hundslaus, | ἡ ἀράχνη die Spinne wird nicht
acarus ricinus | erwähnt, wohl aber τὸ ἀρά-
| χνιον das Spinngewebe

VI. Würmer. — Molluſken.

*ὁ σκώληξ, ηκος der Regenwurm | *ὁ κοτυληδών, όνος die Saugwarze
ἡ εὐλή die Made | des Polypen
*ὁ πουλύπους, ποδος (att. πολ.) | *τὸ τῆϑος die Auſter
der Vielfuß, Meerpolyp oder | Zweifelhaft iſt, ob Hom. die
Tintenfiſch | Purpurſchnecke kannte (ἡ πορφύρα
| — er hat nur d. adj. πορφύρεος)

Bezeichnungen für Thierſtimmen:

ὁ μυκηϑμός das Gebrüll der | Pferde, Eber und Hirſch; niemals
Rinder | vom Menſchen.
μυκᾶσϑαι brüllen, mugire | ὁ κνυζηϑμός das Knurren des
*ἡ βληχή das Blöken der Schafe | Hundes
μηκᾶσϑαι 1) blöken, 2) quälen, kla- | *ὁ ὑλαγμός das Gebell
gen, ſchreien von verfolgten Hir- | ὑλακτεῖν bellen
ſchen, Haſen u. vom verwundeten | *χρεμετίζειν wiehern
| τρίζειν zwitſchern

Cap. VII.

Der Menſch.

A. Der menſchliche Körper und ſeine Theile.

Ὁ ἄνϑρωπος der Menſch | ὁ ἀνήρ der Mann, d. Menſch, beſ.
αὐδήεις, εντος mit Rede begabt | im pl. ἄνδρες die Menſchen
μέροψ, οπος vergänglich, hinfällig | ἀλφησταί erfinderiſch, betriebſam, n.
πολυσπερής weit zerſtreut | A.: brotesſend, alſo = ἀ. ἐπὶ χϑονὶ
ἐπιχϑόνιος } irdiſch | σῖτον ἔδοντες Od. 9. 90; 10. 101
χαμαὶ ἐρχόμενος } | ὁ ϑνητός } der Sterbliche, der
ϑνητός } ſterblich | ὁ βροτός } Menſch
κατάϑνητος } |

2*

βρ. θνητός sterblich
ὀιζυρός bedauernswerth
δειλός elend, unglücklich
γαίης καρπὸν ἔδοντες die Frucht der Erde genießend
ἐπὶ χθονὶ σῖτον ἔδοντες· ἐπιχθόνιοι s. ob.

ἡ γυνή die Frau

θηλυτέρη zart

τό δέμας eig. der Bau, der (lebende) Körper
τὸ σῶμα der Leichnam
ἡ φυή der Wuchs
τὸ εἶδος das Aussehen, species
ἡ μορφή die Gestalt, die Schönheit

τὰ μέλεα
τὰ ῥέθεα } die Glieder
τὰ γυῖα

μέλεα γναμπτά biegsam, geschmeidig
γυῖα ἀγλαά, φαίδιμα } stattlich
ἐλαφρά leicht
φίλα lieb
ἔμπεδα fest, stark

τὸ ἅψος das Gelenk

ὁ χρώς, χρωτός u. χροός, *ἡ χροιή } d. Haut, aber auch Leib, Körper

χρώς λευκός weiß
τέρην zart
κάλλιμος, καλός } schön
ἱμερόεις reizend
λειριόεις lilienweiß

ἡ ῥινός, τὸ δέρμα } die Haut

ἡ σάρξ, σαρκός das Fleisch
τὸ ὀστέον der Knochen
ἡ κεφαλή der Kopf

τὸ κάρη ep. st. κάρα g. κάρητος u. καρήατος
τὸ ΚΡΑΣ g. κρατός
τὸ κάρηνον
τὸ κάρ nur in d. Verb. ἐπὶ κάρ kopfüber
} d. Haupt

*τὸ κρανίον der Schädel, Scheitel
*ὁ βρεχμός das Vorderhaupt
ὁ κρόταφος, ἡ κόρση } die Schläfe
ἡ κόμη das Haupthaar
pl. κόμαι οὖλαι dichtes Haar
ἡ χαίτη das fliegende, wallende Haar
θαλερή, τηλεθόωσα } üppig
ἡ λάχνη das wollige Haar
ἡ θρίξ, τριχός das Haar
ὁ ἴουλος, ἡ λάχνη } das Milchhaar, der Flaum
ἡ ὑπήνη der Bart (nur in ὑπηνήτης bärtig)
ἡ γενειάς, άδος der Kinnbart, das Barthaar
τὸ πρόσωπον, τὰ πρόσωπα, ἡ ἄψ, ὠπός nur εἰς, τὸ ὑπώπιον [ὦπα } das Gesicht
τὸ μέτωπον, τὸ μεταίπιον } die Stirn
τὸ ἐπισκύνιον die Stirnhaut über der Augenhöhle, supercilium
ἡ ὀφρύς, ύος die Augenbraue
τὸ βλέφαρον das Augenlid
ὁ ὀφθαλμός das Auge
τὼ ὄσσε die beiden Augen

φαεινά glänzend

τὰ ὄμματα die Augen

καλά schön

μαρμαίροντα blitzend, funkelnd

τὰ φάεα lumina, die Augen

καλά.

ἡ γλήνη der Augapfel, die Pupille

ἡ ὀπωπή das Sehen, die Sehkraft

ἡ παρειά ⎫
τὸ παρήιον ⎬ die Wange, Backe

ἡ ῥίς, ῥινός die Nase

αἱ ῥῖνες die Nasenlöcher

ἡ ὀδμή der Geruch, Duft

τὸ οὖς, ὠτός u. ⎫
οὖας, οὔατος ⎬ das Ohr

*ὁ λοβός das Ohrläppchen

ἡ ἀκουή das Hören

τὸ στόμα der äußere Mund

ἡ μάσταξ, ακος der innere Mund

τὸ χεῖλος die Lippe

ὁ ὀδούς, όντος der Zahn

λευκός weiß

ἕρκος ὀδόντων das Gehäge der Zähne

ἡ γλῶσσα die Zunge

ἡ ὑπερῴη der Gaumen

*ἡ γῆρυς ⎫
ἡ φθογγή ⎬ die Stimme
ἡ ὄψ, ὀπός ⎭

ἡ αὐδή ⎫
ἡ φωνή ⎬ die Sprache

τὸ ἔπος ⎫
ὁ μῦθος ⎬ das Wort

ὁ λόγος nur an 2 St.

ἡ ὄψ das Wort, der Ausspruch

ὁ αἶνος die Lobrede

ἡ γένυς, υος ⎫
ὁ γναθμός (proſ. ⎬ der Kinn-
  γνάθος) ⎭ backen

γεν. γναμπτή gebogen

τὸ γένειον ⎫
ὁ ἀνθερέων, ῶνος ⎬ das Kinn

ὁ αὐχήν, ένος ⎫
ὁ λόφος ⎬ der Hals, Nacken
ἡ δειρή ⎭

αὐχήν στιβαρός gedrungen

παχύς fleischig

ἁπαλός zart

*τὸ ἰνίον das Hinterhaupt, Genick

ὁ ἀστράγαλος der Halswirbel, das Genick

ὁ λαιμός ⎫
ἡ φάρυγξ, υγγος ⎬ die Kehle,
  u. υγος ⎪ die Gurgel,
ὁ στόμαχος ⎭ der Schlund

*ὁ ἀσφάραγος die Luftröhre, Kehle

ἡ λαυκανίη die Speiseröhre, Kehle

ὁ ὦμος die Schulter

στιβαρός gedrungen

φαίδιμος stattlich

εὐρύς breit

ἡ κληίς, ῖδος das Schlüsselbein

τὸ στῆθος die Brust

τὸ στέρνον der Brustkasten

ὁ κόλπος der Busen

ὁ μαζός die Brustwarze

αἱ πλευραί ⎫
τὰ πλευρά ⎬ die Rippen

ἡ ἰξύς, ύος ⎫
ἡ λαπάρη ⎪
ὁ κενεών, ῶνος ⎬ die Weichen
ἡ ζώνη ⎭

ἡ πρότμησις der Einschnitt über den Hüften (die Taille)

ἡ γαστήρ, έρος der Leib, bef. der Unterleib

ἡ νηδύς, ύος die Bauchhöhle

ὁ ὀμφαλός der Nabel

τὰ μήδεα
*τὰ αἰδοῖα } die Schamtheile, die Scham
ἡ αἰδώς

ὁ βουβών, ῶνος die Drüsen neben der Scham, Schamgegend

ὁ νῶτος
τὸ νῶτον } der Rücken
gew. τὰ νῶτα

τὸ μετάφρενον der obere Theil des Rückens

*ἡ ῥάχις, ιος } der Rückgrat
*ἡ ἄκνηστις, ιος

*ὁ σφονδύλιος (att. -ος) der Wirbelknochen des Rückgrats

τὸ ἰσχίον das Hüftgelenk, die Hüfte, Lende

ἡ κοτύλη die Hüftpfanne

*τὸ σκέλος der Schenkel, d. Bein

πρυμνὸν σκ. der Oberschenkel

ὁ μηρός der Oberschenkel

εὐφυής wohlgebildet, stattlich
παχύς dick
θαλερός kräftig
καλός- μέγας

ἡ ἐπιγουνίς, ίδος der Oberschenkel, die Lende

ὁ γλουτός der Hinterbacken, pl. das Gesäß

τὸ γόνυ, γούνατος
γουνός } das Knie

pl. λαιψηρά hurtig
φίλα lieb

*ἡ ἰγνύη
*ἡ κώληψ } die Kniekehle

ἡ κνήμη der Unterschenkel d. i. Schienbein u. Wade

τὸ σφυρόν der Knöchel

*ἡ πτέρνα die Ferse

adv. λάξ mit der Ferse

ὁ πούς, ποδός der Fuß

λιπαρός glänzend
ἁπαλός zart
διερός regsam
κραιπνός
καρπάλιμος } hurtig, flink
λαιψηρός

*ἄωρος beweglich oder unförmlich
O. 12. 89

ὁ ταρσός das Fußblatt

ὁ βραχίων, ονος der Arm

πρυμνός βρ. der Oberarm

ὁ πῆχυς, εος der Unterarm, Arm

λευκός weiß

αἱ ἀγκοῖναι } d.(gebogenen) Arme
αἱ ἀγκαλίδες } (nur in ἐν ἀγκ.)

ὁ ἀγκών, ῶνος
ἡ ὠλένη (in λευ- } der Ellenbogen
κώλενος)

ἡ χείρ, χειρός die Hand

παχεῖα fleischig
βαρεῖα schwer
στιβαρή gedrungen, stark
ἐλαφρή leicht
ἁπαλή zart
φίλη lieb

ἡ σκαιή die linke Hand

ἡ δεξιτερή die rechte Hand

ἡ παλάμη die flache Hand, die Hand

*τὸ θέναρ, αρος die flache Hand

ὁ ἀγοστός die gekrümmte Hand (A.: d. Ellenbogen)

ἡ πυγμή die Faust (b. Hom. nur Faustkampf)

πύξ mit der Faust
ὁ καρπός die Handwurzel
ὁ δάκτυλος der Finger (nur in
   ῥοδοδάκτυλος)

Innere Theile:

ὁ μυελός das Mark
ὁ ἐγκέφαλος das Gehirn
ὁ μυών, ῶνος der Muskelknoten
ἡ ἴς, ἰνός die Sehne, Muskel, der
   Nerv
*τὸ νεῦρον die Sehne, Flechse
ὁ τένων, οντος die Nackenmuskel
τὰ ἔντερα ⎱
αἱ χολάδες ⎰ die Gedärme
τὰ ἔγκατα ⎱
τὰ νήδυια ⎰ die Eingeweide
αἱ φρένες ⎱ das Zwerchfell,
αἱ πραπίδες ⎰ praecordia
  φρ. ἀμφιμέλαιναι rings umdunkelt
τὸ δέρτρον das Darmfell, die
   Netzhaut
ὁ δημός die Fetthaut, das Fett
   (Il. 8. 380; 11. 818)
τὸ ἦτορ 1) die Lunge, 2) das Herz
ἡ κραδίη ⎱
ἡ καρδίη ⎰ das Herz
τὸ κῆρ, ος ⎰
  ἀδινόν dicht
  λάσιον rauh, zottig
ὁ πνεύμων, ονος die Lunge
ἡ πνοιή ⎱
ἡ ψυχή ⎰ der Hauch, Athem
τὸ ἦπαρ, ατος die Leber
ὁ νεφρός die Niere (nur in ἐπι-
   νεφρίδιος)
ὁ χόλος die Galle

ἡ γαστήρ ⎱ der Magen
ἡ νηδύς ⎰
ἡ κύστις, ιος die Blase
*ἡ φλέψ, βός die Ader
τὸ αἷμα das Blut
  πορφύρεον purpurn
  φοίνιον dunkelroth
  κελαινόν ⎱
  κελαινεφές ⎰ schwarz
  μέλαν ⎰
  θερμόν heiß
  λιαρόν warm
  παχύ dick
(ὁ βρότος cruor, das aus der
  Wunde fließende Blut
τὸ λύθρον geronnenes mit Staub
  vermischtes Blut)
*ὁ ἀφλοισμός der Schaum, Geifer
ὁ ἱδρώς, ῶτος der Schweiß
τὸ δάκρυ ⎱
τὸ δάκρυον ⎰ die Thräne
  θαλερόν reichlich
  τέρεν zart, sanft
  πικρόν bitter
  ἐλεεινόν mitleidig
  θερμόν heiß

Bezeichnungen von Theilen des
   thierischen Körpers:

τὸ κέρας, αος das Horn
ἡ ἔθειρα das Haar in der Mähne
  und dem Schweife des Pferdes
ἡ λοφιή der borstige Kamm des
  Ebers
ἡ κορυφή der Scheitel d. Pferdes
αἱ γαμφηλαί die Kinnbacken
ἡ ὁπλή der Huf
τὸ οὖθαρ, ατος das Euter
ἡ οὐρή der Schwanz, Schweif

τὸ μηρίον der Schenkelknochen

τὸ πῖαρ ⎫
ἡ ἀλοιφή ⎭ das Fett

ϑαλερή ⎫
τεϑαλυῖα ⎭ üppig, reichlich

B. Zustände und Eigenschaften des Körpers.

ὁ βίος ⎫
ὁ βίοτος ⎬ die Lebenskraft, das
*ἡ βιοτή ⎭ Leben

ὁ ϑυμός ⎫
ἡ ψυχή ⎭ anima, Seele, Leben

ϑ. μελιηδής süß
φίλος.

ὁ ἡ αἰών, ῶνος die Lebenszeit
γλυκύς süß
φίλη.

ὁ ϑάνατος der Tod
(Epith. s. Cap. XXII)

ὁ μόρος ⎫
ἡ μοῖρα ⎬
ὁ πότμος ⎬ das Todesloos
ἡ κήρ, ός ⎭

ὁ φόνος caedes, der Mord

ὁ ὕπνος der Schlaf
νήδυμος süß (A.: fest)
ἀμβρόσιος ambrosisch
ἀπήμων erquickend
λιαρός mild
γλυκερός ⎫
γλυκύς ⎬ süß
ἡδύς ⎭
λυσιμελής die Glieder lösend
λύων μελεδήματα ϑυμοῦ der Sorgen-
brecher
μελιηδής honigsüß
μελίφρων herzerquickend
χάλκεος ehern
πανδαμάτωρ Alle bezwingend
νήγρετος nicht zu erwecken, fest

ὁ κοῖτος die Ruhe

τὸ κῶμα der feste Schlaf
ὁ ὄνειρος der Traum
τὸ ὄναρ das nichtige Traumbild
τὸ ὕπαρ die wirkliche Erscheinung,
Wirklichkeit
ὁ κάματος die Ermüdung
ἡ ὀλιγηπελίη die Ohnmacht

ἡ ὀδύνη. ⎫
τὸ ἄλγος ⎭ der Schmerz

ἡ νοῦσος (att. νόσ.) die Krankheit
τὸ ἆσϑμα das Keuchen, die Be-
klemmung
ἀργαλέον schwer

ὁ γέλως, ωτος ⎫
u. γέλος. ⎭ das Lachen

ὁ κλαυϑμός das Weinen

ὁ λιμός ⎫
ἡ πείνη ⎭ der Hunger

*ἡ βούβρωστις, ιος der Heißhunger
ἡ δίψα der Durst
τὸ μέγεϑος die Größe
τὸ μῆκος die Länge

τὸ κάλλος ⎫
τὸ εἶδος ⎬ die Schönheit
ἡ ἀγλαΐη ⎭

ἡ ταχυτής, ῆτος die Schnelligkeit
*ἡ ποδωκείη die Schnellfüßigkeit
*ἡ βραδυτής die Langsamkeit
*ὁ ὦχρος die Blässe
*τὸ ἴϑμα der Gang

ἡ βίη
῾ ἴς, ἰνός
ἡ δύναμις, ιος } die Kraft
*ἡ κῖκυς, υος
τὸ σθένος
τὸ μένος

ἡ ἥβη die Jugendkraft

ἡ ἁδροτής, ῆτος die Manneskraft
   (al. ἀνδροτής)
ἡ ἀλκή
τὸ κάρτος } die Stärke
τὸ κράτος
ἡ ῥηξηνορίη

C. Der Geist und seine Functionen.

ὁ θυμός animus, der Geist
ἡ φρήν, φρενός
αἱ φρένες } mens, der Verstand
αἱ πραπίδες

φρ. πευκάλιμαι verständig
ἴσαι mens aequa
πρ. ἰδυῖαι kundig

ὁ νόος ratio, die Vernunft, der Gedanke, die Gesinnung
τὸ νόημα der Gedanke
τὸ μῆδος } der Rathschluß,
ἡ βουλή } consilium
ἡ μῆτις, ιος die Einsicht
*ἡ μνημοσύνη } die Erinnerung
*ἡ μνῆστις
ἡ λήθη } das Vergessen
*ἡ ἔκλησις
ὁ θυμός das Verlangen
ἡ ἰότης, ητος der Willen
τὸ ἐέλδωρ der Wunsch
ὁ ἵμερος
ὁ πόθος } das Verlangen, die Sehnsucht
ἡ ποθή
ὁ ἔρος die Begierde
τὸ ἄδος
ὁ κόρος } der Ueberdruß
ὁ θυμός das Gemüth

ἡ κραδίη
τὸ ἦτορ } das Herz als Sitz der Gefühle, das Gemüth
τὸ κῆρ
ὁ ἔρως, ωτος die Liebe
ἡ φιλότης, ητος die Freundschaft, die Liebe
ἡ φιλοφροσύνη das Wohlwollen
ὁ κότος der Haß
τὸ ἔχθος die Feindschaft
ὁ θυμός
ὁ χόλος } der Zorn
ἡ μῆνις
ὁ μηνιθμός } der Groll
τὸ μένος der Grimm
ἡ ἡσυχίη die Gemüthsruhe
τὸ θαῦμα die Bewunderung
ἡ ἄγη die Scheu, das Erstaunen
τὸ σέβας das freudige Erstaunen, die Ueberraschung
τὸ τάφος
τὸ θάμβος } d. Staunen, stupor
ἡ αἰδώς, όος die Scham
ἡ νέμεσις die Scheu
ἡ ἐλπίς, ίδος
ἡ ἐλπωρή } die Hoffnung
ἡ θαλπωρή die Beruhigung, der Trost

ἡ κατηφείη	die Nieder-	ὁ θυμός	der Muth
*ἡ κατηφών, όνος	schlagenheit	τὸ μένος	
τὸ χάρμα	die Freude	τὸ θάρσος	die Kühnheit
ἡ γηθοσύνη		τὸ θράσος	
τὸ ἦδος	das Vergnügen	τὸ δέος u. δεῖος	
ἡ τερπωλή		τὸ δεῖμα	die Furcht
ὁ κηληθμός das Entzücken		ὁ φόβος	
ἡ εὐφροσύνη der Frohsinn			
ἡ ἀνίη der Aerger		ὁ τρόμος das Beben, die Angst	
τὸ πένθος die Trauer		τὸ τάρβος	der Schrecken
τὸ ἄχος	das Leid, Seelen-	ἡ ταρβοσύνη	
τὸ ἄλγος	schmerz	ὁ οἶκτος	
τὸ κῆδος		*ὁ ἔλεος	das Mitleid
τὸ μελέδημα	die Sorge	ἡ ἐλεητύς	
*ἡ μελεδώνη		ἡ λύσσα die Wuth, Raserei	

D. Menschliche Vorzüge und Fehler

ἡ ἀρετή die Tüchtigkeit		ἡ ἔρις, ιδος	die Zwietracht
ἡ εὐεργεσίη das Guthandeln		τὸ νεῖκος	
ἡ κακότης, ητος die Schlechtigkeit		ἡ ἀληθείη die Wahrheit	
ἡ κακοεργίη das Schlechthandeln		τὸ ψεῦδος	die Lüge, der Be-
ἡ ἠνορέη	die Mannhaftigkeit,	ἡ ἀπάτη	trug
ἡ ἀγηνορίη	Tapferkeit	ὁ δόλος	die Hinterlist
ἡ ἀναλκείη	die Feigheit	ἡ δολοφροσύνη	
ἡ κακότης		ἡ κερδοσύνη	d. Schlauheit
ἡ σπουδή	der Eifer	ἡ κλεπτοσύνη	
ἡ προθυμίη		ἡ πινυτή	
*ἡ ἀεργίη die Unthätigkeit, der Müssiggang		ἡ ἐπιφροσύνη	die Klugheit
ἡ νωχελίη	die Trägheit	ἡ μῆτις	
ὁ ὄκνος		ἡ νηπιέη die Thorheit	
ἡ μεθημοσύνη	die Nach-	ἡ αἰδώς die Scham	
ἡ χαλιφροσύνη	lässigkeit	ἡ ἀναιδείη die Schamlosigkeit	
ἡ ὁμοφροσύνη die Eintracht		ἡ σαοφροσύνη die Besonnenheit	
		ἡ ἐπίσχεσις die Enthaltsamkeit	

ἡ εὐνομίη die Gesetzlichkeit

ἡ ἀφραδίη ⎫
ἡ ἀφροσύνη ⎬ die Unbesonnenheit
ἡ ἀτασθαλίη ⎭

ἡ νεοίη die Jugendhitze

ἡ ἀεσιφροσύνη ⎫ die Verblen=
ἡ ἄτη ⎬ dung

ἡ ὕβρις ⎫
ἡ ὑπερβασίη ⎬ der Uebermuth
ἡ ὑπεροπλίη ⎭

ἡ σοφίη die Geschicklichkeit

ἡ φρόνις, ιος ⎫ die Einsicht, Kennt=
ἡ ἰδρείη ⎬ niß, scientia

ἡ ἀιδρείη ⎫ die Unkenntniß
ἡ ἀδᾳμονίη ⎭

ἡ ἐυκλείη ⎫
τὸ κλέος ⎪
τὸ κῦδος ⎬ der Ruhm
τὸ εὖχος ⎭

τὸ αἶσχος ⎫
ἡ λώβη ⎪
τὸ ἔλεγχος ⎬ die Schande
ἡ ἐλεγχείη ⎪
ἡ ἀτιμίη ⎭

ἡ ἀγανοφροσύνη ⎫ die Milde
ἡ ἐνηείη ⎭

*ἡ ἐπητύς comitas, die Freund-
lichkeit

ἡ οἰκωφελίη der häusliche Sinn

*ἡ μαχλοσύνη die Ueppigkeit

E. Menschliche Zustände.

ὁ ὄλβος ⎫
ἡ θαλίη ⎬ das Glück

ὁ πλοῦτος ⎫
ὁ ἄφενος ⎬ der Reichthum

ἡ πενίη ⎫
ἡ ἀχρημοσύνη ⎬ die Armuth

ὁ πόνος die Noth

τὸ πῆμα das Leid

ἡ δύη das Unglück

ἡ ὀιζύς, ύος der Jammer

ὁ ὄλεθρος ⎫ der Untergang, das
ὁ οἶτος ⎬ Verderben

Cap. VIII.

Verwandtschaftsnamen. — Lebensalter. — Ehe. — Besitz.

Τὸ γένος das Geschlecht, der
Stamm, die Familie

τὸ αἷμα die Blutsverwandtschaft

ὁ γνωτός der Blutsverwandte

ὁ πηός der Verschwägerte, affinis

*ὁ χηρωστής der Seitenverwandte

οἱ πατέρες die Vorfahren

οἱ ὀψίγονοι die Nachkommen

οἱ τοκῆες (S. -εύς) die Eltern

*ὁ μητροπάτωρ der Großvater
mütterlicher Seite

ὁ πατήρ, πατρός der Vater, in

der Anrede auch πάππα, ἄττα, τέττα Väterchen
φίλος lieb
ἤπιος freundlich
ἡ μήτηρ, μητρός die Mutter, in der Anrede auch μαῖα Mütterchen
πότνια würdig
αἰδοίη ehrbar
κεδνή sorglich
φίλη lieb
ἡ μητρυιή die Stiefmutter

τὸ τέκνον
τὸ τέκος } das Kind

ὁ γόνος
ὁ ὄζος
ὁ θάλος
ὁ ἔκγονος
ἡ γενέθλη
τὸ γένος } der Erzeugte, Abkömmling, Sprößling

ἡ γενεή
ὁ τόκος } die Nachkommenschaft

ἡ γενετή die Geburt
ἡ πάτρη die Abstammung

ὁ παῖς, παιδός
ὁ υἱός } der Sohn

γνήσιος genuinus, vollbürtig, rechtmäßig
νόθος unehelich, unebenbürtig

ἡ παῖς
ἡ θυγάτηρ, τέρος u. τρός
ἡ κούρη } die Tochter

ὁ υἱωνός der Enkel

ὁ ἀδελφεός (-ειός)) (att. -ός) } der Bruder

ὁ αὐτοκασίγνητος der leibliche Bruder

ἡ κασιγνήτη die Schwester
ὁ μήτρως, ωος der Oheim, avunculus
ὁ ἀνεψιός Geschwistersohn, Vetter

ὁ ἑκυρός
ὁ πενθερός } der Schwiegervater, socer

ἡ ἑκυρή die Schwiegermutter, socrus
ὁ γαμβρός 1) der Schwiegersohn, gener, 2) d. Schwager (Mann der Schwester)
ἡ νυός 1) die Schwiegertochter, nurus, 2) die Schwägerin
ὁ δαήρ, έρος levir, der Schwager (Bruder des Mannes)
ἡ γαλόως, οω die Schwägerin, glos (Schwester des Mannes)
ἡ εἰνάτηρ, ερος die Schwägerin (Frau des Bruders)

Lebensalter:

ὁ ἡ παῖς das Kind, der Knabe, das Mädchen

νήπιος
νηπίαχος } unmündig, infans

νέος jung
ἀφαυρός schwach
ὀλίγος klein
ἄφρων unverständig
τηλύγετος spät geboren, heißgeliebt, verzärtelt

ἀγαπητός
φίλος } geliebt

ἀταλάφρων heiteren Sinnes
τηλεθάων blühend
πρωθήβης in der Blüthe der Jugend

ὁ κοῦρος
ὁ κούρης, ητος an 2 St. } der Knabe, der Jüngling, puer u. adolescens

ὁ ἠΐθεος \
ὁ αἰζηός } b. mannbare Jüngling, der junge Mann, juvenis

θαλερός \
θαλέθων } blühend

οἱ νέοι die Jünglinge

ἡ κούρη das Mädchen, b. Jungfrau

ἡ παρθένος \
ἡ παρθενική } die Jungfrau
ἡ νεῆνις, ιδος /

π. ἀταλή jugendlich, zart \
αἰδοίη sittsam \
ἀδμής, ῆτος unvermählt \
ἀλφεσίβοιαι Rinder einbringend

ὁ ἀνήρ, ἀνέρος \
u. ἀνδρός } der Mann
ὁ φώς, φωτός /

νεηνίης jugendlich \
ἰσόθεος gottgleich

ἡ γυνή, γυναικός die Frau, mulier, femina

ὁ γέρων, οντος der Greis

ἡ γρηῦς (att. γραῦς) \
ἡ γραῖα } b. Greisin

ἡ ἡλικίη das Lebensalter, auch die Altersgenossen

ὁ ὁμῆλιξ der Altersgenosse

ἡ νεότης, ητος die Jugend

ἡ ἥβη das Jünglingsalter, die Jugend, pubertas

τὸ γῆρας, αος das Greisenalter \
χαλεπόν schwer \
στυγερόν verhaßt \
λυγρόν traurig

Ehe:

ὁ ἀνήρ \
ὁ πόσις, ιος \
ὁ ἀκοίτης } der Ehemann, Gatte
ὁ παράκοιτης /

ἡ γυνή \
ἡ ἄλοχος \
ἡ ἄκοιτις, ιος \
ἡ παράκοιτις } die Ehefrau, Gattin
ἡ δάμαρ, αρτος \
ἡ ὄαρ, ὄαρος /

κουριδίη ehelich, rechtmäßig \
θυμαρής herzlieb \
μνηστή gefreit, vermählt \
αἰδοίη- κεδνή- f. ob.

ἡ παλλακίς, ίδος die Nebenfrau

ὁ μνηστήρ, ῆρος der Freier

ἡ μνηστύς, ύος die Bewerbung

τὰ ἕδνα od. ἔεδνα 1) Brautgeschenke, 2) Mitgift

τὰ μείλια Geschenke als Mitgift (Il. 9. 147. 289)

ὁ νυμφίος der Bräutigam

ἡ νύμφη die Braut, die junge Frau

ὁ γάμος die Hochzeit (vgl. die Schilderung eines Hochzeitsaufzuges Il. 18. 491—96)

πολυήρατος vielersehnt \
θαλερός blühend, in der Jugendblüthe gefeiert

ὁ ὑμέναιος der Hochzeitsgesang

ἡ τροφός \
ἡ τιθήνη } die Wärterin, Erzieherin

τρ. φίλη

τὰ θρέπτρα eig. Lohn der Wärterin, dann Kindesdank (Il. 4. 478. 17. 302)

ἡ χήρη die Wittwe

ὀρφανός, ὀρφανικός verwaist, die Waise

μνᾶσθαι \
μνηστεύειν } freien

γαμεῖν ⎱ heirathen, in matrimo-
ὀπυίειν ⎰   nium ducere
γαμεῖσθαι ⎱ 1) nubere, 2) nup-
ὀπυίεσθαι ⎰   tum dare

Besitzthum:

ὁ οἶκος der Hausstand, res fami-
    liaris

ἡ ζωή ⎱ der Lebensunterhalt,
ὁ βίοτος ⎰   das Vermögen

ἡ κτῆσις ⎱ der Besitz, Habe
τὰ κτήματα ⎰   und Gut

τὰ χρήματα (nur i. b. Od.) Güter,
    Schätze

τὸ κειμήλιον das Kleinod, der
    Schatz

τὸ ἄγαλμα ⎱ das Schaustück,
*τὸ γλῆνος ⎰   Prachtstück

τὸ κτῆμα (1 St.) ⎱ das Besitz-
τὸ κτέρας   ⎰   stück

    (Il. 10. 216; 24. 235)

Cap. IX.

Die Kleidung.

Τὸ εἴλυμα ⎱ die Umhüllung,
τὸ κάλυμμα ⎰   Kleidung
   κυάνεον dunkelfarbig Il. 24. 94

ἡ ἐσθής, ῆτος die Kleidung, coll.
   wie vestis
   μαλακή weich
   φαεινή glänzend

τὸ εἷμα ⎱ das Kleidungsstück,
*τὸ ἕσθος ⎰   Gewand
   σιγαλόεν glänzend
   λεπτόν dünn, fein
   χαρίεν anmuthig, kleidsam
   θυῶδες düftend
   ὑφαντόν gewebt
   νεόπλυτον frisch gewaschen
   εἵματα ἐξημοιβά Kleider zum Wech-
    seln, Feierkleider

*τὸ πτύγμα das gefaltete Gewand
   Il. 5. 315

ὁ χιτών, ῶνος das Unterkleid
   ἐύννητος schön gesponnen, gewebt
   νηγάτεος sehr bewundernswerth (A.:
    neu gemacht)
   νεκτάρεος wie Nektar duftend
   τερμιόεις auf die Füße reichend (A.:
    mit Quasten oder Franfen besetzt)
   μαλακός· σιγαλόεις· f. ob.

ἡ χλαῖνα das wollene Oberkleid,
   der Mantel
   μεγάλη groß
   ἐκταδίη weit
   οὔλη ⎱ dicht
   πυκνή ⎰
   ἀνεμοσκεπής ⎱ vor dem Winde
   ἀλεξάνεμος ⎰   schützend
   ἁπλοΐς, ΐδος einfach
   διπλῆ doppelt
   πορφυρέη ⎱ purpurn
   φοινικόεσσα ⎰

ἡ δίπλαξ sc. χλαῖνα der Doppel-mantel, den man doppelt um-legen kann

τὸ φᾶρος das prächtige Oberge-gewand
  ἀργύφεον silberweiß
  λευκόν weiß
  ἁλιπόρφυρον meerpurpurn d. i. mit ächtem Purpur gefärbt
  ἐϋπλυνές gut gewaschen
  περίμετρον umfangreich
  λεπτόν· καλόν· χαρίεν· μέγα· πορφύρεον s. ob.

*ἡ λώπη der Mantel
  δίπτυχος doppelt gelegt

τὸ σπεῖρον das Tuch, Gewand
τὸ λαῖφος } das zerlumpte Ge-
τὸ ῥάκος } wand, der Kittel

*ἡ νάκη der Pelz aus Ziegenfell
ἡ κυνέη (αἰγείη) die Kappe aus Ziegenfell Od. 24. 231
*ἡ χειρίς, ίδος der Handschuh O. 24. 230
ἡ κνημίς, ίδος die Gamasche O. 24. 229
  ῥαπτή genäht
  βοείη rindsledern (Handschuhe wie Gamaschen werden bei der Gartenarbeit zum Schutze gegen die Dornen getragen)

τὸ πέδιλόν die Sandale (A.: Schuh)
  καλά die schönen

τὸ ὑπόδημα die Sohle, Sandale
ἡ ζώνη
ὁ ζωστήρ, ῆρος } der Gürtel,
τὸ ζῶστρον } der Leibgurt
τὸ ζῶμα

Die Frauenkleidung:
ὁ χιτών das Unterkleid s. ob.

τὸ φᾶρος das Obergewand s. ob.
ὁ πέπλος das Oberkleid der Frauen, die Robe
  ἑανός sich anschmiegend
  ποικίλος bunt gestickt
  περικαλλής wunderschön
  φαεινός· πορφύρεος· μαλακός· χαρίεις· ἐύννητος· λεπτός s. ob.

ὁ κόλπος die Busenfalte, d. Bausch des Kleides, sinus
ὁ ἑανός, εἱανός Gewand der Göttinnen u. vornehmer Frauen
ἡ ὀθόνη 1) feine Leinwand, 2) ein Gewand daraus, 3) Schleier
ἡ ζώνη der Gürtel
ὁ ἱμάς der (lederne) Gürtel (der Aphrodite Il. 15. 214)
  *κεστός gestickt
ὁ κεκρύφαλος das Kopfnetz, die Netzhaube
τὸ κρήδεμνον das Kopftuch, der bis zur Schulter hinabfallende Schleier (eig. Kopfbinde)
  καλόν, νηγάτεον (s. ob.)
  λευκόν. —
  pl. λιπαρά glänzend
ἡ καλύπτρη } die Hülle, der
τὸ κάλυμμα } Schleier
τὸ δέσμα } die Hauptbinde, das
*ἡ ἀναδέσμη } Haarband
  πλεκτή geflochten
*ἡ ἄμπυξ, υκος das Stirnband
ἡ στεφάνη eine Art Diadem
ὁ θύσανος die Quaste (an dem Gürtel der Here)

Schmucksachen:
ὁ κόσμος der Frauenschmuck, mundus
τὰ ἕρματα Ohrgehänge, Ohrringe

τρίγληνα mit drei Augensternen d. i. glänzenden Edelsteinen

μορόεντα maulbeerfarbig (A.: schimmernd)

*ἡ κάλυξ, υκος die Hülle, Knospe pl. Ohrgehänge

ὁ ὅρμος das herabhängende Halsgeschmeide

πολυδαίδαλος (kunstreich), χρύσεος, ἠλέκτροισιν (f. u.) ἐερμένος, ἠέλιος ὥς O. 18. 295

*τὸ ἴσθμιον das anliegende Halsband

*ἡ ἕλιξ das Armband (A.: Ohrgehänge)

γναμπταὶ gebogen Il. 18. 401

ἡ πόρπη } die Schnalle,
ἡ περόνη } Spange

φαεινή, χρυσέη, κληῖσιν ἐυγνάμπτοις ἀραρυῖα mit schön gebogenen Haken befestigt O. 18. 294

*ἡ ἐνετή die Spange, Nadel

τὰ ἤλεκτρα Bernsteinkorallen

ὁ τάπης, ητος der Teppich

φαεινός glänzend
οὖλος dicht, fest
πορφύρεος

τὸ ῥῆγος das Tuch, pl. die Decken

σιγαλόεν glänzend
πορφύρεον· καλόν·

ὁ λίς pl. λῖτα glattes Gewebe, Leinwanddecke

τὸ λίνον die Leinwand

τὸ φᾶρος }
ὁ πέπλος } das Tuch, d. Decke
τὸ σπεῖρον }

Toilette:

*ὁ πλόκαμος } die Haarflechte
*ὁ πλοχμός }

τὸ ἄλειφαρ, ατος das Salböl

ῥοδόεν ἔλαιον Rosenöl

*τεθυωμένον ἔλαιον eig. durchräuchertes, wohlriechendes Oel Il. 14. 172

λίπα ἔλαιον Oliveyöl

ἀλείφειν } salben
χρίειν }

τὸ λοετρόν (att. λούτρον) d. Bad

λοετροχόος τρίπους der Badekessel

ἡ ἀσάμινθος die Badewanne

ἐυξέστη schön geglättet
ἀργυρέη O. 4. 128
λούεσθαι sich baden
*χυτλοῦσθαι sich baden und salben

τὸ ξυρόν das Scheermesser (nur in der Phrase ἐπὶ ξυροῦ ἵσταται ἀκμῆς Il. 10. 173)

Cap. X.

Die Wohnung.

Τὸ ἕδος der Wohnsitz

ὁ δόμος

τὸ δῶμα } das Haus, sowohl

τὸ δῶ } domus, als aedes

ὁ οἶχος

οἱ δόμοι } pl. wie aedes, die Be-

τὰ οἰκία } hausung, Wohnung

εὐκτίμενος wohl gebaut

πυκινός } dicht, fest

πύκα ποιητός }

εὐναιετάων wohnlich

χαλκοβατής mit eherner Schwelle (vom Hause des Zeus u. des Alkinoos)

ὑψηλός hoch

ὑψηρεφής }

ὑψόροφος } hoch eingedacht, hoch gedeckt

ὑψερεφής }

εὐρυπυλής weitthorig

ἠχήεις, εντος schallend, widerhallend

πίων fett, reich

ἀφνειός mit Reichthum gesegnet

ἀμύμων untadelig

ἡ κλισίη die Hirtenhütte, die Lagerbaracke

κατηρεφής überdacht

εὐπηκτος wohl gefügt

εὔτυκτος wohl gebaut

*τὸ κλισίον die Gesindewohnung O. 24. 208

ὁ σταθμός das Gehöft, der Viehhof nebst Hirtenwohnung

~~Ἀνωθλὸς einsam, abgelegen~~

ἡ αὐλή auch die ganze Wohnung, wie im D. „der Hof" O. 4. 74.

τὰ θεμείλια das Fundament

τιθέναι θ. } jacere funda-

προβαλέσθαι θ. } menta

τὸ ἕρκος

τὸ ἕρκίον } die Ringmauer um

τὸ τειχίον } Haus und Hof

ὁ τοῖχος

ὁ θριγκός der Sims, die Zinne

ὁ πύργος der Thurm

ἡ ἔπαλξις die Brustwehr

αἱ θύραι das Thor

δικλίδες zweiflügelig

ὁ λίθος die Steinbank

ξεστός behauen, geglättet

τὸ πρόθυρον der Thorweg im Hofthor

ἡ αὐλή der von Wirthschaftsgebäuden umgebene Hof

βαθεῖα geräumig

εὐερκής wohl eingefriedigt

περίδρομος ringsumlaufend

(Auf ihr steht der Altar des Ζεὺς ἑρκεῖος)

ὁ σταθμός der Stall

ἡ κόπρος der Düngerhaufen

ὁ θόλος die Geschirrkammer (A.: Küchengewölbe)

ἡ αἴθουσα die Vorhalle, Säulenhalle, (Laube)

ἐρίδουπος laut schallend

ξεστή von behauenem Stein

τὰ ἐνώπια die Seitenwände des Hauses in der Halle

παμφανόωντα die glänzenden, weil sie getüncht waren

ὁ πρόδομος das Vorhaus, Vorderhaus bis zum Saale incl. b. αἴθουσα

τὸ πρόθυρον der Platz vor der Thür (des Saales), die Hausflur

τὸ μέγαρον } der große Männersaal
τὰ μέγαρα }

σκιόεντα schattig

αἰθαλόεν rauchgeschwärzt

ἐυσταθές festgegründet

εὔπηκτον- εὐναιετάοντα f. ob.

ἡ θύρη } die Thür
τὰ θύρετρα }

(ὁ θυρεός der Thürstein des Kyklopen)

θύρη ἀραρυῖα } fest gefügt
πυκινῶς ἀρ.

ἐυκλήις wohl verschlossen

φαεινή glänzend

pl. πυκιναί dicht

κολληταί fest gefügt

ἐυερκέες wohl verwahrt

ὑψηλαί hoch

δικλίδες zweiflügelig

χρύσειαι O. 7. 88

ἡ σανίς, ίδος der Thürflügel

*κληισταί verschließbar

κολληταί- δικλίδες- ὑψηλαί- ἐυ ἀραρυῖαι (f. ob.)

*ὁ θαιρός die Thürangel

ὁ σταθμός } der Thürpfosten,
*ἡ φλιά } Ständer

στ. κυπαρίσσινος aus Cypressenholz

τὸ ὑπερθύριον die Oberschwelle, der Thürsturz

ὁ οὐδός } die Schwelle
ὁ βηλός }

οὐδ. δρύινος eichen

μέλινος eschen

χάλκεος ehern Il. 8. 15

λάινος steinern

ξεστός geglättet

μέγας.

βηλός λίθεος steinern

ὁ ἐπιβλής, ῆτος } der Thorriegel
ὁ ὀχεύς }

ἐπιβλ. ἐιλάτινος fichten

ὀχῆες ἐπημοιβοί 2 sich begegnende in einander geschobene Riegel Il. 12. 456

ἡ κληίς, ῖδος 1) der die Thür inwendig verschließende Riegel, 2) der Schlüssel

ἐυκαμπής } schön gebogen
εὔγναμπτος }

χαλκείη ehern

(κρυπτή geheim, verborgen Il. 14. 168)

καλή- μεγάλη

ἡ κώπη der Schlüsselgriff

κ. ἐλέφαντος von Elfenbein

ὁ ἱμάς, άντος } der Thürriemen
ὁ δεσμός }

ἡ κορώνη der Thürring zum Zuziehen derselben und zur Befestigung des Riemens

ἀργυρέη- χρυσέη- καλή

τὸ τέγος 1) die Decke, das Dach, 2) das Zimmer

πύκα ποιητόν fest gearbeitet

*ἡ ὀροφή das Dach

*οἱ ἀμείβοντες die Dachsparren

ὁ σταθμός der Hauptpfeiler, der die Decke trägt

τὸ μέλαθρον der große auf Pfeilern ruhende Balken, der die Decke trägt, der Träger

προὔχον hervorragend

αἰθαλόεν rauchgeschwärzt

ὑψηλόν hoch

αἱ μεσόδμαι die Querbalken der Decke, die auf dem μέλαθρον aufliegen (A.: Nischen zwischen den Säulen)

καλαί O. 19. 37

αἱ δοκοί die Deckbalken

εἰλάτιναι O. 19. 38

τὰ ἐπαῖα der Rauchfang, eine Oeffnung in der Decke (?) O. 1. 320

ῥῶγες (S. ῥώξ) μεγάροιο Fenster oder Luken im Saale (?)

τὸ δάπεδον der Fußboden, Estrich

τυκτόν (künstlich) bereitet, vollendet (χρύσεον bei Zeus)

τὸ οὖδας der Fußboden

κραταίπεδον hart

ὁ τοῖχος die Wand

εὔδμητος wohl gebaut

ὁ πάσσαλος der Pflock zum Aufhängen v. Gegenständen z. B. der φόρμιγξ

ὁ ἡ κίων, ονος die Säule

μακρή· μεγάλη· ὑψηλή

ἡ ὀρσοθύρη die Treppenpforte, eine in die λαύρη führende Seitenthür

ἡ ἱστίη (att. ἑστία)
ἡ ἐσχάρη } der Heerd

ὁ δαλός der Feuerbrand

ἡ σχίζη das Holzscheit

ἡ σποδός
ἡ τέφρη } die Asche

*ἡ σποδιή der Aschenhaufen

*ἡ ἀνθρακιή der Kohlenhaufen

ὁ θάλαμος 1) Wohnzimmer, cubiculum, bes. das Schlafzimmer und das Gemach der Hausfrau im Hinterhause (μυχὸς δόμου), 2) Vorrathskammer

εὐώδης
θυώδης
πηώεις } duftend

*κέδρινος von Cedernholz

*τέγεος wohl überdacht

πολυδαίδαλος kunstreich erbaut

πολύκμητος mühsam erbaut

εὐρύς geräumig

πυκινός· ὑψηλός· ὑψηρεφής· ὑψόροφος· εὔπηκτος· εὐσταθής·

ἡ σανίς, ίδος ein Brettergerüst, auf welchem die Wäschekasten stehen Od. 21. 51

ὑψηλή hoch

τὸ ὑπερώϊον das Obergemach, der Söller

σιγαλόεν glänzend

ἡ κλῖμαξ, ακος die Treppe

μακρή· ὑψηλή.

ἡ λαύρη der schmale Seitenhof zwischen Haus und ἕρκος

δέμειν bauen

ἐρέφειν überdachen

Cap. XI.
Das Hausgeräth.

ἡ ἕδρη 1) der Sitzplatz, die Sitz-
   reihe, 2) das Sitzgeräth, sedile

ὁ θρόνος der hohe Armstuhl

  ὑψηλός hoch
  ἀργυρόηλος mit silbernen Stiften beschlagen
  ξεστός geglättet, polirt
  δαιδάλεος kunstreich gearbeitet
  εὐποίητος schön gearbeitet
  φαεινός
  σιγαλόεις } glänzend
  περικαλλής wunderschön

ὁ κλισμός
ἡ κλισίη } der etwas niedrigere
*ὁ κλιντήρ,   Lehnstuhl ohne
  ῆρος   Arme

  κλισίη δινωτή (gedrechselt)
  ἐλέφαντι καὶ ἀργύρῳ.
  (al. εὔπυκτος gut zusammengelegt,
  zusammengeklappt; Klappstuhl mit
  Rückenlehne Od. 4. 123)
  εὔπηκτος- εὔτυκτος- εὐποίητος.

ὁ δίφρος niedrige Bank od. Sessel
  ohne Lehne

  εὔξεστος
  εὔξοος } schön geglättet
  ἀεικέλιος unscheinbar, unansehnlich

ὁ θρῆνυς, νος } der Schemel,
τὸ σφέλας, αος } die Fußbank

ἡ τράπεζα der Tisch

  κυανόπεζα mit stahlblauen Füßen
  εὔξοος- ξεστή-

ὁ ἐλεός der Anrichttisch

*τὸ κρεῖον die Fleischbank, auf
  welcher das rohe Fleisch zer-
  legt wird

ἡ δουροδόκη d. Speerbehälter (nch
  Ein. ein Schrank, nch A. Ver-
  tiefungen in den Säulen)
  εὔξοος schön geglättet

ὁ λαμπτήρ, ῆρος der Leuchter; d. i.
  das Feuerbecken (in dem Palaste des Alkinoos vertreten
  diese λαμπτῆρες goldene Sta-
  tuen, Jünglinge darstellend,
  mit brennenden Fackeln in den
  Händen, auf Gestellen (Sok-
  keln) βωμοί stehend)

ἡ δαΐς, ιδος }
ἡ δετή   } die Kienfackel
τὸ δάος   }

  δαΐδες αἰθόμεναι brennend
  δ. λαμπόμεναι glänzend

*ὁ λύχνος die Leuchte, Lampe O. 19.
  34

ὁ κρητήρ, ῆρος der Mischtrug
  ἀνθεμόεις m. Blumen verziert, geblümt
  λάϊνος steinern
  χρύσεος- ἀργύρεος- φαεινός

ὁ τρίπους, ποδος 1) der dreifüßige
  Kessel, 2) der dreifüßige Un-
  tersatz für den Kreter und andere Geschirre

  ἄπυρος vom Feuer unberührt
  ἐμπυριβήτης über dem Feuer stehend

εὔχαλκος schön aus Erz gearbeitet

αἴθων blinkend

ὠτώεις gehenkelt

δυωκαιεικοσίμετρος 22 Maß haltend

περικαλλής wunderschön

ἡ γάστρη der Bauch des Kessels

τὸ οὖας (att. οὖς) das Ohr, der Henkel

ὁ πυθμήν, ένος der Fuß (auch am Becher)

τὸ χεῖλος der Rand

ὁ λέβης, ητος das Becken, der Kessel, in b. Od. meist das Wasch=becken

ἀνθεμόεις· ἄπυρος· ἀργύρεος· παμ=φανόων· αἴθων·

*τὸ χέρνιβον das Waschbecken (ἡ χέρνιψ, ιβος das Waschwasser)

ὁ σπόγγος der Schwamm Il. 18. 414.

πολύτρητος viel durchlöchert

ἡ πρόχοος die Kanne

καλή· χρυσείη·

ἡ λήκυθος die Oelflasche (mit Salböl)

ὁ ἀμφιφορεύς der große Krug mit 2 Henkeln, amphora

ὁ πίθος ein großer irdener Krug zur Aufbewahrung des Weins

τὸ κρήδεμνον der Deckel O. 3. 392.

*ἡ κάλπις, ιδος der Wasserkrug

*ὁ κέραμος der Krug aus Thon

τὸ ἄγγος

•ἡ σκαφίς, ιδος } b. Melkeimer,
ὁ γαυλός } die Butte
ἡ πέλλα }

τὸ δέπας, αος der Becher

δ. ἀμφικύπελλον der Doppel=becher

χρύσειον· περικαλλές

τὸ κύπελλον der Pokal

ὁ πυθμήν — τὸ χεῖλος s. ob.

τὸ ἄλεισον der große Pokal mit erhabener Arbeit (zu Liba=tionen)

ἄμφωτον mit zwei Henkeln

καλόν· χρύσειον·

ὁ σκύφος der kunstlose Becher der Landleute

τὸ κισσύβιον runde, hölzerne Schale oder Napf (A.: Becher aus Epheuholz)

ἡ κοτύλη das Schälchen, Näpfchen

ἡ φιάλη die Schale, Pfanne (bei Hom. nicht Trinkgeschirr)

ἀμφίθετος auf beiden Seiten zu stellen (Doppelschale)

ἀπύρωτος· χρυσέη·

ὁ κώρυκος lederner Sack zur Auf=bewahrung von Lebensmitteln auf der Reise

ὁ ἀσκός } der Schlauch zur Auf=
ὁ δορός } bewahrung des Weines
} auf der Reise

ἀ. αἴγειος aus Ziegenfell

δ. ἐυρραφής wohlgenäht

ἡ πήρη der Ranzen, Reisesack

ἀεικελίη } unscheinbar
ἀεικής }

ὁ πίναξ, ακος der hölzerne Teller, die Schüssel

} der Rohrkorb, aber
τὸ κάνεον } auch ein metallenes
κάνειον } Gefäß in Korbform
} (Brotkorb)

χρύσειον· χάλκειον· περικαλλές· καλόν

ὁ τάλαρος der Korb

ἀργύρεος- ὑπόκυκλος unten mit Rädern versehen oder unten gerundet — πλεκτός geflochten cf. O. 4. 131. Π. 18. 568.

ὁ ὀβελός der Bratspieß

   ἀκροπόρος mit der Spitze durchbohrend

*οἱ κρατευταί die Böcke, das Gestell für den Bratspieß

τὸ πεμπώβολον die fünfzackige Gabel zum Schüren des Feuers

ἡ μάχαιρα das Schlachtmesser

*ἡ κνῆστις, ιος das Schabmesser, Reibeisen

———

ἡ λάρναξ, ακος 1) der Kasten, die Truhe, (2. die Urne)

ἡ κίστη die Kiste

τὸ πῶμα der Deckel

ὁ φωριαμός ⎫
        ⎬ der Kasten, die Lade
ἡ χηλός ⎭ bef. zur Aufbewahrung von Kleidern

   ἀριπρεπής stattlich
   ἐυξέστη- καλή- δαιδαλέη- πυκινή- περικαλλής

*τὸ ὄγκιον die Hakenkiste zur Aufbewahrung von Pfeilen und anb. Eisenwerk

———

ἡ μύλη die Handmühle

*ὁ μύλαξ der Mühlstein

———

*ἡ κοίτη ⎫ die Schlafstätte, das
ἡ εὐνή ⎭ Lager, cubile

   μαλακή weich

τὰ δέμνια das hölzerne Bettgestell, sponda

   φίλα theuer, lieb

ὁ ἑρμίς, ῖνος die Bettpfoste

ὁ ἱμάς, άντος der lederne Bettgurt

τὸ λέχος die Bettstelle

τὰ λέχεα ⎫ das Bett als ein
τὸ λέκτρον ⎭ Ganzes

τὰ λέκτρα das Bettwerk

   λέχος ἔμπεδον fest
   δινωτόν gedrechselt
   τρητόν (schön) durchbrochen, nch A.: polirt (v. τείρω)
   ἐύστρωτον wohl ausgebreitet
   κουρίδιον λ. das Ehebett

τὸ κῶας das Schaffell

τὰ ῥήγεα dicke wollene Decken an Stelle der Kissen

τὸ λίνον das leinene Bettuch, das Laken

ὁ τάπης, ητος ⎫ die wollene
ἡ χλαῖνα ⎭ Bettdecke

Cap. XII.

Mahlzeiten. — Speisen und Getränke.

ἡ ἐδητύς, ύος ⎫
ἡ βρωτύς, ύος ⎭ das Essen

ἡ ἐδωδή ⎫ 1) die Speise, 2) das
τὸ εἶδαρ ⎭ Thier-Futter

ἐδ. μενοεικής reichlich

ἡ βρώμη ⎫
ἡ βρῶσις ⎭ die Speise

ὁ σῖτος die Nahrung, Speise

γλυκερός süß

μελίφρων herzerquickend

ἐπηετανός reichlich

τὰ ὀνείατα Erfrischungen, Er-
quickungen

ἑτοῖμα - προκείμενα bereit vorliegende

————

τὸ ἄριστον das Frühstück, prandium

τὸ δεῖπνον das Mittagsmahl, die
Hauptmahlzeit, coena

λαρόν labend, lecker

μενοεικές dem Verlangen entsprechend,
reichlich

ἡδύ süß, erquickend

ὁ δείπνηστος die Essenszeit

τὸ δόρπον die Abendmahlzeit

λαρόν- s. ob.

ἡ δαίς, δαιτός ⎫
ἡ δαίτη ⎬ das Mahl,
*ἡ δαιτύς, ύος ⎭ Gastmahl

ἀγαθή ⎫
ἐΐση ⎬ trefflich
ἐσθλή ⎭

ἐπήρατος ⎫
ἐρατεινή ⎭ lieblich

θάλεια üppig

πίειρα fett

ἐρικυδής glorreich, glänzend

μενοεικής s. ob.

ὁ δαιτυμών, όνος der Genosse des
Mahls, der Gast

ἡ εἰλαπίνη der Festschmaus, Opfer-
schmaus

τεθαλυῖα üppig

*ὁ εἰλαπιναστής der Theilnehmer
am Schmause

ὁ ἔρανος das aus gemeinschaftlichen
Beiträgen bereitete Mahl, (das
Picknick)

ὁ γάμος der Hochzeitsschmaus

ὁ τάφος der Leichenschmaus

δαινύναι δαῖτα ein Mahl ausrichten

δαίνυσθαι sich bewirthen lassen,
schmausen

εἰλαπινάζειν schmausen

————

τὸ κρέας, αος das Fleisch, pl.
Fleischstücke

ὀπτόν ⎫
ὀπταλέον ⎭ gebraten

ὑπέρτερον das obere im Gegens. zu
den σπλάγχνα

τὸ ὄψον 1) eig. Gekochtes, besond.
Fleisch, 2) Imbiß, Zukost
Il. 11. 630.

ὁ σῖτος das Weizenbrot

γλυκερός füß
μελίφρων herzerquidend
τὸ ἄλφιτον das Gerstenschrot, Gerstenmehl
ἱερόν heilig
λευκόν weiß
μυλήφατον von der Mühle zermalmt
μυελὸς ἀνδρῶν das Mark der Männer
τεύχειν ἄλφ. zubereiten
παλύνειν ἀλφίτου ἀκτῇ mit Mehl bestreuen (das Fleisch)
ἡ ἀκτή (ἀλφίτου) das Gersten= mehl, Gerstengraupe
Nach A. ist ἀκτή die Frucht
*τὸ ἄλειαρ, ατος das Mehl
μυελὸς ἀνδρῶν s. ob.
τὸ πύρνον das Weizenbrot (nur in d. Od.)
ὁ ἄρτος das Brot (nur in der Od. an 2 St.)
ὁ τυρός der Käse
αἴγειος τ. Ziegenkäse
ἡ γαστήρ, έρος die Magenwurst
(τὸ μέλι, ιτος der Honig
τὰ μῆλα das Obst
ὁ ἰχθύς der Fisch
τὸ τῆθος die Auster Il. 16. 747)

ἡ ποτής, ῆτος } das Trinken,
ἡ πόσις, ιος } das Getränk
τὸ ποτόν das Getränk
ἄκρητον ungemischt
θεῖον göttlich
ἡδύ füß
τὸ μέθυ (Meth) berauschendes Ge= tränk, bes. Wein
γλυκερόν füß
ἡδύ lieblich
ὁ οἶνος der Wein
ἄκρητος ungemischt
ἀκηράσιος unverfälscht, lauter

ἐρυθρός roth
μέλας dunkel
αἶθοψ funkelnd
εὐώδης duftend
ἡδύς füß
ἡδυποτός lieblich
μελιηδής honigsüß
μελίφρων durch Süße erfreuend
εὔφρων erheiternd
λαρός erquickend
εὐήνωρ Männer stärkend
μενοεικής reichlich
παλαιός alt
ἠλεός bethörend
ἔξαιτος auserlesen
γερούσιος οἶνος Fürstenwein
Πράμνειος Wein von Pramne
ἀμβροσίης καὶ νέκταρος ἀπορρώξ Ausbruch v. A. und N. heißt der herrliche Wein von Ismaros O. 9. 359; derselbe θεῖον ποτόν ein Göttertrank!
*ὁ οἰνοποτήρ, ῆρος der Weinzecher
ὁ κυκεών, ῶνος eine Art Kalte= schale aus Pramnischem Wein, geriebenem Ziegenkäse, Ger= stenmehl und Honig Il. IX. 624. Od. X. 234. 290

τὸ γάλα, ακτος } die Milch (von
τὸ γλάγος } Schafen und Ziegen)

ὁ δαιτρός der Vorschneider, Zer= leger
ἡ δαιτροσύνη das Zerlegen
ἡ μοῖρα die Portion
*τὸ δαιτρόν das zugetheilte Maaß Wein
*ὁ ψωμός } der Brocken, Bissen
*ὁ ἄκολος }

ἡ χέρνιψ, ιβος das Waschwasser (vor u. nach Tische)

ὁ σπόγγος der Schwamm [zum Reinigen der Tische]

ἡ λοιβή ⎫
ἡ σπονδή ⎭ die Spende, libatio, am Ende des Mahles s. unten

οἰνοχοεῖν ⎫
οἰνοχοεύειν ⎭ Wein einschenken

δεδίσκεσθαι ⎫
δεικανᾶσθαι ⎬ δέπαϊ oder δεπάεσσι
δείκνυσθαι ⎭ zutrinken

Cap. XIII.

Das Fuhrwerk.

(cf. *Il.* V. 720 ff. XXIV. 265 ff.)

Τὰ ὄχεα (ἄγω) das Fuhrwerk, vehiculum

φλόγεα flammend, glänzend (von Gold) *Il.* 5. 745; 8, 389 u.; schnell

τὸ ἅρμα (ἄρω) eig. das Wagengestell, dann der Wagen, insb. der zweiräderige Streitwagen

ἀγκύλον gekrümmt

καμπύλον gebogen

κολλητόν fest gefügt

εὔξοον schön geglättet

εὔτροχον schön räderig oder gut laufend

δαιδάλεον kunstvoll gearbeitet

ποικίλον χαλκῷ mit Erz verziert

θοόν schnell

ἡ ἄμαξα (att. ἅμ.) der zweiachsige, vierräderige Wagen

τετράκυκλος vierräderig

ἡμιονείη mit Maulthieren bespannt

εὔτροχος s. oben

ἡ ἀπήνη der vierräderige Lastwagen

ὑψηλή hoch

εὔξεστος· τετράκυκλος

ὁ δίφρος der leichte, zwei Personen tragende (δίφορος) Reisewagen, bisw. der Streitwagen

εὔπλεκτος ⎫
εὐπλεκής ⎭ wohl geflochten

οἱ ἵπποι ist öfters Bezeichnung für die Pferde mit dem Wagen z. B. *Il.* 8. 128. ἵππων ἐπέβησε

Theile des Wagens:

ὁ ἄξων, ονος die Achse

σιδήρεος eisern

χάλκεος kupfern, ehern

φήγινος eichen

ὁ τροχός ⎫
ὁ κύκλος ⎬ das Rad
pl. auch κύκλα ⎭

καμπύλος gebogen

ὀκτάκνημος mit acht Speichen

ἡ πλήμνη die Nabe, Büchse

περίδρομος herumlaufend, (die Achse) rings umschließend

ἡ κνήμη die Speiche (nur in ὀκτά-κνημος)

ἡ ἴτυς, υος der Radkranz

τὸ ἐπίσσωτρον der metallene Rad-reif

χάλκεα προσαρηρότα fest anschließend

ὁ δίφρος der Wagenstuhl

ἡ ἄντυξ, υγος der Wagenrand

*ἡ ἐπιδιφριάς, άδος die Wand des Wagenstuhls

ἡ (πείρινς), πείρινθος der auf den Wagen gebundene Koffer, zugleich als Sitz dienend

*ἡ ὑπερτερίη der Wagenkasten, ein oben offenes Gestell auf der ἄμαξα, zum Transport von Lasten dienend (A.: Verdeck)

ὁ ῥυμός die Deichsel

ἐύξεστος.

*ἡ πέζα das Deichselende

*ὁ ἕστωρ, ορος der Nagel ob. Pflock an der Spitze der Deichsel, dazu dienend, um das Hinab-gleiten des Joches zu verhin-dern (der Aufhalter)

ἡ γλωχίς, ῖνος die gekrümmte Spitze dieses Pflocks

*ὁ κρίκος der über den ἕστωρ ge-zogene Ring, an welchem das Jochband befestigt wird

Das Geschirr:

τὸ ζυγόν das Joch

Epith.: ἵππειον
ἡμιόνειον, πύξινον (aus Buchsbaum), ὀμφαλόεν, τὸ οἰήκεσσιν ἀρηρός-ἐύξοον- ἀργύρεον- χρύσεον

ἡ ζεύγλη der auf den Nacken des Pferdes gelegte Jochkranz, das Kummet, 2 an jedem ζυγόν

ὁ ὀμφαλός der Buckel oder Knopf in der Mitte des Joches zur besseren Befestigung des ζυ-γόδεσμον Il. 24. 273

αἱ οἴηκες die Jochringe, je einer an dem Ende jeder ζεύγλη, durch welche die Zügel hindurchge-zogen werden (nch Graßhof die aufwärts gebogenen Joch-enden, auf denen die Zügel aufliegen [?])

τὸ ζυγόδεσμον das Jochband, mit welchem das Joch an die Deichsel festgebunden wird

ἐννεάπηχυ 9 Ellen lang

τὰ λέπαδνα die Jochriemen, mit denen das Joch unter dem Halse der Zugthiere befestigt wird, (für jedes Thier zwei)

καλά- χρύσεια

τὰ ἡνία die Zügel

σιγαλόεντα glänzend

λεύχ' ἐλέφαντι weißschimmernd von Elfenbein

*τὰ εὔληρα die Zügel

*ὁ ῥυτήρ, ῆρος das Lenkseil, die Leine

*ὁ χαλινός das Gebiß am Zaum

ὁ δεσμός die Halfter

ἡ παρηορίη die Hälfter des Neben-pferdes (des dritten)

τὸ παρήιον das Backenstück am Zaum

ἡ ἄμπυξ, υκος das Stirnband (nur in χρυσάμπυκες ἵπποι)

ἡ μάστιξ, ιγος | die Peitsche,
ἡ μάστις, ιος | Geißel

φαεινή glänzend
λιγυρή schwirrend
θοή hurtig
ἀραρυῖα passend

ἡ ἱμάσθλη eig. der Peitschenriemen, die Peitsche

ῥαδινή schlank, biegsam, geschmeidig

τὸ κέντρον eig. Stachel, aber auch die Geißel, die vielleicht bisweilen in einen Stachel endigte

ὁ βωμός ein Gestell, auf welches man den Wagen stellte, wenn er nicht gebraucht wurde Π. 8. 441

---

*τὸ ζεῦγος das Gespann

ὁ παρήορος das Nebenpferd, das als drittes auf der Wildbahn geht

ὁ ἡνίοχος
ὁ ὑφηνίοχος } der Wagen-
ὁ ἐλατήρ } lenker
ὁ κέντωρ, ορος

ἐντύειν } anschirren
ζευγνύναι
ἐπιβαίνειν aufsteigen
μαστίζειν } geißeln, peitschen
μαστίειν
ἐπισπέρχειν } antreiben
κεντεῖν
ἐλᾶν } fahren
ὀχεῖσθαι
ἱστάναι [ἵππους] anhalten
λύειν ausspannen

Cap. XIV.
Das Schiff.
(cf. Od. V. 234—61.)

Ἡ σχεδίη das Floß, das leichte Schiff

ἡ νηῦς (att. ναῦς) g. νηός und νεός das Schiff

γλαφυρή hohl
κοίλη hohl, bauchig
μεγακήτης mit großer Höhlung
εὐρεῖα breit
ἀμφιέλισσα auf beiden Seiten gewölbt

κορωνίς vorn und hinten ausgeschweift, geschnäbelt
ὀρθόκραιρα mit aufgerichteten Hörnern, gehörnt
ἴση gleichschwebend
μέλαινα schwarz
κυανόπρωρος mit dunklem Vordertheil
μιλτοπάρῃος } rothbäckig, roth-
φοινικοπάρῃος } wangig
εὔζυγος wohl gejocht
πολύζυγος mit vielen Jochbalken

πολυκληΐς mit vielen Ruderplätzen, vielruderig

ἐπήρετμος umrudert

δολιχήρετμος langruderig

ἐΰσσελμος wohlumbordet

εὔπρυμνος mit schönem Hintertheil

θοή   } schnell
ὠκεῖα   }

ὠκύπορος schnell fahrend

ὠκύαλος schnell hülfend

ποντοπόρος das Meer durchziehend, befahrend

τὸ δόρυ, δούρατος}   der Balken
    δουρός   }

ἡ σανίς, ίδος } die Bohle, das
ὁ πίναξ, ακος }   Brett

τὸ ἔδαφος der Boden

ἡ στείρη der Loskiel,   } der
ἡ τρόπις, ιος das Kielschwein } Kiel

*οἱ δρύοχοι die Hölzer, zwischen welchen während des Bau's der Schiffskiel liegt(?)

τὰ ἴκρια 1) die Rippen, 2) das auf ihnen ruhende Verdeck, und zwar

    a. ἴκρια πρώρης eine Cajüte im Vordertheil

    b. ἴκρια πρύμνης eine Cajüte im Hintertheil

    3) Brettergänge an den beiden Seiten

ὁ ἄντλος der (oben unbedeckte) Schiffsraum zwischen dem Vorder- und Hinterdeck

*οἱ σταμῖνες die Ständer zur Befestigung der Rippen (entweder die Wägerung d. i. die seitlichen Verbindungsbalken zwischen den Rippen, auf denen die ζυγά aufliegen, oder das Bei-

Slager d. i. zur Verstärkung der Rippen dienende Balken am unteren Ende derselben)

θαμέες zahlreiche

*αἱ ἐπηγκενίδες die Planken als äußere Schiffsbekleidung

ὁ τοῖχος die Schiffswand

κύματος εἶλαρ aus ῥῖπες οἰσύϊναι eine Art Bord, Schanze aus Weidengeflecht Od. V. 256

τὸ πηδάλιον das Steuerruder

τὸ ἐφόλκαιον (das Nachschleppende), der außerhalb des Schiffes befindliche Steuerbalken mit der Schaufel

τὸ οἰήϊον der in das Schiff hineinragende, innere Theil des Steuers, der Steuergriff, aber auch das ganze Steuer

τὸ ζυγόν der Jochbalken, zugleich als Ruderbank dienend

ὁ θρῆνυς, νος die Fußbank, der Fußtritt für die Ruderer

*ἑπταπόδης 7 Fuß lang

τὸ ἐρετμόν das Ruder

εὐῆρες wohl gefügt

προῆκες vorne scharf

ἡ κώπη der Rudergriff, das Ruder

τὸ πηδόν das Ruderblatt

ἡ κληΐς, ῖδος der Ruderpflock, die Dulle

ὁ τροπός der Ruderriemen, Stropp

δερμάτινος ledern

ὁ ἱστός der Mastbaum

ἀμαιμάκετος unbezwinglich, gewaltig

εἰλάτινος fichten

ἡ ἱστοπέδη der Schuh des Mastes (Mastschuh)

ἡ ἱστοδόκη der Mastbehälter, eine

Vertiefung in den Jochbalken
oder eine Rinne aus Brettern

ἡ μεσόδμη das Mastloch oder die
Einkehlung in einem der vorderen Jochbalken

τὸ ἐπίκριον die Raa, Segelstange

ἡ πρώρη das Vordertheil

ἡ πρύμνη das Hintertheil

*τὸ ἄφλαστον aplustre, der Knauf,
eine Verzierung des Hinter-
theils

*ὁ κόρυμβος, pl. α die Spitze die-
ser Verzierung (A.: Verzierung des Vordertheils)

τὰ ὅπλα das gesammte Schiffs-
geräth

τὸ ἱστίον ⎱
τὰ ἱστία ⎰ das Segel

λευκόν weiß

τὸ σπεῖρον das (zusammengerollte)
Segel

τὸ ὅπλον das Tau

τὸ (πεῖραρ) nur pl. πείρατα der
Strick O. 12. 51. 162

*τὸ σπάρτον das Tau

οἱ πρότονοι die Vordertaue, der
Stag, zwei von der Mast-
spitze nach dem Vorderbug
gehende Taue

ὁ ἐπίτονος das Hintertau, von dem
Top des Mastes nach dem
Hintertheile gehend, der Pardun

τὸ πεῖσμα das Kabeltau am Hintertheil

τὰ πρυμνήσια die Halttaue am
Hintertheil, Landfestungen

ὁ δεσμός das Ankertau (s. εὐναί)

*ἡ ὑπέρη das Raatau, zur Be-
festigung der Raa, pl. die
Brassen

*ὁ κάλος (att. κάλως) das Segel-
tau zum Aufziehen der Raa,
Topnans

ὁ πούς, ποδός die Schote, Tau
an den unteren Zipfeln des
Segels

ἡ ὕλη der Ballast

αἱ εὐναί die vom Vordertheil ins
Meer gelassenen Anthersteine

*ὁ κοντός die Stange, der Schiffs-
staken

τὸ ξυστόν die Stange, der Boots-
haken

ξ. ναύμαχον Schiffsspeer, Harpune
δυωκαιεικοσίπηχυ 22 Ellen lang Π.
15. 678

τὸ ἕρμα der Träger, Balkenunter-
lage für die an's Land ge-
zogenen Schiffe

τὸ ἔχμα der Halter, die Stütze,
Steinunterlage für die Schiffe
auf dem Lande

ὁ οὐρός der Graben, in welchem
die Schiffe auf das Land und
wieder in das Meer gezogen
wurden

ὁ λιμήν, ένος der Hafen

νηῶν ὄχος der Bewahrer der Schiffe

*ἡ εἰσίθμη ⎱ die Einfahrt in den
*ἡ εἴσοδος ⎰ Hafen

κατή schnell
ἀραιή eng

ὁ ὅρμος der Landungsplatz, die Anfurth

ἡ ἔκβασις Stelle zum Landen

*ἡ ἐπιωγή die Rhede (nur pl.)

ἡ κίων ein Pfeiler am Landungsplatz zum Anbinden d. Schiffe O. 22. 466

τρητός λίθος ein durchbohrter Stein zu demselben Zwecke O. 13. 77

*τὸ ἐπίστιον das Schirmdach für Schiffe am Lande, das Werft O. 6. 265

———

πλεῖν schiffen

ἀείρειν
στῆσαι ⎱ ἱστόν den Mast aufrichten
στήσασθαι ⎰

ἀνερύειν
ἕλκειν ⎱ ἱστία die Segel aufziehen
ἀναπετάσαι ⎰

στέλλειν
στέλλεσθαι ⎱ ἱστία die Segel einreffen
μηρύεσθαι ⎰

καθεῖναι ⎱ ἱστία die Segel herabnehmen
καθελεῖν ⎰

ἐρέσσειν rudern

*κυβερνᾶν ⎱ νῆα das Schiff lenken, steuern
ἰθύνειν ⎰

ἀνάγεσθαι in See gehen

κατάγεσθαι in den Hafen einlaufen

ἱστάναι νῆα mit dem Schiffe anlegen

καθελεῖν ἱστόν den Mast niederlassen

ὁρμίζειν νῆα ἐπ᾽ εὐνάων das Schiff vor Anker legen

ὕψι ob. ὑψοῦ ὁρμίζειν hochschwebend vor Anker legen d. h. in segelfertigem Zustande

———

Cap. XV.
Die Waffen.
(cf. *Il.* XI. 15—46. XVIII. 478 ff.)

Τὰ ὅπλα die Waffen

τὰ τεύχεα ⎱ die Rüstung
τὰ ἔντεα ⎰

ἀρήια ⎱ kriegerisch
πολέμήια ⎰

μαρμαίροντα schimmernd

παμφανόωντα ganz strahlend

ποικίλα ⎱ kunstreich gearbeitet
δαιδάλεα ⎰

A. Die Schutzwaffen:

ἡ κόρυς, υθος der metallene Helm χαλκήρης aus Erz gefügt

χαλκοπάρηος erzwangig

βριαρή gewichtig

τετράφαλος mit 4 Schirmen

ἱππόκομος ⎱ mit Roßhaar besetzt
ἱπποδάσεια ⎰

ἵππουρις mit einem Roßschweif geschmückt

παναίθη ganz strahlend

ἡ τρυφάλεια der Helm mit drei Schirmen

τρίπτυχος aus 3 Lagen bestehend

αὐλῶπις mit Visirlöchern versehen

ἡ κυνέη der lederne Helm κτιδέη aus Wieselfell

ἀμφίφαλος mit 2 Krempen

τετραφάληρος mit 4 Schirmen (?)

*ἡ καταῖτυξ, υγος die Sturmhaube
Il. 10. 258

ταυρείη aus Stierleder

ἄφαλος ohne Krempe

ἄλοφος ohne Helmbusch

ἡ πήληξ, ηκος die Kesselhaube

φαεινή- ἱππόκομος f. ob.

ἡ στεφάνη die Sturmhaube Il.
10. 30.

χαλκείη- χαλκοβάρεια- εὔχαλκος

Theile des Helms:

ὁ κύμβαχος der metallene Helm-
kamm, Helmbügel

ὁ φάλος der Stirn- und Nacken-
schirm

τὰ φάλαρα die Backenschirme

ἡ στεφάνη die rund herumlaufende
Krempe

ὁ ἱμάς, άντος }
ὁ ὀχεύς } der Sturmriemen

ὁ λόφος der Helmbusch

ἱππιοχαίτης }
ἵππειος } aus Roßhaar

φοίνικι φαεινός strahlend von Purpur
χρύσεος Il. 18. 612.

ὁ θώρηξ (att. θώραξ) der Panzer,
bestehend aus zwei γύαλα, gewölbten Brust- und Rücken-
stücken, durch Spangen und
durch den ζωστήρ zusammen-
gehalten

διπλόος doppelt

παναίολος hell schimmernd

λαμπρὸν γανόων hell leuchtend

νεόσμηκτος frisch polirt

κραταιγύαλος mit starken γύαλα

ὁ στρεπτὸς χιτών der Ringelpan-
zer Il. 5. 113

ὁ χιτών das lederne, erzbeschlagene
Koller, der Waffenrock

χάλκεος Il. 13. 439

An Stelle des Panzers tragen
Menelaos (Il. 3. 17) und
Paris (Il. 10. 29) eine παρ-
δαλέη, ein Pantherfell, und
Dolon (Il. 10. 459) eine λυ-
κέη Wolfshaut

ὁ ζωστήρ, ῆρος der lederne Leibgurt über Panzer und ζῶμα

φοίνικι φαεινός von Purpur glänzend

ἀρηρώς wohl angepaßt

παναίολος- δαιδάλεος-

ὁ ὀχεύς die Spange an dems.

τὸ ζῶμα der lederne, mit Metallplatten belegte Schurz

φαεινόν.

ἡ μίτρη die unter ζωστήρ u. ζῶμα auf dem Leibe getragene,
wollene, mit Metallplatten belegte Leibbinde

ἔρυμα χροός Schutz für den Leib

ἔρμα ἀκόντων Abwehr der Speere

αἱ κνημῖδες die aus je 2 Schienen
bestehenden Beinharnische

τὰ ἐπισφύρια die Knöchelspangen
zur Befestigung derselben

ἀργύρεα silbern

ἡ ἀσπίς, ίδος der Schild, sowohl
der kleine, kreisrunde, als auch
der große, ovale, den ganzen
Mann deckende Schild

παντόσ᾽ ἐίση nach allen Seiten hin
gleich d. i. kreisrund

εὔκυκλος schön gerundet

ἀμφιβρότη den Mann deckend

ποδηνεκής bis an die Füße reichend

θυσανόεσσα (mit Quasten ge-
τερμιόεσσα (schmückt

βοείη aus Rindshaut

ταυρείη aus Stierhaut

χαλκείη ehern

χρυσείη golden

ἐξήλατος gehämmert

πολυδαίδαλος kunſtreich

φαεινή glänzend

ὀμφαλόεσσα bebuckelt

κρατερή ſtark

θοῦρις anſtürmend

ῥινοῖσι πυκινή feſt gearbeitet aus Rinderhäuten

τὸ σάκος der große, ſchwere Schild

ἑπταβόειον aus 7 Rindshäuten

τετραθέλυμνον aus 4 Lagen

προθέλυμνον ſtark geſchichtet

στιβαρόν feſt, ſtark

πύκα ποιητόν feſt gearbeitet

σμερδαλέον } furchtbar
δεινόν

μέγα· εὐρύ· χάλκεον· χαλκῆρες· ποι-
κίλον· δαιδάλεον· φαεινόν· αἰόλον·
παναίολον· παμφαῖνον ſ. ob.

(ὀλίγον in einem v. ſpur. Il. 14. 376)

σ. ἠΰτε πύργος von dem Schilde des Ajax Il. 7. 219 u. 11. 485

τὸ βοάγριον
ἡ ῥινός } der Schild aus Rindsleder
ἡ βοῦς

βοῦς ἀζαλέη
  αὔη } trocken

εὐποιήτη
τυκτή } gut gearbeitet

τὸ λαισήιον die Tartſche

πτερόεν federleicht (A.: mit einem Schurz verſehen)

Theile des Schildes:

ἡ ἄντυξ, υγος der Schildrand

τρίπλαξ dreifach

μαρμαρέη
φαεινή } ſchimmernd

δέρμα κτιλαινόν Il. 6. 117

ὁ ὀμφαλός der Buckel

ὁ θύσανος die Troddel, Quaſte

εὐπλεκής wohlgeflochten

ὁ κανών, όνος die Handhabe

ὁ τελαμών, ῶνος der Schildriemen

εὔτμητος ſchön geſchnitten

πλατύς breit

φαεινός.

αἱ πτύχες b. Lagen v. Erz od. Leder

B. Angriffswaffen (βέλεα):

Τὸ βέλος die Wurfwaffe jeder Art, telum, ſelbſt Steine

θοόν· ὠκύ· λαιψηρόν·

ἐχεπευκές ſchmerzbringend

περιπευκές } bitter
δριμύ

στονόεν ſeufzerreich

ὀξύ ſpitz

τὸ ἔγχος die Lanze

μείλινον eſchen

χάλκεον ehern

κεκορυθμένον bewehrt d. i. mit Erz beſchlagen

δολιχόν
μακρόν } lang

δολιχόσκιον langſchattig

μέγα groß

ὄβριμον
βριθύ } wuchtig

στιβαρόν feſt

ἄλκιμον ſtark

πελώριον rieſig

ὀξύ ſpitz

ἀκαχμένον zugeſpitzt

ὀξυόεν mit einer Spitze verſehen

ἀμφίγυον mit länglich ausge-
ſchweifter, zweiſchneidiger Spitze

ἑνδεκάπηχυ 11 Ellen lang heißt die Lanze des Hector

ἡ ἐγχείη die Lanze

ταμεσίχρος den Leib zerfleiſchend

μακρή· χαλκήρης·

τὸ δόρυ der Lanzenschaft, die Lanze, der Speer

ἔυξοον wohl geglättet
χαλκοβαρές erzbeſchwert
χαλκήρες erzgefügt
(μακρόν· δολιχόν· μέγα· μείλινον·
ὀξύ· ὀξυόεν· ἀκαχμένον· ἄλκιμον·
φαεινόν· χάλκεον· κεκορυθμένον·
χαλκῷ παμφανόων ſ. ob.)

ἡ μελίη die eſchene Lanze

δεινή furchtbar
*χαλκογλώχιν, ινος mit eherner Spitze
εὔχαλκος ſchön mit Erz beſchlagen
χαλκοβάρεια erzbeſchwert
*ἰϑυπτίων gerade fortfliegend
*ὀρεκτή geſtreckt
Πηλιάς, vom Pelion, heißt die Lanze
des Achill Il. 16. 143; 19. 390

τὸ ξυστόν eig. geglättete Stange, der Spieß

χαλκήρες ſ. ob.

ἡ αἰχμή die Spitze und die ganze Lanze

ἀλεγεινή ſchmerzbringend

δ ἄκων, οντος der Wurfſpieß

ὀξύς· ἔυξεστος·

ἡ αἰγανέη der Wurfſpieß, Jagdſpeer

*δολίχαυλος mit langer Dille
*ταναός lang

Theile der Lanze:

ἡ ἀκωκή
ἡ αἰχμή ⎬ die Spitze
τὸ στόμα

*αἰχμή εὐήκης wohlgeſchärft
χαλκείη von Erz

δ αὐλός die Röhre oder Dille der Speerſpitze

δ πόρκης die Zwinge, das Ortband, ein Ring zur Befeſtigung der Spitze

χρύσεος·

τὸ δόρυ der Schaft

δ καυλός das (hölzerne) Schaftende

*δ σαυρωτήρ, ῆρος ⎱ die metallene,
δ οὐρίαχος ⎰ untere Lanzenspitze, d. Schuh

ἡ σύριγξ, ιγγος das Lanzenfutteral

ἡ δουροδόκη der Speerbehälter im Hauſe ſ. ob. Cap. XI.

τὸ ξίφος das Schwert

ἄμφηκες zweiſchneidig
τανάηκες mit langer Schneide
χάλκεον ehern
ἀργυρόηλον mit ſilbernen Stiften beſchlagen
κωπῆεν mit einem Gefäße verſehen
μέγα· ὀξύ·

τὸ φάσγανον das Schlachtſchwert

*μελάνδετον mit ſchwarzem Heft oder ſchwarzer, mit Eiſen beſchlagener Scheide
στιβαρόν feſt
ἄμφηκες· ἀργυρόηλον· καλόν· μέγα·
ὀξύ· χάλκεον· κωπῆεν· ἀμφοτέρω
ϑεν ἀκαχμένον·

τὸ ἄορ, ἄορος das Schwert

δεινόν· μέγα· ὀξύ· τανύηκες· χάλ
κειον· παγχάλκεον·

(ἡ μάχαιρα das Schlacht oder Opfermeſſer, neben d. Schwerte hängend)

Theile des Schwertes:

ἡ κώπη der Schwertgriff, das Gefäß

δ καυλός das Degenheft

βοείη aus Rindshaut
ταυρείη aus Stierhaut
χαλκείη ehern
χρυσείη golden
ἐξήλατος gehämmert
πολυδαίδαλος kunstreich
φαεινή glänzend
ὀμφαλόεσσα bebuckelt
κρατερή stark
θοῦρις anstürmend
ῥινοῖσι πυκινή fest gearbeitet aus Rinderhäuten

τὸ σάκος der große, schwere Schild
ἑπταβόειον aus 7 Rindshäuten
τετραθέλυμνον aus 4 Lagen
προθέλυμνον stark geschichtet
στιβαρόν fest, stark
πύκα ποιητόν fest gearbeitet
σμερδαλέον } furchtbar
δεινόν
μέγα- εὐρύ- χάλκεον- χαλκῆρες- ποι-
κίλον- δαιδάλεον- φαεινόν- αἰόλον-
παναίολον- παμφαῖνον f. ob.
(ὀλίγον in einem v. spur. Il. 14. 376)
σ. ἠΰτε πύργος von dem Schilde des Ajax Il. 7. 219 u. 11. 485

τὸ βοάγριον
ἡ ῥινός } der Schild aus Rindsleder
ἡ βοῦς

βοῦς ἀζαλέη } trocken
αὔη
εὐποιήτη } gut gearbeitet
τυκτή
τὸ λαισήιον die Tartsche
πτερόεν federleicht (A.: mit einem Schurz versehen)

Theile des Schildes:
ἡ ἄντυξ, υγος der Schildrand
τρίπλαξ dreifach
μαρμαρέη } schimmernd
φαεινή

δέρμα κελαινόν Il. 6. 117
ὁ ὀμφαλός der Buckel
ὁ θύσανος die Troddel, Quaste
ἐϋπλεκής wohlgeflochten
ὁ κανών, όνος die Handhabe
ὁ τελαμών, ῶνος der Schildriemen
ἐΰτμητος schön geschnitten
πλατύς breit
φαεινός.
αἱ πτύχες b. Lagen v. Erz od. Leder

B. Angriffswaffen (βέλεα):
Τὸ βέλος die Wurfwaffe jeder Art, telum, selbst Steine
θοόν- ὠκύ- λαιψηρόν-
ἐχεπευκές schmerzbringend
περιπευκές } bitter
δριμύ
στονόεν seufzerreich
ὀξύ spitz
τὸ ἔγχος die Lanze
μείλινον eschen
χάλκεον ehern
κεκορυθμένον bewehrt d. i. mit Erz beschlagen
δολιχόν } lang
μακρόν
δολιχόσκιον langschattig
μέγα groß
ὄβριμον } wuchtig
βριθύ
στιβαρόν fest
ἄλκιμον stark
πελώριον riesig
ὀξύ spitz
ἀκαχμένον zugespitzt
ὀξυόεν mit einer Spitze versehen
ἀμφίγυον mit länglich ausgeschweifter, zweischneidiger Spitze
ἑνδεκάπηχυ 11 Ellen lang heißt die Lanze des Hector
ἡ ἐγχείη die Lanze
ταμεσίχρως den Leib zerfleischend
μακρή- χαλκήρης-

τὸ δόρυ der Lanzenschaft, die Lanze,
   der Speer

  ἐΰξοον wohl geglättet
  χαλκοβαρές erzbeschwert
  χαλκῆρες erzgefügt
  (μακρόν- δολιχόν- μέγα- μείλινον-
    ὀξύ- ὀξυόεν- ἀκαχμένον- ἄλκιμον-
    φαεινόν- χάλκεον- κεκορυθμένον-
    χαλκῷ παμφανόων f. ob.)

ἡ μελίη die eschene Lanze

  δεινή furchtbar
  *χαλκογλώχιν, ινος mit eherner Spitze
  εὔχαλκος schön mit Erz beschlagen
  χαλκοβάρεια erzbeschwert
  *ἰθυπτίων gerade fortfliegend
  *ὀρεκτή gestreckt
  Πηλιάς, vom Pelion, heißt die Lanze
    des Achill Il. 16. 143; 19. 390

τὸ ξυστόν eig. geglättete Stange,
   der Spieß

  χαλκῆρες f. ob.

ἡ αἰχμή die Spitze und die ganze
   Lanze

  ἀλεγεινή schmerzbringend

ὁ ἄκων, οντος der Wurfspieß

  ὀξύς- ἐΰξεστος-

ἡ αἰγανέη der Wurfspieß, Jagd-
   speer

  *δολίχαυλος mit langer Dille
  *ταναός lang

Theile der Lanze:

ἡ ἀκωκή
ἡ αἰχμή   } die Spitze
τὸ στόμα

  *αἰχμή εὐήκης wohlgeschärft
    χαλκείη von Erz
ὁ αὐλός die Röhre oder Dille der
   Speerspitze

ὁ πόρκης die Zwinge, das Ortband, ein Ring zur Befestigung der Spitze

  χρύσεος-
τὸ δόρυ der Schaft
ὁ καυλός das (hölzerne) Schaftende
*ὁ σαυρωτήρ, ῆρος ⎫ die metallene,
ὁ οὐρίαχος   ⎬ untere Lanzen-
             ⎭ spitze, b. Schuh
ἡ σύριγξ, ιγγος das Lanzenfutteral
ἡ δουροδόκη der Speerbehälter im
  Hause f. ob. Cap. XI.

τὸ ξίφος das Schwert
  ἄμφηκες zweischneidig
  τανάηκες mit langer Schneide
  χάλκεον ehern
  ἀργυρόηλον mit silbernen Stiften be-
    schlagen
  κωπῆεν mit einem Gefäße versehen
  μέγα- ὀξύ-
τὸ φάσγανον das Schlachtschwert
  *μελάνδετον mit schwarzem Heft oder
    schwarzer, mit Eisen beschlagener
    Scheide
  στιβαρόν fest
  ἄμφηκες- ἀργυρόηλον= καλόν- μέγα-
    ὀξύ- χάλκεον- κωπῆεν- ἀμφοτέρω-
    θεν ἀκαχμένον-
τὸ ἄορ, ἄορος das Schwert
  δεινόν- μέγα- ὀξύ- τανύηκες- χάλ-
    κειον- παγχάλκεον-
(ἡ μάχαιρα das Schlacht- oder
  Opfermesser, neben d. Schwerte
  hängend)

Theile des Schwertes:

ἡ κώπη der Schwertgriff, das
  Gefäß
ὁ καυλός das Degenheft

(*ἡ ἀκμή die Schneide, acies, nur
　　von dem Scheermesser ξυρόν)
τὸ κουλεόν die Scheide
　μέγα·
ὁ ἀορτήρ, ῆρος ⎫ das Schwert-
ὁ τελαμών, ῶνος ⎭　　gehenk

τὸ τόξον ⎫
τὰ τόξα ⎭ der Bogen
　εὔξοον wohlgeglättet
　παλίντονον zurückschnellend
　ἀγκύλον· ⎫
　καμπύλον ⎭ gekrümmt
　ἄμυμον untadelig
　μέγα· κρατερόν·
ὁ βιός der Bogen (κρατερός)
τὰ κέρατα die Arme des Bogens
ὁ πῆχυς, εος der Bug
ἡ νευρή ⎫
τὸ νεῦρον ⎬ die Sehne
τὰ νεῦρα ⎭
　βόεια aus rindslebernen Riemen
　νευρὴ ἐυστρεφής wohlgedreht
　νεόστροφος frisch gedreht
ἡ κορώνη der Ring am Ende eines
　　jeden Armes zur Befestigung
　　der Sehne
*ὁ γωρυτός das Bogenfutteral
　φαεινός·

τὸ βέλος ⎫ das Geschoß, ins-
τὸ βέλεμνον ⎭ bes. der Pfeil
ὁ ἰός der Pfeil
　ἀβλής, ῆτος nicht abgeschossen, unge-
　　braucht
　πτερόεις gefiedert
　τριγλώχιν dreischneidig, dreikantig
　πολύστονος schmerzenreich
　ὠκύμορος schnell tödtend
　ταχύς· χαλκήρης· χαλκοβαρής·

ὁ ὀϊστός der Pfeil
　πικρός herbe, bitter
　στονόεις schmerzenreich
　ὀξυβελής scharf gespitzt (A.: kräftig
　　geschossen)
　τανυγλώχιν langspitzig
　ὠκύς· ταχύς· πτερόεις· τριγλώχιν·
　　χαλκήρης·
ἡ ἠλακάτη der Bolzen, Pfeil (nur
　　in d. adj. χρυσηλάκατος)
τὸ κῆλον der Pfeil, nur von Götter-
　　geschossen
ἡ ἀκωκή die Spitze
ἡ γλωχίς, ῖνος die Spitze, nur in
　　adj. wie τριγλώχιν
ὁ ὄγκος der Widerhaken an der
　　Pfeilspitze
　ὀξύς spitz
ἡ γλυφίς, ίδος die Kerbe
τὸ νεῦρον die Schnur aus Thier-
　　sehnen, mit welcher die Pfeil-
　　spitze am Rohr befestigt wird
ὁ δόναξ das Rohr, der Pfeilschaft
ἡ φαρέτρη der Köcher
　ἰοδόκος pfeilaufnehmend
　ἀμφηρεφής rings verschlossen
　κοίλη hohl
τὸ πῶμα der Deckel

ἡ ἀξίνη die Streitaxt Il. 13. 612.
　　15. 711 nur bei den Troern
　καλή· εὔχαλκος
τὸ πέλεκκον der Stiel derselben
　ἐλάϊνον von Olivenholz
　εὔξεστον· μακρόν·

*ἡ σφενδόνη die Schleuder *Il.* 13. 600 (bei den Griechen bedienen sich nur die Lokrer derselben *Il.* 13. 712—21)

ὁ πέλεκυς das Beil *Il.* 15. 711
ὀξύς scharf
(ἡ κορύνη die Keule *Il.* 7. 141
σιδηρέη eisern)

Cap. XVI.

Stände. — Freie und Unfreie. — Geselliger Verkehr. — Staatsleben. — Rechtspflege.

Τὸ ἐλεύθερον ἦμαρ die Freiheit

τὸ δούλιον ἦμαρ
ἡ δουλοσύνη ⎫ die Knecht-
*ὁ εἴρερος ⎭ schaft

ὁ ἄναξ der Herr, Hausherr
  ἤπιος leutselig
  κεδνός sorgsam
  εὔθυμος wohlwollend

ὁ σημάντωρ der Gebieter, Hausherr

ἡ ἄνασσα ⎫ die Herrin
ἡ δέσποινα ⎭

ὁ δμώς, δμωός der Unfreie, der Knecht, servus
  ἀναγκαῖος leibeigen

*τὸ ἀνδράποδον der Sklave als Gut und Waare, mancipium

ὁ οἰκεύς der Hausklave, famulus

ὁ δρηστήρ ⎫ der Diener,
*ὁ ὑποδρηστήρ ⎭ Bediente

ἡ δμωή ⎫ die Sklavin, Magd
ἡ δούλη ⎭
  δμ. λευκώλενοι weißarmig

ἐϋπλόκαμοι mit schön geflochtenem Haar

ἡ δρήστειρα die Arbeitsmagd

ἡ ἀμφίπολος die zur Aufwartung bei der Herrin bestimmte Dienerin
  ἐϋπλόκαμοι· λευκώλενοι· ἐϋπεπλος· κεδνή sorgsam

ἡ ταμίη die Schaffnerin
  αἰδοίη ehrbar
  ὀτρηρή geschäftig

ἡ θαλαμηπόλος die Kammerfrau

ἡ τροφός die Wärterin
  φίλη lieb

*ἡ καμινώ (γρηῦς) die Heizerin

*ἡ ἀλετρίς die Müllerin
  ἀλετρεύειν mahlen

ἡ λοετροχόος die Badewärterin

ὁ δαιτρός der Vorschneider, Zerleger

ὁ οἰνοχόος der Mundschenk

ὁ θεράπων ⎫ der freie, oft edle
ὁ ὀπάων ⎭ Begleiter des Fürsten (comes)

4*

ὁ κοῦρος der freigeborene Jüngling im Dienste der Edlen
*ὁ θής, θητός) der arme, aber
ὁ ἔριθος) freie Tagelöhn.
(*ἡ συνέριθος die Helferin O. 6.
 32)
ὁ μετανάστης advena, inquili-
 nus, der Ankömmling, Ein-
 wanderer
 ἀτίμητος ungeehrt
ὁ ἀλλοδαπός der Auswärtige,
 Fremde
ὁ ξεῖνος der Fremde, Gastfreund
 αἰδοῖος achtbar
 φίλος- φίλιος befreundet
 πατρώιος vom Vater her
 παλαιός alt
 τηλεδαπός aus fernem Lande
 ἀλλοδαπός auswärtig
ὁ ξεινοδόχος der Werth
ἡ ξεινοσύνη das Gastrecht
 προςκηδής vertraut machend
ἡ ξενίη die Gastfreundschaft
*ἡ ὑποδεξίη) die gastliche Auf-
ἡ φιλότης) nahme
τὰ ξεινήια) die Gastgeschenke
ξείνια)
ὁ πίναξ eine Holztafel mit eingegra-
 benen Zeichen σήματα, nach
 Art der späteren σύμβολα,
 tesserae hospitales Il. VI.
 168. 176
 πτυκτός gefaltet, zusammengelegt
ὁ ὁδίτης) der Wanderer
ὁ ὁδοιπόρος)
ἡ ὁδός die Reise, iter
 δολιχή lang
 πολλή weit
 ἀτέλεστος, ἄλλη, τηυσίη vergeblich

ἡ κέλευθος die Reise, iter
 διαπρήσσειν κελ. iter conficere
ὁ νόστος die Heimkehr
 γλυκερός) süß
 μελιηδής)
 φίλος lieb
 (ἀπήμων ungefährdet, glücklich)
ὁ ἱκέτης der Schutzflehende
 τὸ στέμμα der mit weißen Wollen-
 bändern umwundene Kranz des
 ἱκέτης Il. I. 14. 28
ὁ πτωχός
*ὁ δέκτης) der Bettler
ὁ προΐκτης)
 πτ. ἀνιηρός lästig
 λευγαλέος elend
 κακοείμων schlechtgekleidet
 πανδήμιος im ganzen Lande vaga-
 bondirend
 πρ. θαρσαλέος dreist
 ἀναιδής unverschämt
ὁ ἀλήτης der Landstreicher
 δύστηνος unglücklich
 κακῶν ἔμπαιος auf Schlechtes sich
 verstehend
*ἐπίμαστος aufgelesen
 ἄχθος ἀρούρης eine Last für die Erde
*ἡ λέσχη die Volksherberge O. 18.
 329

ὁ ἔτης)
ὁ ἑταῖρος) der Freund
ὁ φίλος)
 ἑταῖρος ἐρίηρος traut
 ἐνηής wohlwollend
 πιστός treu
 φίλος lieb
 κεδνός sorgsam
οἱ γείτονες)
οἱ περικτίονες)
*οἱ περικτίται) die Nachbarn
*οἱ περιναιέται)

Staatsverfassung.

ἡ πάτρη
ἡ πατρίς, ίδος ⎫ das Vater-
ἡ πατρὶς γαῖα, αἶα, ⎬ land
— ἄρουρα ⎭
   φίλη geliebt
ὁ δῆμος 1) das Volk, 2) das Land,
   sowohl terra, als rus, ager
ἡ πόλις die Stadt, aber nicht der
   Staat
ὁ πολίτης ⎫
*πολιήτης ⎬ der Städter

οἱ λαοί die Hörigen, Unterthanen
τὸ κράτος die Macht, Herrschaft
ἡ πολυκοιρανίη die Vielherrschaft
*ἡ εὐηγεσίη die gute Regierung

ὁ βασιλεύς ⎫ der König als Heer-
ὁ ἡγήτωρ ⎬ führer
   βασ. διοτρεφής von Zeus beschirmt
   διογενής von Zeus entstammt
   θεῖος göttlich
   σκηπτοῦχος scepterführend
ὁ κοίρανος
ὁ κρείων |
ὁ μέδων ⎬ der König als Regent
*ὁ αἰσυμνητήρ ⎭

ὁ ἀρχός ⎫ der Fürst d. i.
ὁ ἄναξ ⎬ der Erste, Oberste

οἱ ἀριστῆες
οἱ ἐσθλοί ⎬ die Edlen
οἱ ἄνακτες

οἱ γέροντες ⎫ die Edlen im
οἱ βουληφόροι ⎬ Rathe des
*οἱ βουλευταὶ γέρ. ⎭ Königs

οἱ δημογέροντες die Volksältesten
   (in Troja Il. 3. 149 — Auch
   König Jlos heißt δημογέρων
   Il. 11. 372)
ἡ βουλή die Rathsversammlung
   der Geronten
ὁ θόωκος (att. θᾶκος) die Sitzung
   (der Geronten)
ἡ ἀγορή 1) die Volksversammlung,
   2) der Markt als Versammlungsort
   κυδιάνειρα Männer ehrend
   πολύφημος von Reden ertönend
   τετρηχυῖα stürmisch bewegt
   βουληφόρος rathpflegend
*ἡ εἴρη der Versammlungsort Il.
   18. 531
ὁ κῆρυξ der Herold
*ἀστυβοώτης die Stadt durchrufend
*ἠπύτα ⎫
*κάλήτωρ ⎬ laut rufend
   θεῖος göttlich
Die Namen der bekanntesten Herolde
   s. Cap. XXIII. I. A. B. u. II.
ὁ ἀγορητής der Sprecher in der
   Versammlung
   λιγύς hellstimmig
*ὁ ῥητήρ, ῆρος (att. ῥήτωρ) der
   Redner

τὸ σκῆπτρον ⎫ das Scepter
τὸ σκηπάνιον ⎬
   πατρώϊον väterlich
   ἄφθιτον αἰεί stets unvergänglich
   χρυσείοις ἥλοισι πεπαρμένον mit goldenen Stiften beschlagen
τὸ τέμενος das Krongut

τὸ γέρας, αος 1) das Ehrengeschenk, 2) das Ehrenamt

αἱ θέμιστες die Gerechtsame, die Gebühren

λιπαραί fett, reichlich. *Il.* 9. 156.

γερούσιος ὅρκος der Geronteneid

γερούσιος οἶνος Ehrenwein

*τὸ πρεσβήιον das Ehrengeschenk der Aeltesten

ἀνάσσειν herrschen.

σημαίνειν gebieten

κραίνειν   }
κοιρανεῖν   } regieren

μῆτιν φράζεσθαι Rath pflegen

ἐξεσίην ἐλθεῖν als Gesandter gehen

ἀγγελίην ἀποφάσθαι eine Botschaft ausrichten

ἀγοράασθαι vor dem Volke sprechen

ἐπευφημεῖν Beifall zollen

τελεῖν θέμιστας die Abgaben entrichten

Rechtspflege.
(cf. *Il.* XVIII. 497—508)

ἡ ὁσίη fas, göttliches Recht; οὐχ ὁσίη, nefas est

ἡ δίκη 1) Sitte, 2) Recht (jus), 3) der Rechtshandel, pl. auch Rechtspflege

δίκην εἰπεῖν Recht sprechen

δ. ἐξελαύνειν das Recht verbannen

ἡ θέμις, ιστος die Satzung, das Gesetz, der Rechtsspruch, die Gerichtsstätte

θέμις ἐστί es ist recht, billig

θέμιστας εἰρύσθαι das Recht schützen

κρίνειν θέμιστας σκολιάς das Recht verdrehen

θεμιστεύειν richten

ὁ θεσμός die Satzung

*ἡ εὐδικίη die Gerechtigkeit

εὐδικίας ἀνέχειν Gerechtigkeit handhaben

τὸ νεῖκος der Streit, Rechtshandel

ὁ δικασπόλος ἀνήρ der Richter

ὁ ἴστωρ der Schiedsrichter, cognitor

ὁ ἱερός κύκλος der heilige Kreis der Richter

ὁ κῆρυξ der Herold als Gerichtsdiener *Il.* 18. 505

τὸ σκῆπτρον das Scepter

ὁ μάρτυρος (att. μάρτυς) der Zeuge (nur beim Eide)

ὁ ἀρωγός der Helfer, Beistand

*ἡ μαρτυρίη das Zeugniß

(ὁ ὅρκος der Eid)

(ὁ ἐπίορκος der Meineid)

τὸ χρεῖος die Schuld

*ἡ ἐγγύη die Bürgschaft

ἡ θωή die Strafe, Geldbuße

(ἡ ὄπις die göttliche Strafe)

ἡ ποινή das Wergeld

κρίνειν   }
δικάζειν   } richten

ὁ κέραμος der Kerker *Il.* 5. 387

*ὁ εἴρερος die Knechtschaft, Gefangenschaft

ὁ δεσμός die Fessel

ἀργαλέος brückend

θυμαλγής schmerzlich

δικάζεσθαι) prozessiren
νεικεῖν)

ἀναίνεσθαι läugnen

πεῖραρ ἑλέσθαι den Streit zu Ende führen

ὀφέλλειν } schuldig sein
ὀφείλειν }

ἐγγυᾶσθαι Bürgschaft leisten

*ἐπηπύειν Beifall zurufen

Cap. XVII.

Der Cultus. — Heilige Oerter und Handlungen. — Priester und Seher.

Ὁ ἱερὸς δόμος das heilige Haus, Gotteshaus (A.: cella)

ὁ νηός (att. νεώς) der Tempel
χαρίεις anmuthig
πίων fett, reich
Tempel werden erwähnt:
T. der Athene in Athen und Ilios
T. des Apollo in Pytho (Delphi), Ilios und Chryse
T. des Poseidon in Helike, Aegae u. bei den Phäaken (O. 6. 266 Ποσιδήιον?)

τὸ ἄδυτον der innere, den Profanen unzugängliche Theil des Tempels; auch der ganze Tempel Il. V. 448 u. 512

μέγα- πίον-
τὸ ἄγαλμα
τὸ ἱερόν } das Weihgeschenk
(Il. 10.571)

τὸ τέμενος das zum Tempel gehörige Land, der Tempelbezirk

τὸ ἄλσος der heilige Hain
κλυτόν berühmt
καλόν schön
ἱρὸν Ἀθηναίης O. 6. 321
κυκλοτερές kreisrund
δενδρῆεν- σκιερόν- ἀγλαόν

ὁ βωμός der Altar
ἱερός heilig
θυήεις voll Rauchopfer
εὔδμητος } wohl gebaut
τετυγμένος }
περικαλλής wunderschön

ἡ ἐσχάρη der Heerd als Opferstätte Od. 14. 420

Das Gebet.

ἡ εὐχωλή ⎫
*ἡ εὐχή ⎭ das Gelübde, Gebet

*ἡ λιτή ⎫ das Flehen, das Gebet;
ἡ ἀρή ⎭ dgl. aber auch der Fluch

*ἡ ὀλολυγή das laute Gebet der
    Frauen, supplicatio

ἡ ἀρειή ⎫
*ἡ ἐπαρή ⎪ die Verwün-
*ἡ ἐρινύς, ύος ⎬ schung, der
ἡ ἀρή f. ob. ⎭ Fluch

ὁ παιήων, ονος das Danklied

ὁ ὑμέναιος das Hochzeitslied

χεῖρας ἀνέχειν die Hände emporheben

εὔχεσθαι, ἀρᾶσθαι beten, flehen
ὀλολύζειν laut beten (nur von Frauen)

λίσσεσθαι ⎫ bitten, flehen
λιτανεύειν ⎭

γουνοῦσθαι knieend anflehen, sup-
    plicare (θεούς O. 4. 433)

ὑποσχέσθαι ⎫ geloben
ὑποστῆναι ⎭

κατανεύειν ⎫ gewähren
ἐπινεύειν ⎭

ἐπικρααίνειν ἐέλδωρ den Wunsch er-
    füllen

ἀνανεύειν abschlagen, versagen

κλύειν τινός erhören

παρατρωπᾶν ⎫ θεούς die Götter ver-
ἱλάσκεσθαι ⎭ söhnen

Das Opfer.
(cf. Od. III. 442 ff. Il. I. 447 ff. II. 421 ff.)

τὸ ἱρόν (att. ἱερόν) das Opfer
  pl. αἰθόμενα brennend
  κεχαρισμένα wohlgefällig
  καλά schön

ἡ ἑκατόμβη das größere Opfer,
  Festopfer, aus einer größeren
  Zahl von Thieren bestehend
  ἱρή heilig
  κλειτή ⎫ rühmenswerth, preis-
  ἀγακλειτή ⎭ würdig, herrlich
  ἔξαιτος auserlesen
  τελήεσσα erfolgreich (A.: makellos)

τὸ θύος das Rauchopfer Il. 9.
    499. O. 15. 261

*ἡ θυηλή ⎫
τὸ θύος ⎭ das Räucherwerk

(*τὰ θύσθλα die heiligen Geräthe
  bei der Bacchusfeier Il. 6.
  134)

*τὰ θαλύσια das Ernteopfer

ἡ λοιβή ⎫
ἡ σπονδή ⎬ das Trankopfer

ἄκρητος ungemischt

ἡ χοή der Weiheguß als Todten-
  opfer

ἡ ἑορτή das Fest
  ἁγνή heilig

τὸ ἱερήιον (att. ἱερεῖον) das Opfer-
  thier
  καλόν schön

τὰ ὅρκια die bei Abſchluß von Verträgen geopferten Thiere als Unterpfänder des Eides Il. 3. 245. 269

*τὰ ἄργματα die Erſtlingsſpende d. h. die abgeſchnittenen und in die Flammen geworfenen Rücken- und Stirnhaare des Opferthiers

αἱ οὐλαί }
αἱ οὐλόχυται } die Opfergerſte

*τὸ ἀμνίον die Opferſchale zum Auffangen des Opferblutes

τὰ μηρία } die Lendenſtücke (A.:
μῆρα } Hüftknochen)

πίονα fett
κεχαρισμένα wohlgefällig

ὁ δημός die fette Netzhaut, Fetthaut, omentum

ἀργής glänzend
πίων- δίπλαξ·

τὰ σπλάγχνα die edleren, inneren Theile des Opferthiers, Herz, Leber und Lunge

ἡ κνίση 1) der Fettdampf, 2) das Nierenfett, die Flaumen

ἡδεῖα ſüß

τὸ πεμπώβολον der Fünfzack, zum Schüren des Feuers

ἡ σχίζη das Holzſcheit

ὁ ὀβελός der Bratſpieß

τὸ μελίκρητον das Honiggemiſch, Todtenſpende aus Honig und Milch

ἔρδειν } ἱρά, ἑκατ. sacra facere,
ῥέζειν } darbringen
ἱερεύειν opfern, immolare

θύειν Rauchopfer darbringen (nur von unblutigen Opfern)

*χερνίψασθαι ſich die ....
χέρνιβά τ᾽ οὐλοχύτας τε κατάρχεσθαι O. 3. 445 mit Weihwaſſer und Opfergerſte das Opfer beginnen

εὐφημεῖν andächtig ſchweigen

χρυσὸν κέρασιν περιχέειν Gold(plättchen) um die Hörner legen

οὐλοχύτας προβαλέσθαι die Opfergerſte auf das Thier ſtreuen

ἄρχεσθαι, ἀπάρχεσθαι, κατάρχεσθαι τρίχας die Rücken- u. Stirnhaare abſchneiden, als Zeichen der Conſecration

τρίχας ἐμβαλεῖν πυρί die Haare in's Feuer werfen

ἀράσθαι beten

ἐλαύνειν } durch einen Schlag
ἐπικόπτειν } tödten

ἀποκόπτειν τένοντας αὐχενίους } die Nacken-
ſehnen durchhauen
ἀποκείρειν τένοντε }

ἀνελεῖν aufheben

ἔχειν halten

αὐερύειν den Kopf des Opferthiers zurückbeugen

σφάζειν } die Kehle durch-
ἀποδειροτομεῖν } ſchneiden

δέρειν abhäuten

διαχεῖν zerlegen

ἐκτέμνειν μηρία die Lendenſtücke herausſchneiden

κατακαλύπτειν κνίσῃ in Fett einhüllen

δίπτυχα ποιεῖν (die Fetthaut doppelt nehmen)

ὠμοθετεῖν rohe Fleiſchſtücke (auf die μηρία) legen

καίειν (μηρία) verbrennen

πάσασθαι (πατέομαι) σπλάγχνα die σπλ. koſten, verzehren

μιστύλλειν (κρέας) zerſtückeln

πείρειν durchbohren (ὀβελοῖσι)

ὀπτᾶν braten

ἐρύεσθαι κρέα die Fleischstücke vom Spieße herabziehen

δαίνυσθαι schmausen

σπένδειν
λείβειν } libare, spenden

χοήν χεῖσθαι eine Todtenspende darbringen

ἐπάρχεσθαι δεπάεσσιν zur Spende das Erste in die Becher gießen

γλώσσας τάμνειν, καὶ ἐν πυρὶ βάλλειν die Zungen herausschneiden und in's Feuer werfen, als Schluß der ganzen Opferhandlung

Priester und Seher.

ὁ ἱερεύς der Priester

ὁ ἀρητήρ der Beter, Priester

τὸ σκῆπτρον das Scepter

Namentlich erwähnt werden:

1) Panthoos, Pr. des Apollo, zuerst in Delphi, dann in Troja Il. 3. 146
2) Chryses, Pr. d. Apollo in Chryse
3) Maron, Pr. d. Apollo in Ismaros
4) Onetor, Pr. d. Zeus auf d. Ida
5) Dares (Pr. d. Hephästos in
6) Phegeus (Troja
7) Dolopion, Pr. d. Slamandros in Troja

ἡ ἱέρεια die Priesterin

H. erwähnt nur Theano, die Pr. der Athene in Troja, Gem. des Antenor

ὁ ὑποφήτης (Διός) interpres, der Ausleger des Willens des Zeus (die Σελλοί Il. 16. 235)

ὁ θυοσκόος der Opferschauer, der aus dem Rauche des Rauchopfers den Willen der Gottheit verkündet

ὁ θεοπρόπος der Wahrsager, Seher

ἡ θεοπροπίη }
τὸ θεοπρόπιον } die Weissagung

τὸ θέσφατον (sp. χρησμός) der Götterspruch, das Orakel
παλαίφατα in alten Zeiten verkündet cf. O. 9. 507 (Polyphem), O. 13. 172 (Alkinoos)

ὁ μάντις, ιος der Seher
ἀμύμων untadelig
ἡ μαντοσύνη die Seherkunst
τὸ μαντήιον die Weissagung

ὁ οἰωνιστής }
ὁ οἰωνοπόλος } der Vogelschauer, augur Zeichendeuter

ὁ ὄρνις }
ὁ οἰωνός }
τὸ σῆμα }
τὸ τέρας }
τὸ τέκμωρ } das Wahrzeichen

ὄρν. δεξιός rechts, glückbedeutend
ἐσθλός gut
ἀριστερός links, unglückbedeutend
ἐναίσιμος bedeutungsvoll
κακός unheilvoll
σῆμα ἀριφραδές } deutlich
*δῆλον }
ἔμπεδον sicher
ἐναίσιμον fatale, bedeutungsvoll
ἐνδέξιον rechts erscheinend d. i. glücklich

*παραίσιον unglückbedeutend

τέρας $\Big\}$ μέγα
τέκμωρ

ἡ ὀμφή die Offenbarung·

ἡ φήμη omen, das bedeutungsvolle Wort

cf. O. 20. 105 ff. die φήμη der γυνὴ
ἀλετρίς

ἡ ὄσσα $\Big\}$

(Διὸς ἄγγελος) das gottge-
sandte Wort,
ἡ κληηδών, όνος omen
auch κληηδών $\Big\}$

ὁ ὀνειροπόλος der Traumdeuter

μαντεύεσθαι weissagen
χρῆν Orakel ertheilen
χρῆσθαι das Orakel befragen
φαίνειν $\Big\}$ τέρας ein Zeichen
δεικνύναι $\Big\}$ geben

Bei Homer werden folgende Seher
erwähnt:

1) Teiresias, S. der Nymphe Cha-
rikto, blinder Seher in Theben
(O. 10. 492; 11. 32. 267; 23. 251)
2) Melampus, Seher in Pylos
(O. 11. 287ff. 15. 225ff.)
3) Amphiaraos, Urenkel des Vor.,
König und Seher in Argos, Theilnehmer am Zuge der 7 gegen Theben (O. 15. 244)
4) Amphilochos, S. des Vor. und
Theilnehmer a. d. Epigonenkriege
5) Polypheides $\Big\}$ ebenfalls Me-
6) Polhidos $\Big\}$ lampobiden

7) Merops, König und Seher in
Perkote am Hellespont Il. 2. 831;
11. 329

8) Kalchas, Sohn des Thestor, Seher
in dem Achäerheere vor Troja (Il.
I. 69. 72; II. 300; XIII. 45)

9) Helenos, S. des Priamos (Il.
6. 76)

10) Eurydamas, ein troischer Traumdeuter

11) Ennomos, troischer Augur

12) Halitherses, Vogelschauer auf
Ithaka (O. 2. 157 ff. 17. 68; 24. 186)

13) Theoklymenos, Nachkomme des
Melampus, S. d. Polypheides (O.
15. 256 ff.)

14) Leiodes, ein Wahrsager, einer
der Freier der Penelope (O. 21.
144; 22. 310)

15) Telemos, Seher bei den Kyklopen (O. 9. 507 ff.)

Augurien werden erwähnt: Gün-
stige Il. X. 274—77. 24. 306—21;
Od. 2. 157—76; 15. 160—65 und 171;
ungünstige Od. 2. 146—56; Il. 12.
200—9. — Prodigien Od. 12. 394
—96; Od. 20. 345—50. Il. 2. 308ff.
— Bedeutungsvolle Träume: Il. 2.
5—22; Od. 4. 794; 19. 536—51; das
Niesen (ἐπιπταίρειν) als günstiges
Omen Od. 17. 539—47. — Orakel
werden erwähnt in Pytho Od. 8. 79;
in Dodona Il. 16. 235

Cap. XVIII.

Gymnaſtik. — Spiele.
(cf. *Il.* XXIII. Od. VIII. 97 ff.)

Ὁ ἄεθλος der Wettkampf

τὸ ἄεθλον | der Kampfpreis,
ἄεθλιον | bisw. d. Wettkampf

ὁ ἀθλητήρ, ῆρος der Wettkämpfer

*ὁ αἰσυμνήτης - der Kampfrichter, Kampfordner

κριτός auserleſen

δήμιος vom Volke erwählt

ὁ ἀγών, ῶνος 1) der Kampfplatz, 2) die Verſammlung der Zuſchauer

εὐρύς weit

ἡ ἄγυρις, ιος | die Ver-
ἡ ὁμήγυρις, ιος | ſammlung

ἄεθλον τιθέναι einen Kampfpreis ausſetzen

ἀεθλεύειν wettkämpfen

ἄεθλον φέρεσθαι | einen Preis ge-
ἀνελεῖν, ἀνελέσθαι | winnen

εὐρύνειν ἀγῶνα die Zuſchauer zurücktreten laſſen

λύειν ἀγῶνα die Verſammlung aufheben, entlaſſen

1. Das Wagenrennen.
(*Il.* 23. 263.)

ὁ δρόμος | der Wettlauf,
ὁ ἱππόδρομος | die Rennbahn

(λεῖος eben)

ἡ νύσσα | 1) das Ziel am Ab-
ὁ λίθος | laufsſtand, die Schranken, 2) der Prellſtein, meta, in der Mitte der Bahn

τὸ τέρμα | das Malzeichen, meta
τὸ σῆμα |

ὁ σκοπός der Wart, Aufſeher am Mal

ὁ ἐλατήρ der Wagenlenker

ἡ ἱπποσύνη die Kunſt, die Roſſe zu lenken

*ἡ ἁματροχίη das Zuſammenſtoßen der Räder

*ἡ ἁρματροχιή das Wagengeleiſe

ἵππος ἀεθλοφόρος das ſiegende Rennpferd

ὁπλίζεσθαι ἵππους die Pferde anſchirren

κλήρους πάλλειν die Looſe ſchütteln

κλήρους βάλλεσθαι die Looſe herauswerfen

λαγχάνειν durch das Loos erhalten

ἐλαύνειν ἵππους fahren

ὁμοκλεῖν und —κλᾶν laut zurufen

διαπρήσσειν πεδίοιο den Weg durch die Ebene zurücklegen

κονίειν πεδίοιο durch das Gefilde dahinſtäuben

ἐπείγεσθαι vorwärts eilen

τανύεσθαι } sich strecken, geſtreckt
τιταίνεσθαι } laufen

ἑλίσσειν τὸ τέρμα sc. τοὺς ἵππους um das Ziel biegen

ἐκφέρειν vorauslaufen
ἐφομαρτεῖν nachfolgen
κιχάνειν einholen
παρελθεῖν } überholen
παρελαύνειν }
λείπεσθαι } zurückbleiben
ἐρωεῖν }

παρακλίνειν ausbiegen

συγκυρεῖν zusammenſtoßen

κατίσχειν ἵππους die Roſſe zurück- halten

περιδόσθαι wetten um einen Gegen- ſtand

(Il. 23. 485 cf. Od. 23. 78)

---

*κέλης ἵππος ein zu Reiterkün- ſten benutztes Pferd Od. 5. 371

κελητίζειν wettreiten, indem man von einem Pferde auf das andere vol- tigirte Il. 15. 679

2. Der Fauſtkampf.
(Il. 23. 658. Od. 8. 104.)

ἡ πυγμή } der Fauſtkampf
ἡ πυγμαχίη }
ἀλεγεινή Schmerzen bringend
*ὁ πυγμάχος der Fauſtkämpfer
τὸ ζᾶμα der Schurz, subligacu- lum
ὁ ἱμάς, άντος der Riemen
ἡ πληγή der Hieb

πύξ } μάχεσθαι mit den Fäuſten
χερσί } kämpfen
ζώννυσθαι sich gürten
συμπίπτειν einander anfallen
πλήσσειν }
ἐλαύνειν } schlagen
κόπτειν }
θλᾶν ὀστέα die Knochen zerſchmettern

3. Der Ringkampf.
(Il. 23. 700.)

ἡ πάλη der Ringkampf, lucta
ἡ παλαισμοσύνη die Ringerkunſt
ἀλεγεινή.
ὁ παλαιστής der Ringer
ζώννυσθαι sich gürten
ἀγκὰς λαβεῖν ἀ. λήλων einander mit den Armen packen
παλαίειν ringen

ἐρείδεσθαι sich ſtämmen
σφάλλειν zum Wanken bringen, sup- plantare
ἀναείρειν aufheben
καταβάλλειν niederwerfen
ἡ σμῶδιξ, ιγγος die Beule, Schwiele
ἀνατρέχειν auflaufen, anſchwellen

4. Der Wettlauf zu Fuß.
(Il. 23. 740.)

ὁ δρόμος der Wettlauf, die Bahn
ἡ νύσσα die Schranken, das Ziel
ταχυτῆτος ἄεθλα der Preis der
    Schnelligkeit

πόδεσσι θέειν }
ποσσὶν ἐριδαίνειν } (um die Wette) laufen

ἐπερείδεσθαι πόδεσσι auf die Füße
    ſich ſtämmen
φθάσθαι zuvorkommen
ἐκφέρειν voranlaufen
ὀλισθαίνειν ausgleiten

5. Der Speerkampf in voller Rüſtung.
(Il. 23. 802.)

τεύχια ἕσσασθαι die Rüſtung anlegen
θωρήσσεσθαι ſich wappnen
ὀρέξασθαι ſich auslegen

ὀρέξασθαι χρόα nach dem Leibe zielen
ψαύειν ἐνδίνων die Haut unter dem
    Panzer-ſtreifen

6. Der Diskoswurf.
(Il. 23. 826. Od. 8. 129. 186.)

ὁ δίσκος die Wurfſcheibe

πάχετος ſehr dick

ὁ σόλος die Wurfſcheibe aus Eiſen

*αὐτοχόωνος maſſiv oder roh gegoſſen,
    ungeglättet

ὁ λίθος }
ὁ λᾶας } die ſteinerne Wurf-ſcheibe

τὸ τέρμα das Endziel jeden
    Wurfes

τὸ σῆμα das Zeichen des einzel-
    nen Wurfes

*τὰ δίσκουρα }
δίσκου οὖρα } die Wurfweite

δινεῖν wirbeln, herumſchwingen
δισκεῖν mit dem D. werfen
ῥίπτειν }
ἰέναι } werfen
ἀφικέσθαι erreichen
ὑπερβάλλειν hinüberwerfen (weiter
    werfen, als ein Anderer)

7. Das Bogenſchießen.
(Il. 23. 850; 4. 104 ff. Od. 19. 572; 21. 120.)

*ὁ τοξότης }
*ὁ τοξευτής }
ὁ ῥυτὴρ βιοῦ καὶ } der Bogen-ſchütze
    ὀιστῶν

*ἡ τοξοσύνη die Kunſt des Bogen-
    ſchießens

τοξεύειν }
τοξάζεσθαι } mit dem Bogen ſchießen

ὀιστεύειν einen Pfeil abſchießen	ἕλκειν ziehen
συλᾶν τόξον den Bogen (aus dem Futteral) herausnehmen	λίγγειν od. λίζειν } klirren
τανύειν τείνειν } ſpannen	ἰάχειν ſchwirren
	τυγχάνειν treffen
ἀνακλίνειν ποτὶ γαίῃ auf die Erde ſtützen	ἁμαρτάνειν, ἄφαμ. verfehlen
ἰθύνειν zielen	διοϊστεύειν hindurchſchießen

8. Der Speerwurf.
(Il. 23. 884.)

*ἡ ἀκοντιστύς, ύος das Speer-werfen	(ἡ αἰγανέη der Wurfſpieß)
	ἡ βολή der Wurf
ὁ ἀκοντιστής *ἥμων ἀνήρ } der Lanzen-werfer	ἰέναι ἀκοντίζειν } mit dem Speer werfen

9. Der Sprung.
ἅλμα wird erwähnt Od. VIII. 103. 128

10. Der Tanz.
(Il. 18. 590. Od. 8. 250ff. 370ff.)

ἡ ὀρχηστύς ὁ ὀρχηθμός } der Tanz	ὁ ἀρνευτήρ, ῆρος } der Luftſprin- ὁ κυβιστητήρ, ῆρος } ger, Gaukler
*φιλοπαίγμων Scherz liebend ἀμύμων.	ἐς χορὸν ἔρχεσθαι } zum Tanze gehen, εἰςοιχνεῖν χορόν } zum T. antreten
† μολπή der Tanz (Il. 18. 572) γλυκερή.	ὀρχεῖσθαι tanzen
*ἡ χοροιτυπίη der Reigentanz	μέλπεσθαι zum Tanze ſingen
ὁ χορός der Tanzplatz, der Reigen ἱμερόεις reizend καλός· θεῖος·	παίζειν tanzen (z. B. O. 8. 251)
	πλήσσειν χορόν den Reigen ſtampfen
	*ἐπιληκεῖν den Takt zum Tanze klat-ſchen
ὁ ὀρχηστής ὁ βητάρμων } der Tänzer	δινεύειν ſich im Kreiſe herumdrehen

Andere geſellige Spiele:

οἱ ἀστράγαλοι das Würfelſpiel Il. 23. 88	ἡ σφαῖρα der Ball, das Ballſpiel
	σφαίρῃ παίζειν Ball ſpielen (O. 6. 100)
οἱ πεσσοί das Brettſpiel Od. 1. 107	ὁ στρόμβος der Kreiſel (Il. 14. 413 in einem Vergleiche)

Cap. XIX.

Künste, Handwerke und Gewerbe.

Ἡ τέχνη die Kunst, Kunstfertigkeit
τεχνᾶν
δαιδάλλειν   } künstlich verfertigen
τεύχειν
τεχνήεις   } kunstreich
δαιδάλεος
*ἡ σοφίη die Geschicklichkeit
ὁ τέκτων der Künstler, Arbeiter, bes. der Baumeister

ὁ δημιοεργός der dem Gemein-wohl nützende Künstler oder Arbeiter (O. 17. 383)
δαήμων erfahren
ὅς ῥά τε πάσης εὖ εἰδῇ σοφίης (Il. 15. 412)
κλυτός berühmt
τὸ δαίδαλον das Kunstwerk

1. Sänger.

ὁ ἀοιδός der Sänger
θεῖος göttlich
θέσπις, ιος gottbegeistert
θεοῖς ἐναλίγκιος αὐδήν den Göttern zu vergleichen an Stimme
πολύφημος liederreich
ἐρίηρος traut, lieb und werth
περικλυτός hochgepriesen
λαοῖσι τετιμένος von der Welt hoch-geschätzt
ἡ ἀοιδή der Gesang
θεσπεσίη   } von einem Gott ein-
θέσπις   } gegeben
λιγυρή hell tönend
ἡδεῖα süß
χαρίεσσα anmuthig
ἱμερόεσσα Sehnsucht erweckend, rei-zend
ἡ οἴμη   } die Sangesweise,
*ὁ ὕμνος   } Melodie
οἴμαι παντοῖαι
ὁ ὑμέναιος das Hochzeitlied
ὁ παιήων das Danklied

καλός.
ὁ θρῆνος das Klagelied
*ὁ λίνος das Linoslied Il. 18. 570
καλός.
ἡ μολπή das Tanzlied, aber auch das Saitenspiel
ἡ κιθαριστύς, ύος } das Zither-
ἡ κίθαρις   } spiel
ὁ κιθαριστής der Zitherspieler
ὁ ἔξαρχος (θρήνου) der Vorsänger (Anheber der Klage)
ἡ κίθαρις, ιος die Zither
περικαλλής wunderschön
ἡ φόρμιγξ, ιγγος die größere Laute
γλαφυρή hohl, gewölbt
δαιδαλέη kunstreich
περικαλλής.
δαιτὶ συνήορος (zugesellt) θαλείῃ
λίγεια hell tönend
*ἡ χορδή die Saite
τὸ ἔντερον die Darmsaite

ἐυστρεφές wohl gedreht

*ὁ κόλλοψ, οπος der Wirbel

τὸ ζυγόν das Querholz, der Steg
  ἀργύρεον *Il.* 9. 186

ἡ σύριγξ, ιγγος die Hirtenpfeife

ὁ αὐλός die Flöte, Schalmei

ἡ αὐλή das Flötenspiel

ἡ σάλπιγξ die Trompete (nur *Il.*
  18. 219 in einem Gleichniß)

ἀείδειν singen

φορμίζειν auf der Laute spielen

ἀναβάλλεσθαι (ἀείδειν) anheben

(σαλπίζειν wie Drommeten ertönen
  Il. 21. 388)

Namentlich erwähnt werden als
  Sänger:

1) **Thamyris**, thracischer, von den
   Musen geblendeter Sänger *Il.* 2.
   595

2) **Demodokos**, blinder Sänger bei
   den Phäaken O. 8. 44 ff. 13. 27 ff.

3) **Phemios**, Sänger auf Ithaka

Nicht genannt wird der Name des
  Sängers in Agamemnon's Hause
  Od. 3. 267

2. Aerzte.

ὁ ἰητρός der Arzt (Wundarzt)
  πολλῶν ἀντάξιος ἄλλων *Il.* 11. 514
  viele andere Männer aufwiegend

ὁ ἰητήρ, ῆρος der Arzt
  πολυφάρμακος reich an Heilmitteln
  ἀμύμων· ἀγαθός·

ἡ νοῦσος (att. νόσος) die Krankheit
  ἀργαλέη schwer
  δολιχή langwierig
  στυγερή verhaßt
  κακή böse

ὁ λοιμός die Seuche

*ὁ πυρετός das Fieber (A.: die
  Sonnenhitze = καῦμα)

*ἡ τηκεδών, όνος die Abzehrung

ἡ ὀδύνη der (körperliche) Schmerz

τὸ ἕλκος die Wunde
  ἀργαλέον· λυγρόν· κακόν·

ἡ ὠτειλή die Wunde
  χαλκότυπος vom Erze geschlagen

ἡ οὐλή die Narbe

*ἡ ἐπαοιδή die Zauberformel, Be-
  sprechung Od. 19. 457

τὸ φάρμακον das Heilmittel

ἤπιον lindernd

ὀδυνήφατον Schmerz tödtend

*νηπενθές kummerstillend

*ἄχολον zornbeschwichtigend

ἐσθλόν· trefflich

*κακῶν ἐπίληθον ἀπάντων Alle Lei-
  den vergessen machend

*φ—α μητιόεντα sinnreiche, klug er-
  sonnene (A.: vielfach Rath schaffend)

ἀκέσματα μελαινάων ὀδυνάων Linde-
  rer der düsteren d. i. schrecklichen
  Schmerzen

φ. κακά
  θυμοφθόρα } die Gifte
  ἀνδροφόνα

τὸ μῶλυ ein besonderes Wunder-
  kraut O. 10. 395

ὁ λωτός die Lotosfrucht O. 9. 94 ff.

ἰᾶσθαι heilen, nur von äußerlichen
  Wunden

ἐπιμαίομαι (ἕλκος) untersuch., sondiren

ἐπιτιθέναι } φάρμακα Heilkräuter
ἐπιπάσσειν }   auflegen

*ἐκμυζᾶν (αἷμα) aussaugen

5

Als Heilkundige erwähnt Homer:	Als heilkundige Frauen:
1) Den Kentauren Cheiron	1) Agamede, T. des Augeias Il. 11. 741
2) Seinen Schüler Achilleus	ξανθή, ἥ τόσα φάρμακα ᾔδη, ὅσα τρέφει εὐρεῖα χθών
3) Asklepios, König in Thessalien	2) Polydamna, eine Aegypterin O. 4. 228
4) Podaleirios } dessen Söhne, die	3) Helena Od. 4. 220
5) Machaon } Aerzte in dem achäischen Heere	4) Kirke

3. Baumeister.
(Od. V. 243.)

ὁ τέκτων der Baumeister
τ. νηῶν der Schiffsbaumeister
τ. δούρων der Zimmermann
ἡ τεκτοσύνη die Zimmerkunst
τὸ δόρυ der Balken
ἡ σανίς, ίδος das Brett, die Bohle
τὸ σκέπαρνον das Schlichtbeil
ὁ πέλεκυς, εος die zweischneidige Zimmeraxt
 ἀμφοτέρωθεν ἀκαχμένος zweischneidig
 ἀτειρής unverwüstlich
 ὑλοτόμος holzfällend
 χάλκεος· ὀξύς
τὸ ἡμιπέλεκκον die Halbaxt mit einer Schneide
*τὸ πέλεκκον }
*τὸ στειλειόν } der Axtstiel
ἡ στειλειή das Oehr in der Axt
τὸ τρύπανον der Drellbohrer
τὸ τέρετρον der Handbohrer
(die Säge ὁ πρίων erw. Hom. nicht, aber an 2 St. der Od. erscheint d. adj. πριστός gesägt)

ἡ σταθμη die Richtschnur
*ἡ σταφύλη die Bleiwage, das Loth
ὁ γόμφος der Pflock von Holz od. Keil
τὸ βλῆτρον die Klammer oder der Nagel
ἡ ἁρμονίη das Band, die Klammer
ὁ μοχλός der Hebel
*ὁ ὅλμος die Walze (?)
ὁ δρυτόμος }
ὁ ὑλοτόμος } der Holzfäller
 τάμνειν δοῦρα Bauholz fällen
 *πελεκκᾶν beschlagen
 ξέειν glätten
 ἰθύνειν gerade machen, nach der Richtschnur richten
 τετραίνειν bohren
 τορνοῦν abzirkeln, abrunden
 ἀραρίσκειν }
 ἁρμόζειν } zusammenfügen
 δέμειν bauen
 ἐρέφειν unter Dach bringen

4. Metallarbeiter.
(Il. XVIII. 468 ff.)

*ὁ χρυσοχόος der Goldschmied
ὁ χαλκεύς der Kupferschmied

*ὁ χαλκεών, ῶνος }
ὁ χαλκήιος δόμος } die Schmiede

τὰ χαλκήια ὅπλα das Schmiede=
 geräth
τὸ ἀκμόθετον der Ambosblock
ὁ ἄκμων, ονος der Ambos
*ὁ ῥαιστήρ, ῆρος der große,
 schwere Hammer
*ἡ σφῦρα der kleinere Hammer
ἡ πυράγρη die Feuerzange
ἡ φῦσα der Blasebalg

*ὁ χόανος die Schmelzgrube oder
 der Schmelztiegel
*τὸ χεῦμα das Gußwerk (von Zinn
 Il. 23. 561)
*φαρμάσσειν das Eisen härten durch
 βάπτειν εἰν ὕδατι Eintauchen in's
 Wasser O. 9. 392
φυσᾶν blasen (v. d. Blasebälgen)

5. Andere Handwerker.

*ὁ κεραοξόος τέκτων der Horn=
 drechsler Il. IV. 110
λειαίνειν }
ξέειν } glätten, poliren
*ὁ ἁρματοπηγός der Wagener Il.
 4. 485
*ὁ κεραμεύς der Töpfer Il. 18.
 601 (in 1 Gleichnisse)
ὁ τροχός die Töpferscheibe
*ὁ σκυτοτόμος der Riemer Il. 7.
 221
ὁ βοεύς }
ὁ ἱμάς } der lederne Riemen
 *κεστός gestickt Il. 15. 214
 *πολύκεστος reich gestickt Il. 3. 371
 φοίνικι φαεινός O. 23. 201
 ἐύτμητος wohl geschnitten (nur von
  Lederarbeit)
ἡ ἱμάσθλη die lederne Peitsche
*αἱ ῥαφαί ἱμάντων die Nähte der
 Riemen am Schilde
Ueber die Bearbeitung des Leders
durch den Gerber cf. das Gleichniß
Il. 17. 389 — Eine βοέη ἀδέψητος (un=
gegerbt) wird Od. 20. 2. 142 erw.
 Der Seiler wird nicht erwähnt;
 aber O. 21. 891 ein ὅπλον βύ-
 βλινον, ein Tau aus Byblos
 (nch A.: aus Hanf); ferner Il. 13.

599. 716 ἐύστροφος οἰός ἄωτος die wollene Schnur der Schleuder; und auch
μήρινθος u. }
*ἡ μέρμις, ιθος } die Schnur
scheinen, wie unser Bindfaden
aus Werg gedreht zu sein; vielleicht auch die synonymen:
ἡ σειρή der Strick, das Seil
ἐύπλεκτος wohl geflochten
πλεκτή
τὸ σπάρτον das Tau und
ὁ στρόφος ἀορτήρ der Strick, eig.
 gedrehter Tragband
τὸ πεῖραρ das Tau (von πειραίνειν binden) cf. Cap. XIV.
Folgende Künstler werden namentlich erwähnt:
1) Daedalos in Knosos in Kreta
 Il. 18. 592
2) Epeios, der Erbauer des hölzernen
 Pferdes O. 8. 493
3) Tychios aus Böotien, der Verfertiger von dem Schilde des Ajax,
 σκυτοτόμων ὄχ' ἄριστος Il. 7.
 220
4) Laërkes, Goldschmied in Phylos
 O. 3. 425

5) Ikmalios, Drechsler in Ithaka O. 19. 57

6) Harmonides, Schiffsbaumeister in Troja Il. 5. 60

7) Nosmon, dgl. in Ithaka O. 2. 386; 4. 630

8) Polybos, Verfertiger von Bällen in Scherie Od. 8. 372

6. Fischfang.

ὁ ἁλιεύς der Fischer
ὁ ἀρνευτήρ, ῆρος der Taucher
*τὸ δίκτυον das Netz
  *πολυωπόν viellöcherig
τὸ λίνον das Netz oder Garn Il. 5. 487
  *πάναγρον Alles fangend
*ἡ ἁψίς, ίδος die Netzmasche
ἡ ῥάβδος die Angelruthe
τὸ λίνον die Angelschnur
*ἡ μολύβδαινα die Bleikugel an der Angel

τὸ ἄγκιστρον
ἦνοψ χαλκός } der Angelhaken (das blinkende, nch A. gekrümmte Erz)
  γναμπτόν gebogen
τὸ κέρας ein Hornstück an der Angel, entweder als Floß, ob. zur Verhütung des Abbeißens der Schnur
ὁ δόλος
τὸ εἶδαρ } der Köder
ἰχθυᾶν fischen

7. Schifffahrt.
(cf. Od. V. 271.)

ὁ πλόος
*ἡ ναυτιλίη } die Seefahrt
*ἡ εὐπλοίη die glückliche Fahrt
ὁ ἁλιεύς der Seemann
ὁ ναύτης der Schiffer
ὁ κυβερνήτης der Steuermann
ὁ ἐρέτης der Ruderer
ὁ ἀρχός der Capitain
*ὁ πορθμεύς der Fährmann
ὁ ταμίης der Proviantmeister σίτοιο δοτήρ Il. 19. 44.
ὁ ἔμπορος der zur See Reisende, verschieden von
ὁ ὁδίτης der zu Lande Reisende
*τὸ ἐπίβαθρον das Fährgeld
τὰ ἤια (att. ἐφόδια) die Wegekost

*τὸ ὁδοιπόριον die Wegekost, nch A.: ἐπίβαθρον
ὁ λῃστήρ, ῆρος
*λήστωρ, ορος } der Seeräuber
  πολύπλαγκτος weit umhergeworfen
ὁ οὖρος der Fahrwind
ἴκμενος secundus, günstig
πλησίστιος segelfüllend, schwellend
λιαρός lind
λιγύς hell pfeifend, sausend
ἀπήμων günstig, fördernd
λάβρος heftig, stark
ἐσθλὸς ἑταῖρος ein wackerer Freund, Helfer
pl. *ἁλιάες, νηῶν πομπῆες über das Meer wehend, die Geleiter der Schiffe
Andere hieher gehör. Ausdr. s. Cap. XIV

8. Handel.
(Od. 15. 416 ff. Il. 7. 472 ff.)

ὁ πρηκτήρ der Geschäftsmann,
　Handelsmann, negotiator
(ὁ τρώκτης der Gauner, a. 2 St. b. O.
　von phönizischen Kaufleuten)
ἡ φορτίς, ίδος das Frachtschiff, der
　Kauffahrer
ὁ φόρτος die Schiffsladung
τὰ ὁδαῖα das Kaufmannsgut, die
　Waare (A.: Rückfracht)
ὁ βίοτος das Gut, die Güter
τὰ ἀθύρματα der Tand, Spiel=
　waaren u. Putzsachen
ὁ ὧνος der Verkauf, der Kaufpreis
ἡ πρῆξις das vortheilhafte Geschäft
ἡ ληΐς, ίδος ⎫
τὸ κέρδος ⎰ der Gewinn

λ. μενοεικής reichlich
ἁρπαλέον gierig gesucht
ἀλφάνειν einbringen, erwerben
πρίασθαι kaufen
περᾶν in die Frembe ⎫ nur von Sklaven
　verkaufen ⎰
ἐμπολᾶσθαι für sich einkaufen
οἰνίζεσθαι Wein einhandeln

Zahlen. — Geld. — Gewicht. — Maaß.

ὁ ἀριθμός die Zahl
ἀριθμεῖν zählen
λέγειν, ἐν, μετά c. dat. dazuzählen
πεμπάζεσθαι zu je 5 abzählen, an den
　Fingern abzählen

Das Geld ersetzen außer Erz, Rin=
berhäuten, Sklaven (Il. 7. 472) besonb.
Rinder, daher die Werthbezeichnungen:
ἑκατόμβοιος ⎫ 100 ⎫ Rinder werth
ἐννεάβοιος ⎰ 9 ⎰

τὰ ἐεικοσίβοια der Werth von 20 Rin=
　bern

———

τὸ τάλαντον 1) die Wagschale,
　2) das Talent, ein unbestimm=
　tes Gewicht
τὸ ἡμιτάλαντον das halbe Talent
ὁ σταθμός das Gewicht in der
　Wagschale Il. 12. 434

———

τὸ μέτρον das Maaß für Flüssig=
　keiten
6 in einem Kreter Il. 23. 741
22 in einem τρίπους Il. 23. 264
ἡ χοῖνιξ, ικος ein Getreidemaaß,
　nur in der Redensart:
ἅπτεσθαι χοίνικός τινος Jemandes
　Brot essen
τὸ δῶρον die Handbreite, Palme
　Il. 4. 109
ἡ ὄργυια die Klafter
ὁ πυγών die Elle (nur in πυ=
　γούσιος eine Elle lang)
ὁ πῆχυς die Elle (nur in adj. wie
　ἑνδεκάπηχυς)
τὸ πέλεθρον (sp. πλέθρον) der
　Morgen
ἡ γύη der Morgen, Acker (nur in
　b. adj. τετράγυος, πεντη=
　κοντόγυος)

Ungenaue Bezeichnungen für
　Entfernungen sind:
τὸ οὖρον das Gewende, ca. 40
　Schritt

ἐπίουρα ⎫ ἡμιόνων das Gewende
οὖρα ⎬   der Maulthiere

δουρὸς ἐρωή ⎫ ein Speerwurf
δουρηνεκές ⎬

δίσκου οὖρα ein Diskoswurf
der Wurf des Hirtenstabes καλαῦροψ, die Hörweite der

Stimme eines Rufenden ὅσ-
σον τε γέγωνε βοήσας cf.
Il. 10. 357. 15. 358; 21.
251; 23. 431, 529; *Il.* 23.
845. *Il.* 10. 351 — O. 8. 124.
— Od. 6. 294; 9. 473

9. Weben und Spinnen.
(cf. *Il.* 23. 762. *Il.* 3. 387.)

τὸ λίνον 1) der Faden, 2) die
    Leinwand

ἡ ὀθόνη die feine Leinwand

τὸ εἴριον ⎫
τὸ εἶρος ⎬   die Wolle

    ἰοδνεφές dunkelfarbig

*ἡ γρηῦς εἰροκόμος die Wolle-
    spinnerin

*ἡ χερνῆτις γυνή die Spinnerin (?)

τὸ νῆμα das Gespinnst, das Garn
    ἄσκητόν fein gesponnen

ὁ τάλαρος das Spinnkörbchen

ἡ ἠλακάτη die Spindel
    χρυσέη O. 4. 131

τὰ ἠλάκατα die Wolle oder die
    Fäden auf der Spindel
    λεπτά fein

ὁ ἱστός 1) der Webstuhl (λίθεος
    O. 13. 107), 2) der (senk-
    rechte) Aufzug, 3) das Gewebe
    ἀγλαός· περιμήκης· μέγας· λεπτός

*ὁ μίτος der Faden des Aufzugs,
    der Aufzug, die Kette, stamen
    (A.: der Einschlag)

*τὸ πηνίον der auf die Spule ge-
    zogene Faden des Einschlags

ὁ κανών, όνος das Weberschiffchen

ἡ κερκίς, ίδος der Weberstab zum
    Festschlagen der Fäden, die
    Stelle der Weberlade ver-
    tretend
    χρυσέη O. 5. 62

αἱ ὀθόναι das Linnen, die Lein-
    wand auf dem Webstuhl

    *καιρόσεαι dicht gewebt, dicht ge-
    kettet (?) O. 7. 107 al. καιρόεσσαι

    ἀργεννaί glänzend weiß

    λεπταί fein

τὸ λίνον die Leinwand, das Linnen

τὸ ὕφασμα das Gewebe

τὸ θρόνον die (gestickte) Blume
    ποικίλα bunt

τὸ ποίκιλμα die Stickerei

    *νήσασθαι (sp. νήθειν) spinnen

    ἀσκεῖν ἔρια die Wolle zurichten

    στρωφᾶν ἠλάκατα die Spindel
    drehen

    ἱστὸν στήσασθαι den Webstuhl auf-
    stellen

    ἱστὸν ἐποίχεσθαι um den Webstuhl
    herumgehen, weben

    ὑφαίνειν weben

    ἐξέλκειν πηνία die Einschlagsfäden
    durch den Aufzug ziehen

    ἐμπάσσειν hineinwirken, —weben

Cap. XX.
Die Landwirthschaft.
(Acker- und Gartenbau und Viehzucht.)

(cf. die Gleichnisse Il. 2. 147; 5. 499; 11. 67; 12. 421; 17. 53; 20. 495; 21. 257; 23. 597. Od. 5. 488.)

1. Ackerbau.
(Il. 18. 541—60.)

*ὁ ἄροτος das Pflügen, der Ackerbau

*ὁ ἀγρότης
ὁ ἀγροιώτης } der Landmann
ὁ ἐπάρουρος ἀνήρ

ἀγροιῶται νήπιοι ἐφημέρια φρονέοντες nur an das Heute denkend O. 21. 85.

ὁ κλῆρος das Erbgut

τὸ τέμενος das Krongut
βαθυλήιον mit weiten Saatfeldern
ἔξοχον ἄλλων, καλὸν φυταλιῆς καὶ ἀρούρης πυροφόροιο.
μέγα- πατρώιον- πεντηκοντόγυιον Il. 9. 578

ὁ ἀγρός 1) der Acker, das Feld, 2) das Landgut
καλός- περικαλλής- τετυγμένος zubereitet
πολυδένδρεος baumreich
πίων fett

τὸ ἔργον die Feldarbeit
τὰ ἔργα die bestellten Felder
ἡ ἄρουρα das Ackerland, Feld
ἐρίβωλος starkschollig
πυροφόρος weizentragend
πίειρα fett

ἡ ἄρωσις das Pflugland, der Acker
λείη glatt, eben

ψιλή kahl, unbepflanzt
ἡ νειός das Brachfeld
μαλακή weich
τρίπολος dreimal gewendet, gestürzt
βαθεῖα weit, geräumig

ὁ ἀροτήρ der Pflüger
τὸ ἄροτρον der Pflug
πηκτόν (fest) gefügt
τὸ ζεῦγος das Zuggespann
τὸ οὖρον das Gewende
τὸ τέλσον die Gränzmark, die Mark d. i. der abgegränzte Acker

ὁ ὄγμος
ἡ ὦλξ nur im Acc. ὦλκα, b. att. Dichtern ἡ ἄλοξ, οχος } die Furche

ὁ βῶλος die Scholle

τὸ πέλεθρον
ἡ γύη } der Morgen Landes

τὸ σπέρμα die Saat (bei Hom. jedoch nur in att. πυρός = Funken)

τὸ λήιον das Saatfeld
βαθύ weit

ἡ ἀλωή bestelltes Land, Saatfeld
τεθαλυῖα
ἐριθηλής } üppig
πολύκαρπος fruchtreich

*ὁ στάχυς, υος ⎫ die Aehre
*ὁ ἄσταχυς ⎭

ἡ καλάμη der Halm, die Stoppel

ὁ καρπός ⎫ die Feldfrucht
Δημήτερος ἀκτή ⎭

*ὁ ἄμητος das Mähen, die Ernte

ὁ ἀμητήρ, ῆρος der Schnitter

*ἡ δρεπάνη die Sichel
  ὀξεῖα scharf

*τὸ δρέπανον die Sichel
  εὐκαμπής wohl gebogen

τὸ δράγμα das abgeschnittene Aeh-
  renbündel (eig. eine Hand voll)

ὁ ὄγμος das Schwab

*ὁ ἀμαλλοδετήρ der Garbenbinder
  (ἄμαλλα)

*ὁ ἐλλεδανός das Strohseil, Band

ὁ ἔριθος der (zur Ernte angenom-
  mene) Tagelöhner

ἡ ἀλωή die Dreschtenne
  εὐκτιμένη wohl gegründet
  ἱερή heilig

ἡ ἄχνη ⎫ die Spreu
τὰ ἤια ⎭

ἠ. καρφαλέα dürr, trocken

*ἡ ἀχυρμιή ⎫ der Spreu-
*ὁ θημὼν ἠΐων ⎭ haufen

ὁ ἀθηρηλοιγός ⎫ die Wurf-
*τὸ πτύον ⎭ schaufel

ἡ κόπρος der Dünger

ἡ τάφρος
ἡ κάπετος ⎫ der Graben
ὁ ὀχετός (nur in ⎭
  ὀχετηγός)

*ἡ ἀμάρη die Rinne, der Canal

*ὁ ὀχετηγός ἀνήρ der Canalgräber

*ἐθείρειν (ἀλωήν) colere, bestellen

ἀροῦν pflügen

κοπρίζειν düngen

*ἀλδήσκειν wachsen (von der Saat)

ἀμᾶν mähen

*δραγμεύειν die Aehren zu Garben
  einsammeln

τρίβειν austreten, dreschen

*λικμᾶν worfeln

Die einzelnen Getreidearten f. ob.
Cap. V.

2. Gartenbau. — Baumzucht.
(Od. 5. 63; 7. 112; 24. 226. Il. 18. 561.)

ὁ κῆπος der Garten
  πολυδένδρεος baumreich

ὁ ὄρχατος der Baumgarten
  τετράγυος vier Morgen groß

ἡ φυταλιή die Pflanzung, Baum-
  oder Weingarten

ἡ ἀλωή der Fruchtgarten

οἰνόπεδος ἀ. ⎫ der Weingarten
τὸ οἰνόπεδον ⎭

ὁ ὄρχος die Baumreihe, das
  Spalier

*διατρύγιος zu verschiedenen Zeiten
  Früchte tragend (?)

τὸ ἕρκος (ἀλωῆς) der Zaun aus
  αἱμασιά Dornstrauch

*ἡ κάμαξ, ακος der Weinpfahl

*τὸ θειλόπεδον der Trockenplatz
  im Weingarten

ἡ ἄμπελος der Weinstock

ἡ σταφυλή ⎫ die Traube
*ὁ βότρυς, υος ⎭
  μέλας schwarz

*ἡ ὄμφαξ, ακος die unreife Traube, der Herling

ἡ πρασιή das Beet (A.: der Wiesengrund)

τὸ ἔρνος der Schößling, das Reis

ὁ βόθρος die Grube

*ἡ μάκελλα die Hacke

*τὸ λίστρον das Schürfeisen, der Spaten

φυτεύειν pflanzen

*λιστρεύειν { umgraben, um-
*ἀμφιλαχαίνειν { hacken

πέσσειν reifen (v. d. Sonne)

τρυγᾶν einernten, bef. v. d. Weinlese

τραπεῖν keltern

Die Obstbäume, Blumen u. a. Gartengewächse f. ob. Cap. V.

3. Viehzucht.
(O. 9. 216 ff.)

ὁ νομεύς }
ὁ βοτήρ, ῆρος } der Hirt
ὁ βώτωρ, ορος } (ἐπιβ. n. A.
ὁ ἐπιβώτωρ } der Unterhirt, Hirtenknabe)

ὁ ποιμήν, ένος }
ὁ ἐπιποιμήν } der Schäfer
*ὁ μηλοβοτήρ }

ποιμ. ἄγραυλος auf dem Felde übernachtend

ὁ βουκόλος } der Rinderhirt
ὁ ἐπιβουκόλος }

ὁ αἰπόλος der Ziegenhirt

ὁ συβώτης }
ὁ συφορβός } der Schweinehirt
ὁ ὑφορβός }

*ὁ σηκοκόρος der Stallkehrer, Stallknecht

*ἡ πρόβασις der Besitz an Vieh

τὰ πρόβατα die Viehheerde

τὰ βοτά das Weidevieh

*ἡ ποίμνη die weidende Schafheerde

ἡ ἀγέλη die Heerde Großvieh, armenta

τὸ πῶυ, εος die Schafheerde

τὰ μῆλα grex, das Kleinvieh

τὸ αἰπόλιον die Ziegenheerde

τὸ συβόσιον die Schweineheerde

ἡ αὐλή der Hof, Viehhof

ὁ μέσαυλος }
τὸ μέσαυλον } das Gehöft

ὁ σταθμός der Stand, Stall, Viehhof

οἰοπόλος einsam, abgelegen

ποιμνήιος für die Heerde (Schafstall)

ὁ ἔπαυλος die Hürde

ὁ σηκός saepes, die Hürde, der Stall

ὁ συφεός der Schweinestall

ὁ χόρτος }
τὸ ἕρχος } das Gehege, der Zaun

ὁ σκόλοψ der Pfahl

ἡ φάτνη die Krippe

ἐυξέστη- Ἱππείη

ἡ κάπη die Krippe voll Futter

ἀμβρόσιαι Π. 8. 434

Ἱππειαι

*ἡ πύελος der Freßtrog

ὁ νομός die Weide

τὸ ἦθος sedes, die (gewohnte) Weide

ὁ ἀρδμός der Tränkplatz

*τὸ φρεῖαρ (att. φρέαρ) der Brunnen

ἡ βόσις
ἡ βοτάνη   } das Futter, die Weide
ἡ φορβή

τὸ εἶδαρ, ατος   } das Fressen,
ἡ ἐδωδή   Futter

ἡ ποία (att. πόα) das Gras, die Weide

*ἡ καλαῦροψ, οπος der Wurfstab des Hirten (Klingelstock)

*ἡ βουπλήξ, πλῆγος der Ochsenziemer (oder Ochsenstachel, stimulus)

*ἡ πέδη die Fußfessel (Koppel) der weidenden Pferde

———

τὸ γάλα, ακτος   } die Milch
τὸ γλάγος

*ἡ πέλλα der Melkeimer
    *περιγλαγής voll Milch

*ὁ γαυλός   } der Melk=
τὸ ἄγγος   eimer, die
*ἡ σκαφίς, ίδος } Butte

ὁ ὀρός die Molken
ὁ τυρός der Käse
ὁ τάλαρος der Käsekorb
    πλεκτός geflochten

ὁ ταρσός die Darre

ἀμέλγειν melken
ἀμολγός die Melkzeit f. o. Cap. I. a. E.
τρέφειν γάλα die Milch gerinnen lassen
ἀμᾶσθαι die geronnene Milch (in Körbe) fassen, raffen

τὸ στέαρ, ατος der Talg
τὸ δέρμα die abgezogene Haut
τὸ σκῦτος die zubereitete Haut, das Leder

ἡ ῥινός   } die Haut, bes. Rinds=
τὸ ῥινόν   } haut

ἡ βοέη sc. δορά die Rindshaut
τὸ κῶας, εος das Schaffell
ἡ νάκη das Bließ

*ὁ πόκος die abgeschorene Wolle
τὸ εἴριον   } die Wolle
τὸ εἶρος

*ὁ πῖλος der Filz

βόσκειν
νέμειν   } hüten, weiden, pas
νομεύειν   cere
ποιμαίνειν

βουκολεῖν die Rinder hüten

βόσκεσθαι
νέμεσθαι
ποιμαίνεσθαι } weiden, pasci
βουκολεῖσθαι } (auch von Pferden
          Il. 20. 221)

ἐξελᾶν austreiben
εἰςελᾶν eintreiben

Cap. XXI.

Jagd und Krieg.

1. Jagd.

(O. 19. 429 ff. Il. 17. 657; 11. 548. 413; Il. 15. 586; 17. 109. 281. O. 10. 180; 9. 155. Il. 4. 105.)

ἡ θήρη die Jagd, die Jagdbeute

ἡ ἄγρη der Fang (in Masse), die Beute

ὁ θηρητήρ, ῆρος ⎫
*ὁ θηρήτωρ, ορος ⎬ der Jäger
ὁ θηρευτής ⎪
ὁ κυνηγέτης ⎭

ὁ ἐπακτήρ, ῆρος der Treiber

ὁ θηρευτής κύων der Jagdhund
(Ἄργος d. i. Hurtig heißt des Odysseus Jagdhund O. 17. 292)

ὁ ἄκων, οντος ⎫ der Jagd-
ἡ αἰγανέη ⎬ spieß

(τὸ νέφος das Jagdnetz, Garn Od. 22. 304 nach einigen Erklärern)

τὸ ἕρκος das Garn des Vogelfängers Od. 22. 469

τὸ κνώδαλον ⎫ das Wild
τὸ θηρίον ⎬ (s. Cap. VI)

*ἡ λόχμη ⎫ das Wildlager
*ἡ θαλάμη ⎬

ἡ ξύλοχος das Dickicht

ὁ κευθμός und ⎫ das Versteck
ὁ κευθμών, ῶνος ⎬

*τὸ ἴχνος ⎫ die Fährte
τὸ ἴχνιον ⎬

*ἡ προδοχή die Lauer, der Anstand

εἰς θήρην ἰέναι auf die Jagd gehen
θηρεύειν jagen
ἐρευνᾶν aufspüren
ἐπισσεύειν anhetzen
δίεσθαι verfolgen
ἐπαΐσσειν daraufstürzen
ἀπάγχειν würgen
οὐτᾶν verwunden

2. Der Krieg.

ὁ πόλεμος ⎫ das Kampfgetüm-
u. πτόλεμος ⎬ mel, der Kampf, selten der Krieg

θρασύς kühn
ἄγριος wild
πολύαϊξ, ικος stürmisch
δήιος feindselig
αἰνός furchtbar
ἀργαλέος schwer

ὁμοίιος gemeinschaftlich
ἀλίαστος hartnäckig
δυσηχής schrecklich tosend
δυσηλεγής hartbettend (A.: schmerzenreich)
ὀλοός verderblich
ὀκρυόεις schauerlich
ὀϊζυρός jammervoll
δακρυόεις ⎫ thränenreich
πολύδακρυς ⎬

λευγαλέος Trauer bringend
στυγερός verhaßt, entſetzlich
πευκεδανός bitter
αἱματόεις blutig
φθισήνωρ Männer vernichtend
ἡ μάχη der Kampf ganzer Heere, die Schlacht
κυδιάνειρα Männer ehrend
δριμεῖα heftig
καυστειρή heiß
ἀλεγεινή Schmerz bringend
φθισίμβροτος Menſchen vertilgend
πολυδάκρυος- ἀλίαστος- δακρυόεσσα ſ. oben
ἡ φύλοπις, ιδος die Völkerſchlacht
κρατερή gewaltig
αἰνή- ἀργαλέη
ἡ ὑσμίνη die Feldſchlacht
σταδίη ſtehend, hartnäckig
κρατερή- ἀργαλέη- πολύδακρυς
ἡ αὐτοσταδίη / ῥ σταδίη { pugna stataria, der hartnäckige Kampf zwiſchen Schwerbewaffneten
ἡ δηιοτής, ῆτος die Fehde, Befehdung, der erbitterte Kampf
αἰνή furchtbar
ἡ δαΐς nur im Dat. δαΐ die blutige Schlacht, das Gemetzel
λυγρή / λευγαλέη { Trauer bringend
ἡ χάρμη der Kampf als ritterliche Waffenübung, der Waffentanz (an 1 St. die Kampfluſt)
ὁ Ἄρης, εος der mörderiſche Kampf
ξυνός gemeinſam
ἀλεγεινός- στυγερός- πολύδακρυς
τὸ νεῖκος /
ἡ δῆρις, ιος { der Streit, Kampf
ἡ ἔρις, ιδος /
ἔρις κακομήχανος Unheil anrichtend

πολύστονος viele Seufzer erregend
αἰνή- ἀργαλέη- βαρεῖα- κρατερή
τὸ ἔργον / ὁ πόνος { die Arbeit, aber oft vorzugsweiſe die des Kriegers, der Kampf
ὁ ὅμιλος / ὁ μῶλος / ὁ οὐλαμός { das Gedränge, der Kampf
ὅμ. ἀίδηλος vernichtend
μῶλ. ἄγριος wild
ὁ φλοῖσβος das Gewoge (des Kampfes)
ὁ κυδοιμός / ὁ μόθος / ὁ κλόνος { das Getümmel, Kampfgewühl
κυδ. ἄσπετος unſäglich
κυδ. κακός- κλόνος κακός
ὁ ὅμαδος) / ὁ ὀρυμαγδός { der Lärm, das Kampfgetöſe
ὅμ. θεσπέσιος gewaltig
ἀλίαστος ſ. ob.
ὀρ. ἀζηχής unaufhörlich (A.: durchdringend)
σιδήρειος eiſenklirrend
ἡ αὐτή / ἡ βοή / ἡ ἐνοπή { das Schlachtgeſchrei, der Kampf
ἀ. ὀξεῖα hitzig
στονόεσσα- δεινή
β. ἄσβεστος unauslöſchlich
θεσπεσίη.
ὁ φόνος / ἡ ἀνδροκτασίη { das Gemetzel, caedes

——

ὁ φόβος 1) die Flucht, 2) die Furcht
κρυερός / κρυόεις { eiſig, erſtarrend
*δυσκέλαδος unheilvoll lärmend
ἀργαλέος- ὀλοός- θεσπέσιος

ἡ φύζα
ἡ φυγή } die feige Flucht
ἡ φύξις

φύζα θεσπεσίη, φόβου κρυόεντος
ἑταίρη
κακή
ἄναλκις, ιδος } feig

τὸ κράτος die Uebermacht, der
Sieg
ἡ νίκη der Sieg
ἑτεραλκής entschieden
ἡ καμμονίη der durch Beharrlich-
keit errungene Sieg
ἡ ἰωκή (acc. ἰῶκα) }
ὁ ἰωχμός } die Verfolgung
ὀκρυόεσσα s. ob.
ἡ παλίωξις, ιος das Zurückschlagen
ἡ νεκάς, άδος der Leichenhaufe
ὁ λόχος der Hinterhalt

ὁ στρατός das Lager, das Heer
ἱερός heilig (A.: rüstig)
εὐρύς· πουλύς
ἡ φάλαγξ, αγγος die Schlachtreihe,
der Heerhaufen
κυάνεαι schwarz, dunkel
πυκιναί dicht -κρατεραί
αἱ στίχες die Reihen der Kämpfer
οὐκ ἀλαπαδναί unbezwinglich
πυκιναί- κρατεραί
αἱ γέφυραι πολέμοιο die Durch-
läffe zwischen den einzelnen
Heerhaufen (oder der Raum
zwischen den feindlichen Hee-
ren)
τὸ φῦλον die Völkerschaft
ἡ φρήτρη die Sippschaft
ἡ ἴλη die Abtheilung (turma nur
in ἰλαδόν, turmatim)

ὁ πύργος eine vierecfig geformte
Abtheilung, (Colonne)
τὸ ἔθνος
τὸ τέλος } die Schaar (von Krie-
τὸ νέφος } gern)

———

ὁ ἀγός
ὁ ἡγήτωρ
ὁ ἡγεμών
ὁ ἀρχός } der Anführer
ὁ ὄρχαμος
ὁ κοσμήτωρ

οἱ λαοί die Dienstmannen, die
Krieger
ὁ πολεμιστής der Kämpfer
ὁ ἥρως der streitbare Mann, der
Held
ὁ φώς, φωτός der Mann, bef.
der tapfere Mann
ὁ αἰζηός der rüstige Mann
ἀρηίθοοι rüstig im Streite
θαλεροί blühend

οἱ πρόμοι }
οἱ πρόμαχοι } die Vorkämpfer

ὁ ἱππεύς
ὁ ἱππότα
ὁ ἱππηλάτα } der Wagen-
ὁ ἱπποκέλευθος } kämpfer
ὁ παραιβάτης

ὁ ἡνίοχος }
ὁ ὑφηνίοχος } der Wagenlenker

ὁ θεράπων } der edle Waffen-
ὁ ὀπάων } gefährte

οἱ πεζοί das Fußvolk

οἱ πρυλέες
οἱ αἰχμηταί ⎱ die schwerbewaff-
οἱ ἀσπισταί ⎰ neten Fußkämpfer
οἱ ἀσπιδιῶται⎱

οἱ ἀκοντισταί ⎱ das leichte Fuß-
οἱ τοξόται ⎰ volk

οἱ ἐπίκουροι die Hilfsvölker, Bun-
desgenoffen (der Troer)

τηλεκλειτοί weit berühmt
ἀγακλειτοί hoch berühmt
κλειτοί berühmt
πολύκλητοι weit hergerufen
ὑπερμενέες übermächtig

ὁ ἑταῖρος ⎱ der Freund, Kamerad,
ὁ ἕταρος ⎰ commilito

*ὁ ἀλεξητήρ, ῆρος ⎫
ὁ ἀμύντωρ, ορος ⎪
ὁ ἐπαμύντωρ ⎪
ὁ ἐπίκουρος ⎬ der Helfer,
ὁ ἀοσσητήρ, ῆρος ⎪ Beiftand
ὁ ἀρηγών, όνος ⎪
ὁ ἀρωγός, ⎪
ὁ ἐπαρωγός ⎭

ὁ ἡ ἐπίρροθος ⎱ Helfer, Helferin
ἐπιτάρροθος ⎰ (nur v. Göttern)

ὁ φύλαξ, ακος ⎫
*ὁ φύλακος ⎪
ὁ φυλακτήρ, ⎬ der Wächter
ῆρος ⎭
ἡ φυλακή die Wache

ὁ σκοπός ⎫
ὁ ἐπίσκοπος ⎪ der Späher,
ὁ ὀπτήρ, ῆρος ⎬ Kundschafter
ὁ διοπτήρ ⎭

*ὁ πυρσός das Feuerfigual, Fanal
(fp. φρυκτωρία)

ἐπήτριμοι dicht neben einander, zahl-
reich

ὁ δήιος ⎱ der Feind
ὁ δυσμενής ⎰

δήιοι θυμοραΐσται lebenzerftörend
ἡ ληίς, ίδος die Kriegsbeute
τὰ ἔναρα die Waffenbeute, spolia,
exuviae, felten Beute überh.
βροτόεντα blutbebeckt
*τὰ ἀνδράγρια die Waffenbeute
βροτόεντα.

τὸ ἕλωρ der Fang ⎱ die Beute,
τὸ κύρμα (der Fund) ⎰
nur von Leichen, die die Beute
der Hunde u. Vögel werden,
(alfo fyn. mit μέλπηθρα
Spiel, Spielzeug Il. 13. 233;
17. 255; 18. 179)

*τὰ ῥύσια die Beute als Repreffalie
ἐλαύνεσθαι ῥ. Il. 11. 674 = *βοη-
λασίη Il. 11. 672 Rinderraub

τὰ ζωάγρια ⎱ das Löfegeld
τὰ ἄποινα ⎰

ἄξια entfprechend, genügend
ἀπερείσια unermeßlich
*νήριτα unzählig (A.: unbeftritten)

ὁ κῆρυξ der Herold

*ἡ συνημοσύνη ⎱ der Vertrag
ἡ ῥήτρη ⎰

ἡ δεξιή eig. der Handfchlag, das
Verfprechen, der Vertrag
τὰ ὅρκια der eibliche Vertrag, das
Bündniß (cf. Il. III. 264 ff.)

πιστά treu
Διὸς ὅρκια unter dem Schutze des
Zeus ftehend

αἱ σπονδαί ⎱ der Vertrag,
αἱ συνθεσίαι ⎰ Waffenstillstand
ἡ εἰρήνη der Frieden

πολεμίζειν ⎱
μάχεσθαι ⎰ kämpfen
μάρνασθαι ⎰
θηριάασθαι streiten
βάλλειν aus der Ferne treffen
αὐτᾶν ⎱
τύπτειν ⎱
πλήσσειν ⎰ aus der Nähe treffen, verwunden
τρωειν ⎰
νύσσειν ⎰
τυχεῖν treffen
ἁμαρτεῖν ⎱ verfehlen
ἀφαμαρτεῖν ⎰
ατυφελίζειν schlagen, stoßen
ἐπαΐσσειν ⎱
ἐπορούειν ⎰ heranstürmen
ὁρμᾶσθαι ⎰
ἀντιβολεῖν zusammentreffen
περονᾶν ⎱ durchbohren
τορεῖν ⎰
δαΐζειν zerfleischen
δηιοῦν niederhauen, erschlagen
δαμᾶν bezwingen
αἱρεῖν verwunden, erlegen
κτείνειν ⎱
κατακτείνειν ⎰ tödten
ἐναίρειν ⎰
ἐναρίζειν ⎱ 1) spoliare,
ἐξεναρίζειν ⎰ 2) tödten
πεφνεῖν ermorden
θυμὸν ἑλέσθαι, ἀφελ. ⎱
ἐξελ. ἀπαυρᾶν ⎱ das Leben
ψυχὴν ἀφελέσθαι, ⎰ rauben
ἐξελέσθαι ⎰
φίλον ἦτορ ἀπαυρᾶν ⎰
λύειν ⎱ γυῖα, ⎱ die Glieder,
ὑπολύειν ⎰ μένος, γού- ⎰ die Kraft läh-
                νατα ⎰ men, tödten

δαίμονα δοῦναι den Tod geben
πέμπειν εἰς Ἀΐδαο ⎱ in den Hades
Ἄιδι προϊάπτειν ⎰ senden
ὀλέκειν vernichten
ἐξανύειν umbringen (conficere)
ἐριπεῖν niedersinken
διώκειν verfolgen
δίεσθαι scheuchen, jagen
φοβεῖν in die Flucht schlagen
φέβεσθαι ⎱
φοβεῖσθαι ⎰ fliehen
φεύγειν ⎰
τρεῖν, trepidare ⎱ erschrocken fliehen
δίειν ⎰
ἀλέασθαι ausweichen
ἀναχάζεσθαι zurückweichen
ζωγρεῖν gefangen nehmen
ληΐζεσθαι erbeuten
ὅρκια τάμνειν foedus ferire, einen eidlichen Vertrag schließen
ὅρκια τιθέναι einen Vertrag stiften
ὅρκια δηλήσασθαι ⎱
πατεῖν ⎱ den Vertrag
καταπατεῖν ⎰ brechen
συγχεῦαι ⎰
ψεύσασθαι ⎰

Festung. — Belagerung.

τὸ ἄστυ, εος die Burg, Veste
εὐρύχορον geräumig
μέγα- περικλυτόν
τὸ τεῖχος die Mauer
λάϊνον steinern
ἄρρηκτον undurchdringlich
αἰπύ steil
ὑψηλόν hoch
εὔδμητον wohl gebaut
εὐρύ breit
μέγα groß
τετυγμένον (fest) gebaut
Ἄρειον heißt b. M. v. Theben
τὰ τείχεα moenia

ἱερά- κλυτά- μακρά- ὑψηλά

ὁ ἀγκών, ῶνος der Vorſprung der Mauer, die Baſtion (*Il.* 16. 702)

ἡ ἔπαλξις, ιος die Bruſtwehr
καλή

ὁ πύργος der Thurm
προΰχων hochragend
ὑψηλός- μέγας- ἐΰδμητος

αἱ κρόσσαι ⎱ die Zinnen, (ἱερά
τὰ κρήδεμνα ⎰ in Troja)

τὰ ἔχματα ⎱ die Strebepfeiler
αἱ στῆλαι ⎰
προβλῆτες vorſpringend

αἱ πύλαι das Thor
εὖ, πύκα ⎱
στιβαρῶς ⎰ ἀραρυῖαι feſt gefügt
εὖ ποιηταί wohl bereitet
ὑψηλαί- δικλίδες-

αἱ σανίδες die Flügel des Thores
μακραί lang

εὔξεστοι wohl geglättet
ἀραρυῖαι (feſt) gefügt
ἐζευγμέναι verſchloſſen

ὁ σκόλοψ, οπος ⎱
ὁ σταυρός ⎰ die Palliſade

ἡ τάφρος der Graben
βαθεῖα tief
εὐρεῖα- μεγάλη

ἡ γέφυρα der Damm, Wall (?)
ἐλαύνειν ⎱ τάφρον einen Graben
ὀρύσσειν ⎰ ziehen
καταπηγνύναι σκόλοπας Palliſaden
einſchlagen
ῥηγνύναι ⎱ τεῖχος eine Mauer
ῥήγνυσθαι ⎰ durchbrechen
ἐρύειν ⎱ κρόσσας die Zinnen
ἐρείπειν ⎰ herabreißen
*μοχλεῖν στήλας die Streben mit He-
beln umſtürzen
αἱρεῖν πόλιν eine Stadt erobern
πυργοῦν mit Thürmen befeſtigen
τειχίζειν ummauern

Cap. XXII.

Tod und Beſtattung. — Die Unterwelt.
(cf. *Il.* 23. 1—261. Od. XI. Od. 24. 1—97.)

Ὁ θάνατος der Tod

θυμοραϊστής lebenzerſtörend
τανηλεγής lang hinſtreckend (A.: ſehr ſchmerzhaft)
δυσηλεγής hartbettend (A.: ſchmerzenreich)
πορφύρεος dunkel
μέλας ſchwarz
δυσηχής übelklingend, grauenvoll

λευγαλέος traurig, ruhmlos
στυγερός verhaßt
ὁμοίιος Allen gemeinſam
μαλακός ⎱ ſanft
ἀβληχρός ⎰

ἡ κήρ, κηρός der gewaltſame Tod
μέλαινα- στυγερή- ὀλοή- βαρεῖα- κακή.

ὁ μόρος
ἡ μοῖρα
ὁ πότμος
ὁ οἶτος
} das Verhängniß, das Todesloos, der Tod

ὁ τάφος 1) die Bestattung, 2) das Leichenmahl

ὁ νέκυς, νος
ὁ νεκρός
} der Todte, der Leichnam

ὁ κηδεμών, όνος der Leichenbestatter

τὰ κτέρεα die dem Todten erwiesenen Ehren, justa

τὸ φᾶρος (ταφήιον)
— σπεῖρον
} das Leichengewand, Sterbekleid

τὸ λῖτον nur d. λιτί das linnene Leichentuch

*τὸ φέρτρον die Bahre Il. 18. 236

ὁ γόος
ὁ θρῆνος
} die Klage, Todtenklage

γόος ἀδινός laut
δακρυόεις
πολυδάκρυτος
} thränenreich
κρυερός eiskalt, schauerlich
θαλερός heftig ausbrechend
ἱμερόεις sehnsuchtsvoll
οἰκτρός jammervoll
ὀλοός unselig
ἄλιαστος unaufhörlich

*ἀοιδοὶ θρήνων ἔξαρχοι Sänger, welche die Klage anstimmen (bei b. Troern Il. 24. 721)

ἡ πυρή
ἡ πυρκαϊή
} der Scheiterhaufen

ὁ ἀμφιφορεύς der zweihenkelige Aschenkrug
*ἡ σορός die Urne
ἡ φιάλη die Schale (zur vorläufigen Aufnahme der Asche des Patroklos Il. 23. 243. 253)
ἡ λάρναξ, ακος die Urne, eig. Truhe (mit Hektor's Gebeinen) Il. 24. 795
*τὸ ἠρίον der Erdhügel, das Grab
ἡ κοίλη κάπετος die Gruft (des Hektor) Il. 24. 797
ὁ τύμβος der Grabhügel
*ἀνδρόκμητος von Männern mühevoll errichtet
μέγας· εὐρύς· ὑψηλός
ἡ στήλη die Grabsäule

θνήσκειν
ἀποθνήσκειν
} sterben

θυμὸν ἀποπνείειν
θ. ἀίσθειν
} den Geist aushauchen

θυμὸν
ἦτορ
ψυχὴν
} ὀλέσαι das Leben verlieren, sterben

αἰῶνος ἀμέρδεσθαι des Lebens beraubt werden

δῦναι γαῖαν
— δόμον Ἄιδος εἴσω
— εἰς Ἀίδαο
ἰέναι
ἐλθεῖν
ἱκέσθαι
εἰς Ἀίδαο
 od. Ἀίδεω
} unter die Erde, in den Hades wandern

κτέρεα κτερεΐζειν dem Todten die letzten Ehren erweisen, parentare
καθελεῖν ὄσσε
— ὀφθαλμούς
} die Augen zudrücken
συνερείδειν στόμα den Mund zuschließen

6

περιστέλλειν νεκρόν den Todten beſorgen, einkleiden

λούειν   ⎱ νεκρόν den Todten
ἀπονίζειν ⎰   waſchen

ἀλείφειν den Todten ſalben

λιτὶ καλύπτειν in das Leichentuch hüllen

ἐν λεχέεσσι θεῖναι auf das Todtenbett legen

κόμην κείρεσθαι   ⎱ ſich das Haar
χαίτην ἀποκείρεσθαι ⎰ abſcheeren

κόμην αἰσχύνειν ⎱ ſich das Haar
δαΐζειν   ⎰ ausraufen

κόνιν χεῖσθαι κατὰ κεφαλῆς Staub auf das Haupt ſtreuen

ἐν κονίῃσι κεῖσθαι im Staube liegen

*ἀμφιδρυφής auf beiden Seiten (Wangen) zerfleiſcht Il. 2. 700

ἐξάρχειν γόοιο die Todtenklage anheben

μύρεσθαι   ⎱
ὀδύρεσθαι   ⎰ jammern, klagen
γοᾶν   ⎱
οἰμώζειν   ⎰

κλαίειν   ⎱ klagen, ſchluchzen, ſtöh-
κωκύειν   ⎱ nen, auch tranſit.: be-
στενάχειν   ⎰ klagen

πυρὶ διδόναι ⎱ τὸν νεκρόν, τὰ ὀστέα
καίειν   ⎱ den Todten, die Ge-
καταχαίειν   ⎰ beine verbrennen

ῥώεσθαι περὶ ⎱ um den Scheiterhau-
τὴν πυρὴν   ⎰ fen ziehen

σβεννύναι τὴν πυρὴν den Scheiterhaufen auslöſchen

λέγειν   ⎱ τὰ ὀστέα die Gebeine
ἀναλέγειν ⎰ ſammeln

θάπτειν die Aſche begraben

τύμβον   ⎱ χέειν einen Grab-
χυτὴν γαῖαν ⎰ hügel aufſchütten
σῆμα   ⎰

Die Unterwelt.
(cf. Od. X. 508 ff. XI. 13 ff. XXIV. 1—204.)

Ἄιδος ⎱ δόμος, δόμοι das
Ἀίδαο ⎰ Haus des Hades

ὑπὸ κεύθεσι γαίης in den Tiefen der Erde

ἡ ἐρεμνὴ γαῖα das finſtere Land

τὸ ἔρεβος das finſtere Todesthal

ὁ ζόφος das dunkle Schattenreich

ἠερόεις nebelig

ὁ Τάρταρος der Titankerker unter dem Hades, mit eiſernen Thoren u. eherner Schwelle Il. 8. 13

ἠερόεις- βαθύς geräumig

ὁ Ἀχέρων   ⎱
ὁ Πυριφλεγέθων ⎱ die Flüſſe in
ὁ Κώκυτος   ⎱ der Unter-
ἡ Στύξ, Στυγός ⎰ welt

κύων Ἀίδαο der Hund des Hades

ὁ ἀσφοδελὸς λειμών die Aſpho-dillwieſe, der Aufenthaltsort der geſtorbenen Helden

οἱ ἔνεροι inferi, die Unterirdiſchen, ſowohl Götter, als Schatten

αἱ νέκυες ⎱ die Todten
οἱ νεκροί ⎰

ἀφραδέες bewußtlos
κατατεθνηῶτες die verſtorbenen

νεκύων ἀμένηνα κάρηνα die ohn-
mächtigen Häupter der Todten

οἱ καμόντες die Müden, die Todten

τὰ εἴδωλα die Schattenbilder der
Todten

ἡ ψυχή die vom Körper geschie-
dene Seele, der Geist

ἡ σκιή der Schatten, Schemen

ἡ χοή die Todtenspende zur Cita-
tion der Todten, bestehend aus
Honig, Milch, Wein, Wasser
u. Mehl (cf. Od. XI. 23 ff.)

Τὸ Ἠλύσιον πεδίον „das Gefilde
der Hinkunft" am Westrande

der Erde, der Aufenthaltsort
der dem Tode entrückten Lieb-
linge der Götter, wie des
Menelaos. Schilderung desf.
O. 4. 563 ff.

Unbekannt sind Homer: Charon,
Lethe, die Todtenrichter und der
Name des Kerberos; von den Strafe
erleidenden Frevlern nennt er nur
Tityos, Tantalos und Sisyphos,
nicht Ixion und die Danaïben;
die Erinyen erwähnt er als stra-
fende Gottheiten ὑπὸ γαῖαν Il. 19.
259 cf. Od. 20. 78; die Γοργείη κεφαλή als Schreckgestalt Od. 11. 634

Zweiter Abschnitt.

Mythologie.

Cap. XXIII.

Die Heroen.

Ὁ ἥρως der Held; (die spätere Bedeutung Halbgott ist Homer fremd; nur *Il.* 12. 23 werden die Kämpfer vor Troja ἡμι- θέων γένος ἀνδρῶν genannt)

Häufiger wiederkehrende Epitheta der Helden sind:

ὄρχαμος ἀνδρῶν ⎱ Herrscher der
— — λαῶν ⎰ Mannen

ποιμὴν λαῶν der Hirt der Mannen
ἀγανός stattlich
ἀγαθός trefflich
ἄλκιμος stark
ἀγακλυτός hoch gepriesen
αἰδοῖος ehrenwerth
ἀμύμων untadelig
ἀντίθεος gottähnlich
ἀρήιος streitbar
ἀρηίφιλος von Ares geliebt
ἶσος Ἄρηι dem Ares gleich
Ἄρεος θεράπων der Diener des A.
ἄτος πολέμοιο unersättlich im Kampfe
ἀγακλής hochberühmt
δαΐφρων erprobt, bewährt, erfahren
δῖος edel
Διὶ φίλος von Zeus geliebt
διογενής von Zeus entsprossen
διοτρεφής von Zeus gehegt

δουρικλειτός ⎱ speerberühmt
δουρικλυτός ⎰

δαίμονι ἶσος einem Dämon gleich
ἐύς (g. ἐῆος) u. ἠύς gut, brav
ἐσθλός wacker, trefflich
θρασύς kühn
θεῖος göttlich
θεοειδής
θεοείκελος
θεοῖς ἐπιείκελος ⎱ gottähnlich
θεοῖς ἐναλίγκιος
ἰσόθεος (nur mit φώς)

ἴφθιμος kräftig, stark
ἱππόδαμος Rosse bändigend
καρτερός u. κρατ. stark
καρτερόθυμος muthig
κυδάλιμος ruhmvoll
κλυτός berühmt
μεγάθυμος hochgesinnt, muthvoll
μεγαλήτωρ hochherzig, muthig
μέγας groß
μήστωρ ἀυτῆς Erreger des Schlacht-
rufes
μ. φόβοιο Erreger der Flucht
ὄβριμος gewaltig
πελώριος riesig
σχέτλιος verwegen, rücksichtslos
ταχύς schnell
τηλεκλειτός weit berühmt
ὑπέρθυμος hochherzig, überaus muthig
φαίδιμος glänzend

Die bedeutendsten Helden der Ilias und Odyssee mit den den Einzelnen ausschließlich oder vorzugsweise beigelegten Epithetis:

I. Die Helden der Ilias.

A. Achäische Helden.

1) Ἀχιλλεύς, Sohn des Peleus und der Thetis, Anführer der Myrmidonen. Er heißt:

Αἰακίδης von s. Großvater

Πηλείδης, Πηληιάδης, Πηλείων nach seinem Vater

ποδάρκης }
ποδώκης } schnellfüßig
πόδας ὠκύς }

ῥηξήνωρ Männerreihen durchbrechend

πτολίπορθος Städtezerstörer

*αἰναρέτης zum Entsetzen (oder zum Unheil) tapfer

θυμολέων löwenmuthig

ἔξοχος ἡρώων hervorragend unter den H.

μάχης ἀκόρητος } unersättlich im
ἄτος πολέμοιο } Kampfe

ὠκύμορος schnell dahinsterbend

ἴσος Ἐνυαλίῳ

Von seiner Erziehung durch Thetis spricht der Dichter Il. 18. 436; von Cheiron Il. 11. 831; von Phoinix Il. 9. 438 ff.; von Patroklos als seinem Jugendgespielen Il. 23. 84 ff.; von dem ihm bestimmten frühen Tode Il. 9. 410 (aber nicht von seiner Unverwundbarkeit); er erw. seine Abholung aus dem Hause des Vaters durch Nestor u. Odysseus Il. 11. 765 ff.; kennt also nicht die Sage von seiner Verkleidung auf Skyros. Seine Erlegung durch Paris und Apoll wird erw. Il. 19. 417; 22. 359; 5. 310; die ihm zu Ehren von Thetis veranstalteten Leichenspiele Od. 24. 36—94; sein Zusammentreffen mit Odysseus im Hades Od. 11. 470 ff.

Sein Sohn Νεοπτόλεμος heißt

φαίδιμος, ἀγαυός, φίλος, θεοειδής
υἱός Ἀχιλλέως.

Er wurde in Skyros erzogen (Il. 19. 326 ff.), nahm Theil an dem Kriege, aus dem er unversehrt in die Heimath zurückkehrte (Od. 11. 506—37; 3. 188), wo er sich mit Hermione, der Tochter des Menelaos, vermählte, (Od. 4. 3 ff.)

2) Ὀδυσσεύς, Sohn des Laertes und der Antikleia, König des Kephallenen-Reiches, Λαερτιάδης

πολύμητις klug, reich an Rath

πολυμήχανος erfindungsreich

ποικιλομήτης verschlagen

πολύτροπος viel gewandt (A.: viel gewandert)

πολύτλας der Vieles erduldet, der Dulder

τλήμων } standhaft
ταλασίφρων }

κερδαλεόφρων listig

πολύφρων verständig

δόλων ἄτος ἠδὲ πόνοιο unerschöpflich in Listen u. Anstrengung

εἰδὼς παντοίους τε δόλους καὶ μήδεα πυκνά.

κρατερόφρων unerschrocken

πτολίπορθος. Städtezerstörer

πολύαινος viel gepriesen

ἐπητής menschenfreundlich } nennt
ἀγχίνοος schnellfassend } ihn
ἐχέφρων verständig } Athene

κεδνὸς ἄναξ ein sorgsamer Herr

ἐπίστροφος ἀνθρώπων umgänglich

δύσμορος
δύστηνος
ἄποτμος } unglücklich
κάμμορος

ὀϊζυρός beklagenswerth

Von seiner Geburt und der Ertheilung des Namens Odysseus spricht der Dichter O. 19. 399; von seinem Besuche bei dem Großvater Autolykos und der Jagd auf dem Parnaß O. 19. 413—66; von seiner Sendung nach Messene und dem Zusammentreffen mit Iphitos O. 21. 13—41; von seiner Reise nach Ephyra und Taphos, um Gift zu holen O. 1. 259ff.; von seiner Sendung nach Troja in Begleitung des Menelaos vor Ausbruch des Krieges Il. 3. 205ff.; von seinem Ringkampf mit Philomeleides, König von Lesbos, auf der Fahrt nach Troja O. 4. 342; von seinem Spähergange nach Ilios O. 4. 242; von seinem Siege über Ajax in dem Streite über Achill's Waffen O. 11. 545; von seiner Theilnahme an der Eroberung Troja's durch das hölzerne Roß O. 11. 523; 8. 492ff. 4. 280ff. 8. 517ff.

3) Ἀγαμέμνων, Sohn des Atreus, König von Mykene

Ἀτρείδης — Ἀτρείων

ἄναξ ἀνδρῶν der Herrscher der Männer (51 mal, 46 mal von Agam.)

εὐρὺ κρείων weit herrschend

κύδιστος ruhmvoll

βασιλεὺς ἀγαθὸς κρατερός τ' αἰχμητής

*βασιλεύτατος Il. 9. 69 der mächtigste König

*μοιρηγενής Glückskind } nennt ihn
*ὀλβιόδαιμων gottgesegnet } Priamos

Seine Ermordung durch Aegisthos wird erzählt O. 11. 405—30; 529—37; 24. 97; Orest's Rache O. 1. 30. 40; 298ff.; 3. 306; 4. 546

S. Sohn Ὀρέστης wird erw. Il. 9. 142; 3. 306. Od. 1. 30. 40. 298; 4. 546

Ἀγαμεμνονίδης — τηλεκλυτός- δῖος

4) Μενέλαος, Sohn des Atreus, König von Lakedämon

Ἀτρείδης — είων

ξανθός
κάρη ξανθός } blond

βοὴν ἀγαθός der Rufer im Streit als οὐ πολύμυθος (wortreich), οὐδ' ἀφαμαρτοεπής (verkehrt redend) bezeichnet ihn der Troer Antenor Il. 3. 214

Seine Irrfahrten und Abenteuer nach Beendigung des Krieges erzählt er selbst dem Telemach Od. 3. u. 4. B. — Verheißung des Elysiums durch Proteus O. 4. 561ff.

Ein Sohn des Menelaos (von einer Sklavin) Nam. Μεγαπένθης (d. i. Schmerzenreich) wird erw. Od. 4. 11; 15. 100

5) Νέστωρ, Sohn des Neleus und der Chloris, König von Pylos

Νηληϊάδης

Γερήνιος aus Gerenia (A.: altersfrisch)

ἱππότα
ἱππηλάτα } der Reisige

γεραιός der greise
γέρων πολεμιστής der greise Streiter
λιγὺς Πυλίων ἀγορητής der hellstimmige Sprecher b. P.
*ἡδυεπής lieblich redend cf. Π. 1. 248. 49 (τοῦ καὶ ἀπὸ γλώσσης μέλιτος γλυκίων ῥέεν αὐδή)
πεπνυμένος verständig
Πυλοιγενής βασιλεύς in Pylos geboren
ἀνὴρ παλαιά τε πολλά τε εἰδώς
πάλαι πολέμων εὖ εἰδώς

6) Αἴας, Sohn des Telamon, Führer der Salaminier

Τελαμώνιος, Τελαμωνιάδης
ἕρκος Ἀχαιῶν der Hort der A.
ἔξοχος Ἀργείων (hervorragend) κεφαλὴν ἠδ' εὐρέας ὤμους
βοὴν ἀγαθός s. ob.
φέρων σάκος ἠΰτε πύργον, θηρὶ ἐοικώς einem reißenden Thiere gleich
βουγάιος (der mit seiner Stärke Prahlende) nennt ihn Hektor

Von dem Streite über Achill's Waffen als Veranlassung zu seinem Tode und seiner Begegnung mit Odysseus im Hades spricht der Dichter O. 11. 545 ff.

7) Αἴας, der Sohn des Oïleus, Führer der Lokrer

Ὀιλιάδης, Ὀιλῆος ταχὺς Αἴας
ὀλίγος μὲν ἔην, λινοθώρηξ (mit linnenem Koller) ἐγχείῃ δ' ἐκέκαστο Πανέλληνας καὶ Ἀχαιούς

Von seinem Schiffbruch und Untergang an den Gyräischen Felsen erzählt Homer O. 4. 499 ff.

Beide Ajax heißen:
κορυστά gewappnet
θοῦριν ἐπιειμένοι ἀλκήν angethan mit ungestümer Kraft
πολέμου ...

8) Τεῦκρος, Bruder des Telamonier Aias

Τελαμώνιος
ἄριστος Ἀχαιῶν τοξοσύνῃ
τόξων εὖ εἰδώς

9) Διομήδης, Sohn des Aetolers Tydeus, König von Argos

μενεπτόλεμος ausharrend im Streite
ἄγριος αἰχμητής der wilde Speerschwinger
βοὴν ἀγαθός — ἱππόδαμος- ταλασίφρων s. ob.

10) Ἰδομενεύς, Sohn des Deukalion, Enkel des Minos, König von Kreta

Δευκαλίδης
*μεσαιπόλιος halb ergraut
Κρητῶν βουληφόρος Rathpfleger der Kreter
ἀγαπήνωρ mannhaft
φλογί }
συὶ } εἴκελος ἀλκήν
ἀστεροπῇ ἐναλίγκιος

11) Φιλοκτήτης, Sohn des Poias, aus Meliböa in Thessalien, Anführer von 7 thess. Schiffen, während des Kampfes vor Troja krank in Lemnos

Ποιάντιος ἀγλαὸς υἱός, τόξων εὖ εἰδώς

12) Πάτροκλος, Sohn des Menoitios, der edle θεράπων Achill's

ἱππεύς }
ἱπποκέλευθος } der Wagenstreiter, Reisige
(ἕταρος) ἐνηής sanft, mild
δειλός }
δυσάμμορος } unglücklich

13) Φοῖνιξ, Sohn des Amyntor, der Erzieher des Achill

γέρων ἱππηλάτα

14) Ἀντίλοχος, der Sohn des Nestor

Νεστορίδης
πεπνυμένος verständig
θοὸς πολεμιστής der rüstige Streiter
μενεχάρμης im Kampfe ausharrend
πέρι μὲν θείειν ταχὺς ἠδὲ μαχητής

15) Θρασυμήδης, sein Bruder, Anführer der Lagerwachen

μενεπτόλεμος s. ob.

16) Μενεσθεύς, der Sohn des Peteos, Anführer der Athener

πλήξιππος die Rosse peitschend

17) Πρωτεσίλαος, S. des Iphiklos, thessalischer Heerführer, der bei der Landung vor Troja fiel *Il.* 2. 695 ff.

18) Νιρεύς, Beherrscher der Insel Syme, der schönste Achäer nach Achill (*Il.* 2. 671 ff.)

19) Αὐτομέδων, der Wagenlenker des Achill

20) Εὐρυμέδων, der des Agamemnon

21) Σθένελος, der des Diomedes, Sohn des Kapaneus, einer der Epigonen

22) Μαχάων   } Söhne des Königs Asklepios, die beid. Aerzte im Achäerheere
23) Ποδαλείριος }

Ἀσκληπιοῦ δύο παῖδε, ἰητῆρ᾽ ἀγαθώ

24) Κάλχας, der Sohn des Thestor

μάντις ἀμύμων
οἰωνοπόλων ὄχ᾽ ἄριστος

25) Ταλθύβιος } die Herolde des
26) Εὐρυβάτης } Agamemnon

Ταλθ. heißt θεῖος κῆρυξ, θεῷ ἐναλίγκιος αὐδήν

27) Ὀδίος, Herold des Ajas

28) Θοώτης, Herold des Menestheus

29) Εὐρυβάτης, Herold des Odysseus vor Troja

γυρὸς ἐν ὤμοισι rundschulterig
*μελανόχροος brünett
*οὐλοκάρηνος dichtbehaart

Andere erwähnenswerthe Persönlichkeiten sind:

Στέντωρ mit eherner Stimme (χαλκεόφωνος), ὅς τόσον αὐδήσασχ᾽ ὅσον ἄλλοι πεντήκοντα (*Il.* V. 785)

Θερσίτης

ἀκριτόμυθος   }
*ἀμετροεπής   } frech schwatzend
*ἐπεσβόλος   }

cf. die Beschreibung seines Aeußeren *Il.* 2. 211 ff.

B. Troische Helden.

1) Πρίαμος, Sohn des Laomedon, König von Troja

Λαομεδοντιάδης

εὐμμελίης der speerkundige
θεόφιν μήστωρ ἀτάλαντος den Göttern vergleichbar an Weisheit
δῖος γεραιός der edle Greis

2) Ἕκτωρ, Sohn des Priamos und der Hekabe

Πριαμίδης·
κορυθαίολος helmschüttelnd
ἀνδροφόνος männermordend
φαίδιμος strahlend
χαλκοκορυστής erzgewappnet
ἱππόδαμος· βοὴν ἀγαθός·
ὑπεραεῖ ἴσος ἀέλλῃ
ὄρεϊ νιφόεντι ἐοικώς
φλογὶ εἴκελος
Γοργοῦς ὄμματ' ἔχων ἠδὲ βροτο-
λοιγοῦ Ἄρηος· ὃς θεὸς ἔσκε μετ'
ἀνδράσιν

Sein Sohn Ἀστυάναξ oder Σκα-
μάνδριος heißt:
ἀλίγκιος ἀστέρι καλῷ
παῖς ἀταλάφρων kindlich heiteren
Sinnes
— νήπιος } unmündig
— νηπίαχος }

3) Ἀλέξανδρος od. Πάρις, Sohn des Priamos

Ἑλένης πόσις ἠϋκόμοιο, τοῦ εἵνεκα
νεῖκος ὄρωρεν·
Δύσπαρι, εἶδος ἄριστε, γυναιμανές,
ἠπεροπευτά Il. 3. 39
Τοξότα, λωβητήρ, κέρᾳ ἀγλαέ, παρ-
θενοπῖπα Il. 11. 385

4) Ἕλενος, Br. des Vor.

οἰωνοπόλων ὄχ' ἄριστος

5) Δηίφοβος desgl.

λεύκασπις mit weißem Schilde
ὑπερηνορέων überaus tapfer

6) Τρωίλος desgl.

ἱππιοχάρμης der Wagenstreiter

7) Πολύδωρος, Sohn des Priamos und der Laothea, der jüngste
der 50 Söhne

8) Ἀγχίσης, Sohn des Kapys,
Vater des Aeneas

9) Αἰνείας, Sohn des Anchises und der Aphrodite

Ἀγχισιάδης
θοὸς πολεμιστής· Τρώων βουληφό-
ρος· ἀτάλαντος Ἄρηϊ· ἀρήϊος ἔξοχον ἄλλων

10) Σαρπηδών, Sohn des Zeus und der Laodameia, Führer der Lykier

βουληφόρος ἄναξ χαλκοκορυστής

11) Γλαῦκος, Sohn des Hippo-
lochos, Enkel des Bellerophon, Anführer der Lykier

12) Ῥῆσος, König der Thraker,
von Diomedes und Odysseus getödtet Il. 10. 435ff.

13) Ἀντήνωρ, einer der δημογέροντες, Gemahl der Priesterin
Theano

πεπνυμένος (ἀγανός· ἱππόδαμος)

14) Ἀγήνωρ, Sohn des Vorigen,
einer der tapfersten Troer

ἀμύμων τε κρατερός τε

15) Πάνδαρος, S. des Lykaon

τόξων εὖ εἰδώς

16) Πάνθοος, einer der Geronten, Apollopriester und Vertrauter
des Priamos

ἀμώμητος untadelig
ἐγχέσπαλος lanzenschwingend
πεπνυμένος.

17) Πολυδάμας, fein S., Freund
des Hektor

18) Εὔφορβος, f. Bruder, ὃς
ἡλικίην ἐκέκαστο ἔγχεϊ θ' ἱππο-
σύνῃ πόδεσσί τε καρπαλί-
μοισι

εὐμμελίης

(Pythagoras behauptete, er sei einst dieser Euphorbos gewesen)

19) *Ἰδαῖος*, der Herold des Priamos

δαΐφρων‑ ἠπύτα‑ ἀστυβοώτης

20) *Περίφας*, Herold des Anchises

21) *Εὐμήδης*, Herold, Vater des Spion *Δόλων*. — (Merkwürdig ist noch *Πυλαιμένης*, der *Il.* 5. 576 von Menelaos getödtet, 13. 658 wieder als lebend erscheint)

II. Die Hauptpersonen der Odyssee.

1) *Ὀδυσσεύς* s. oben

2) *Τηλέμαχος*, Sohn des Od. und der Penelopeia

Ὀδυσσῆος φίλος υἱός
ἱερὴ ἲς Τηλεμάχοιο die heilige (A.: rüstige) Kraft d. T.
πεπνυμένος verständig
δέμας ἀθανάτοισιν ὁμοῖος

3) *Λαέρτης*, S. des Arkeisios
γέρων κεκακωμένος vom Unglück gebeugt
δύσμορος

4) *Ἀντίνοος*, Sohn des Eupeithes, aus Ithaka, das Haupt der Freier
ἀρχὸς μνηστήρων
ἀρετῇ ἔξοχ᾽ ἄριστος
πεπνυμένος

5) *Εὐρύμαχος*, S. des Polybos, nach ihm der angesehenste und frechste der Freier
(ἀρχὸς μνηστήρων)
πεπνυμένω ἄμφω(!)

6) *Φήμιος*, der Sänger auf Ithaka
ἔριηρος ἀοιδός, ὅς ῥ᾽ ἤειδε μετὰ μνηστήρσιν ἀνάγκη

θεῖος
περικλυτός } *ἀοιδός*
πολύφημος
θεοῖς ἐναλίγκιος αὐδήν

7) *Μέδων* aus Ithaka, Herold der Freier

8) *Πεισήνωρ*, Herold auf Ithaka O. 2. 38

9) *Μούλιος*, Herold des Freiers Amphinomos

10) *Μέντης*, Fürst der Taphier, Gastfreund des Odysseus

11) *Μέντωρ*, aus Ithaka, Freund des Odysseus
Ὀδυσσῆος ἀμύμονος ἑταῖρος‑ δῖος‑ ποιμὴν λαῶν

12) *Ἁλιθέρσης*, ein Seher und alter Freund des Odysseus auf Ithaka

13) *Εὐρύλοχος*, Verwandter u. Gefährte des Odysseus auf seinen Irrfahrten

14) *Ἐλπήνωρ* (Hoffmann), Gefährte des Odysseus, der bei Kirke das Genick brach

νεώτατος οὐδέ τι λίην ἄλκιμος ἐν
πολέμῳ οὔτε φρεσὶν ᾗσιν ἀρηρώς

15) *Εὔμαιος*, Sohn des Ktesios,
Königs von Syria

συβώτης ἐσθλὸς ἐών, ἀνάκτεσιν ἤπια
εἰδώς
δῖος ὑφορβός der edle Schweinhirt
ὄρχαμος ἀνδρῶν

16) *Φιλοίτιος*, der treue Rinderhirt

δῖος· ὄρχαμος ἀνδρῶν

17) *Δόλιος*, ein alter Sklave der
Penelope, Vater des

18) *Μελανθεύς* ob. } des treu-
Μελάνθιος } losen Zie-
} genhirten

19) *Ἶρος*, ein Landstreicher

ἀλήτης.
βουγάϊος Großprahler
δαιμόνιος unselig
ἄϊρος Od. 18. 73

20) *Νέστωρ*, König von Phlos,
s. oben

21) *Θρασυμήδης*, s. Sohn, s. ob.
(ὑπέρθυμος)

22) *Πεισίστρατος*, Bruder b. Vor.

ἐυμμελίης lanzenkundig
πεπνυμένος ἀνήρ, δίκαιος

23) *Μενέλαος* s. ob.

24) *Ἐτεωνεύς*

κρείων, ὀτρηρὸς θεράπων Μενελάου

25) *Θεοκλύμενος*, ein Seher
aus dem Geschlechte des Melampus ●

26) *Ἀλκίνοος*, der König der Phäaken (S. Vater Nausithoos heißt
Sohn des Poseidon u. der Peri-
böa Od. 7. 56 ff.)

θεῶν ἄπο μήδεα εἰδώς durch die
Huld der Götter mit Weisheit be-
gabt

(ἀμύμων· δαΐφρων· θεοειδής)

27) *Δημόδοκος*, der Sänger der
Phäaken

λαοῖσι τετιμένος (die übr. Epith. wie
bei Phemios)

28) *Ποντόνοος*, Herold bei den
Phäaken

III. Die Frauen der Ilias und Odyssee.

1. Die Frauen der Ilias.

1) *Ἑλένη*, Tochter des Zeus
und der Leda, Gemahlin des Menelaos

εὐπατέρεια Tochter eines edlen Vaters
καλλιπάρῃος schönwangig

καλλιπλόκαμος mit schön geflochtenem
Haar
ἠύκομος mit schönem Haupthaar
λευκώλενος weißarmig
ἐυειδής schöngestaltet
τανύπεπλος im Schleppgewande
δῖα γυναικῶν die edle Frau

Ἀρτέμιδι χρυσηλακάτῳ εἰκυῖα.

———

κύων κακομήχανος, ὀκρυόεσσα, στυγερή, κυνῶπις unheilstiftende, entsetzliche Hündin, abscheulich und hundsäugig (d. i. frech), nennt sie sich selbst;

ῥιγεδανή verabscheuenswerth, schilt sie Achill

2) Χρυσηΐς, Tochter des Priesters Chryses, Geliebte des Agamemnon; nach. b. Schol. hieß sie Astynome

καλλιπάρῃος f. ob.

ἑλικῶπις κούρη heiter blickend

3) Βρισηΐς, Tochter des Briseus, aus Pedasos oder Lyrnessos, nach b. Schol. Hippodameia, Geliebte des Achill

εὔζωνος schön gegürtet

περικαλλής wunderschön

ἠΰκομος· καλλιπάρῃος·

ἰκέλη χρυσέη Ἀφροδίτῃ

γυνὴ εἰκυῖα θεῆσιν

4) Κλυταιμνήστρη, Tochter des Tyndareos, Gemahlin des Agamemnon

δολόμητις ränkesinnend

οὐλομένη unheilvoll, unselig

στυγερή· κυνῶπις

Χρυσόθεμις
Λαοδίκη   } die Töchter Agamemnons
Ἰφιάνασσα

5) Ἑκάβη, Tochter des phrygischen Königs Dymas, Gemahlin des Priamos

ἠπιόδωρος gütig

αἰδοίη ehrbar

πότνια würdig

μήτηρ δυσάμμορος Ἕκτορος

6) Κασσάνδρη, Πριάμοιο θυγατρῶν εἶδος ἀρίστη, ἰκέλη χρυσέη Ἀφροδίτῃ (von ihrer Sehergabe spricht Homer nicht)

7) Λαοδίκη, Πριάμοιο θυγατρῶν εἶδος ἀρίστη (1 cf. supra)

8) Λαοθόη, Nebenfrau des Priamos, Mutter des Lykaon und Polyboros

9) Ἀνδρομάχη, die Tochter des Eetion, Königs in der kilikischen Thebe

ἄλοχος πολύδωρος (reichbegabte) Ἕκτορος

ἄμμορος unglücklich

ἀμύμων· λευκώλενος

10) Θεανώ, Priesterin der Athene, Gemahlin des Antenor

καλλιπάρῃος

2. Die Frauen der Odyssee.

1) Πηνελόπεια, Tochter des Ikarios, Gem. des Odysseus

περίφρων sinnig

ἐχέφρων verständig

αἰδοίη βασίλεια züchtig

πολυμνήστη viel umfreit

ἀγακλειτή βασίλεια hoch gepriesen

κεδνή ἄλοχος sorgsam

μνηστή ἄλοχος die eheliche Gattin

πολύδωρος äl. reich ausgestattet

θυμαρής herzlieb, theuer

ἰφθίμη stark

ἀμύμων· untabelig
διὰ γυναικῶν die edle Frau
δέσποινα die Herrin
Ἀρτέμιδι ἰκέλη ἠδὲ χρυσέῃ Ἀφροδίτῃ

2) Ἀντίκλεια, Tochter des Autolykos, die Mutter des Odysseus

δαΐφρων· πότνια μήτηρ Ὀδ.
κουριδίη ⎫
κεδνή ⎭ ἄλοχος Λαερτ.

3) Κτιμένη, Schwester des
Odysseus

τανύπεπλος· ἰφθίμη

4) Ἰφθίμη, Schwester der Penelope, Tochter des Ikarios

5) Εὐρύκλεια, Tochter des Ὠψ
φίλη τροφός die liebe Wärterin
γραῖα ναιμηδής die verständige Alte
γρηῢς παλαιγενής die hochbejahrte
    Greisin
περίφρων achtsam
κέδν᾽ εἰδυῖα sorgsam
δῖα γυναικῶν die treffliche Frau

6) Εὐρυνόμη, die zweite Schaffnerin im Hause des Odysseus

θαλαμηπόλος

7) Μελανθώ, eine der unge-
treuen Mägde, die es mit den
Freiern hielten

8) Ἀρήτη, Schwester und Gemahlin des Phäakenkönigs Alkinoos

λευκώλενος· ἰφθίμη· αἰδοίη· βασί-
    λεια περίφρων· δέσποινα

9) Ναυσικάα, ihre Tochter
εὐῶπις κούρη holdblickend
εὔπεπλος in schönem Gewande
παρθένος ἀδμής die unvermählte
    Jungfrau
ἀθανάτῃσι φυὴν καὶ εἶδος ὁμοίη
θεῶν ἄπο κάλλος ἔχουσα
λευκώλενος· ἀμύμων· βασίλεια

10) Εὐρυδίκη, Gemahlin des
Nestor

δέσποινα·

11) Ἑλένη, s. ob.

12) Ἑρμιόνη, Tochter des Menelaos

παῖς ἐρατεινή liebreizend
— τηλυγέτη spätgeboren
ἀμύμων

IV. Die vortroischen Heroen und Heroinen.

1. Aus der Sage von Argos.

1) Δανάη, Tochter des Akrisios, Königs von Argos, Mutter
des Perseus von Zeus, Il. 14.
319

Ἀκρισιώνη
καλλίσφυρος mit zierlichem Knöchel
(Voß: leicht hinwandelnd)

Περσεύς, Sohn des Zeus u. der
Danae Il. 14. 319

πάντων ἀριδείκετος (hochberühmt,
    ausgezeichnet) ἀνδρῶν
(Von seiner Aufnahme auf Seriphos
bei Diktys u. Polydektes, von seinem Zuge gegen die Gorgone Me-

, dusa, von der Befreiung Andromeda's, der Tochter des Kepheus
und der Kassiopeia, von der Verwandlung des Phineus in Stein
und der unabsichtlichen Tödtung
des Akrisios berichtet Homer nichts)

Σθένελος, Sohn des Perseus (u.
der Andromeda nach der späteren
Sage*), König in Argos u. Mykene *Il.* 19. 116

Περσηιάδης

Εὐρυσθεύς, s. Sohn u. Nachfolger *Il.* 19. 103; 15. 639; 8. 363.
Od. 11. 620

ἀνὴρ ἐσθλός· ἄναξ

Προῖτος (nach d. sp. S. Brüder

des Akrisios), König zu Tiryuth
Il. 6. 157

Ἄντεια, Gem. desselben (b. d. Tra-
gikern Stheneböa (*Il.* 6. 160), die
Patiphar der Ilias (Preller)

Μαῖρα (nch d. sp. S. Tochter des
Proitos und der Anteia, Mutter des Lokros von Zeus) O. 11.
326

(Nicht erwähnt werden in Hom.
Aegyptos, Danaos und die Danaï-
den (Lynkeus und Hypermnestra,
Amymone, Nauplios u. Palamedes),
ebenso wenig Inachos, Io, Argos
(Ἀργειφόντης?), Epaphos)

2. Aus der korinthischen Sage.

Σίσυφος, S. des Aeolos (Gem.
der Merope, Erbauer von
Ephyra oder Korinth), *Il.* 6.
153. O. 11. 593

κέρδιστος ἀνδρῶν

Γλαῦκος, sein Sohn *Il.* 6. 154,
Vater des

Βελλεροφόντης

θεοῦ γόνος ἠύς.

Homer erzählt *Il.* 6. 155—205
von seiner Sendung nach Lykien
(zu Jobates) auf Veranstalten der
Antea, von der Erlegung der Chi-
mära, von seinem Kampfe mit den
Solymern und Amazonen, so wie

mit dem ihm gelegten Hinterhalte
und von seiner Melancholie. —
(Den Pegasos nennt er nicht). —
Seine Enkel sind Sarpedon u.
Glaukos (s. die troischen Heroen)

Σαλμωνεύς, (Bruder des Sisyphos,
König in Elis, Vater der

Τυρώ, der Mutter des Pelias
und Neleus von Poseidon Od.
11. 235. Od. 2. 120

εὐπατέρεια· βασίλεια γυναικῶν

Die Sage von des Salmoneus
Uebermuth und seiner Bestrafung
berührt Homer nicht.

3. Aus der älteren böotischen Sage.

1) Κάδμος wird O. 5. 333 erw.
als Vater der

Ἰνώ, (Gem. des Athamas), die als
Meergöttin Leukothea heißt

---

*) Die in Klammern beigefügten Bemerkungen enthalten Angaben der nach-
homerischen Sage.

καλλίσφυρος.

Homer nennt:

Σεμέλη als Mutter des Dionysos von Zeus *Il.* 14. 323, ohne ihrer Abstammung zu erwähnen

(Die übr. Töchter des Kadmos: Autonoë, die Mutter des Aktäon, u. Agaue, die M. des Pentheus, sein Sohn Polydoros, der Vater des Labdakos, seine Gattin Harmonia, T. des Ares u. der Aphrodite, s. phönizische Abstammung von Agenor, dem Vater der Europa, gehören der späteren Sage an)

2) Ἀμφίων u. Ζῆθος } werden O. 11. 262 als Söhne des Zeus u. der

Ἀντιόπη, T. des Asopos, und als Gründer u. Befestiger von Theben erwähnt. Von

Niόβη (nach der späteren Sage Tochter des Tantalos und Gemahlin des Amphion) von der Erlegung ihrer 6 Söhne und 6 Töchter durch Apollon und Artemis und ihrer Verwandlung in Stein spricht der Dichter *Il.* 24. 602—617. S. heißt ἠύκομος.

Homer kennt die Sage von Ἀηδών, Tochter des Pandareos (Gemahlin des Zethos), Mutter des Ἴτυλος, den sie aus Irrthum statt des Sohnes der Niobe tödtete, und die von Zeus in eine Nachtigall verwandelt wurde Od. 19. 518 ff.

(Von der Ummauerung Thebens mit Hülfe von Amphions Saitenspiel weiß H. nichts)

3) Κρείων (ὑπέρθυμος) wird als Vater der

Μεγάρη, der Gattin des Herakles, erwähnt O. 11. 269

4. Aus den Heraklessagen.

1) Ἀλκμήνη (nach der späteren Sage Tochter des Persiden Elektryon) Mutter des Herakles von Zeus *Il.*19.99; 14. 323. Od. 11. 266

2) Ἀμφιτρύων (S. des Persiden Alkäos), ihr Gemahl Od. 11. 266. *Il.* 5. 392

Nicht erw. werden: sein Sohn Iphikles, der Halbbruder des Herakles u. dessen S. Jolaos, der treue Waffengefährte des Herakles;

ebenso wenig der Krieg des Amphitryon gegen die Teleboer; die Sage von dem teumessischen Fuchs und dem Wunderhunde Lailaps

3) Ἡρακλέης, υἱὸς Διὸς αἰγιόχοιο, κρατερὸς παῖς Ἀμφιτρύωνος

θρασυμέμνων kühn ausdauernd

θυμολέων löwenmuthig

ὀβριμοεργός gewaltige Thaten verübend

μένος αἰὲν ἀτειρής unermüdlich

σχέτλιος verwegen

καρτερόθυμος· καρτερόφρων

Homer spricht von der Verzögerung seiner Geburt *Il.* 19. 99 ff.; von seiner Dienstbarkeit unter Eurystheus (s. oben) *Od.* 11. 620; *Il.* 15. 638; nicht aber von der Veranlassung zu derselben, dem Morde seiner Kinder von der Megara, die als seine Gattin erw. wird *O.* 11. 269; von den 12 ἄθλοι erwähnt Homer nur die Heraufholung des Höllenhundes *Il.* 8. 367, und daß Athene ihm bei allen Beistand geleistet habe ib. 362; Er nennt ihn und Eurytos *O.* 8. 224 als die besten Bogenschützen und erwähnt die Verwundung der Here und des Hades durch ihn *Il.* 5. 392 ff.

Von seinen **Feldzügen** kennt er:

1) Den Krieg mit Laomedon, König von Ilios *Il.* 5. 642, in welchem er mit sechs Schiffen gegen Troja zog und es eroberte; die Veranlassung zu demselben deutet er *Il.* 20. 145 an, ohne Hesione's zu erwähnen.

2) Den Zug gegen Neleus, König von Pylos *Il.* 11. 689 ff.

Er kennt die Aktiorionen oder Molionen Εὔρυτος u. Κτέατος, die Zwillingssöhne des Ἄκτωρ, eines Bruders des Αὐγείας, K. in Elis (*Il.* 11. 709) und der Molione;

von ihrem Kampfe mit Herakles, in welchem der letztere anfangs unterlag, berichtet erst Pindar.

Homer erwähnt den Εὔρυτος (nch d. sp. S. König v. Oichalia in Thessalien u. Vater der Jole) als trefflichen Bogenschützen *O.* 8. 224; nicht aber den von Herakles gegen ihn geführten Krieg. Sein Sohn Ἴφιτος und die hinterlistige Ermordung desselben durch Herakles werden *O.* 21. 14 ff. erwähnt; nicht dagegen die Abbüßung derselben durch den Dienst bei der Lyderin Omphale.

Unerwähnt bleibt auch der Kampf des Herakles mit Kyknos, dem Sohne des Ares; so wie der mit Acheloos und dem Kentauren Nessos um Deïanira.

Il. 18. 117 sagt Achill, daß selbst des Herakles Kraft dem Tode erlegen sei; nach *Od.* 11. 601 ff. weilt nur sein Schatten in der Unterwelt, während er selbst, als Gemahl der Hebe, im Olymp weiter lebt.

Von seiner Verbrennung auf dem Oeta und der Ueberlieferung seines Bogens an Poias, den Vater des Philoktetes, weiß Hom. nichts; auch erwähnt er den Sohn des Herakles, Hyllos, und dessen Kampf mit Atreus nicht.

Dagegen werden in der Ilias zwei andere Söhne desselben erwähnt:

Τληπόλεμος, S. des Herakles u. der Astyocheia, Führer der Rhodier, der von Sarpedon getödtet wird Il. 2. 653; 5.

659 und Θεσσαλός, Ἡρακλείδης ἄναξ, nch d. sp. S. Sohn des Herakles und der Chalkiope Il. 2. 679

5. Aus der attischen Sage.

Ἐρεχθεύς heißt Il. 2. 548 ein S. der Erde (τέκε δὲ ζείδωρος ἄρουρα), aufgezogen v. Athene. — Sein πυκινὸς δόμος in Athen wird erw. Od. 7. 81. — vgl. Il. 2. 546—51

Θησεύς heißt Il. 1. 265 (v. spur.) Αἰγείδης, ἐπιείκελος ἀθανάτοισιν

Ἀριάδνη, die Tochter des Minos, erw. der Dichter O. 11. 322 als von Theseus aus Kreta nach Athen geführt, unterwegs auf Dia durch Artemis getödtet

Αἴθρη, die T. des Pittheus (nach der sp. S. Mutter des Theseus), wird Il. 3. 144 als Dienerin Helena's in Troja erwähnt

Φαίδρη, T. des Minos (nch der sp. S. Gemahlin des Theseus), O. 11. 321

Endlich erscheint Theseus selbst noch O. 11. 631 (v. sp.) mit Peirithoos als Bewohner der Unterwelt.

Von s. Erziehung durch Aethra, seinen Abenteuern auf der Wanderung nach Athen mit Sinis πιτυοκάμπτης, Periphetes κορυ-

νήτης, Damastes προκρούστης u. Kerkyon, von der Erlegung der kromyonischen Sau, von dem Kampfe mit den Pallantiden, der Bezwingung des marathonischen Stiers u. des Minotauros, von der Amazonenschlacht (Antiope), von dem Zuge mit Peirithoos nach Sparta, um Helena zu rauben, von seiner Theilnahme an der Lapithenschlacht, von seinem Kampfe mit Eurystheus zum Schutze der Herakliden, von dem Gange nach der Unterwelt mit Peirithoos, um für diesen Persephone zu entführen, so wie von seinem Tode durch Lykomedes, König von Skyros, findet sich bei Homer außer den Andeutungen an den Zug nach Kreta, nach Sparta u. in den Hades (an den oben angef. unächten St.) nichts.

Πρόκρις (nch d. sp. S. T. des Erechtheus u. Gemahlin des Kephalos) wird erw. O. 11. 321

Unhomerisch sind die übrigen Personen d. attischen Sage: Kekrops, Erichthonios, Pandion, Butes; die Töchter des Kekrops: Pandrosos, Herse u. Aglauros u. deren Kinder Keryx, Kephalos und Alkippe;

die Töchter des Pandion: Philomele u. Profne u. ihr Gatte Tereus; die Töchter des Erechtheus: Oreithyia, M. des Zetes u. Kalais (v. Boreas), der Kleopatra u. Chione (M. des Eumolpus), u. Kreusa, Gemahlin des Xuthos u. Mutter des Jon.

6. Aus der Sage von Kreta.

1) Die Mutter des Minos nennt Homer *Il.* 14. 321 κούρη Φοίνικος τηλεκλειτοῖο; in b. fp. S. heißt fie Εὐρώπη, T. des phönizischen Königs Agenor, Schwester des Kadmos, Phönix, Kilix, Thasos, und wird von Zeus in der Gestalt eines Stiers aus Sidon nach Gortyn in Kreta entführt

2) Μίνως, S. des Zeus u. der Europa, König von Kreta *Il.* 13. 450; 14. 322. *Od.* 11. 321. 568; 19. 178

Διὸς μεγάλου ὀαριστής Gesellschafter, Vertrauter

Κρήτῃ ἐπίουρος Hüter über Kreta

ὀλοόφρων Unheil erfinnend

ἐννέωρος ausgezeichnet (?)

Als Gesetzgeber, der feine irdifche Thätigkeit auch im Hades noch fortsetzt, erscheint er *O.* 11. 568. — Seine T. Ariadne erw. Homer (f. ob.), ferner einen Sohn, Δευ κα λί ω ν (ἀμύμων) *Il.* 13. 451 als Vater des Jdomeneus; nicht dagegen feine Söhne Glaukos, Androgeos u. Katreus, ebenfo wenig feine Gemahlin Pafiphaë, den Minotauros und das Labyrinth; auch von feiner Seeherrfchaft und den Seezügen gegen Nifos von Megara und Aegeus von Athen gefchieht keine Erwähnung.

3) Ῥαδάμανθυς, Bruder des Minos, *Il.* 14. 321. 322; *O.* 7. 323 wird von einer Seereife gefprochen, die er auf einem Phäakenfchiffe gemacht ἐποψόμενος Τιτυὸν, Γαιήιον υἱόν; nach *O.* 4. 564 lebt er, dem Tode entrückt, in dem elyfifchen Gefilde. Er heißt ἀντίθεος und ξανθός

Als Todtenrichter im fpäteren Sinne erfcheint er bei Hom. ebenfo wenig wie Minos u. Aeakos. — Talos, der eherne Wächter des Minos, gehört der fpäteren Sage an (cf. Apollon. Rhod. 4. 1638)

7. Aus der theffalifchen Sage.

Unbekannt ist Homer die Sage von Deukalion (dem Sohne des Prometheus) u. Pyrrha und der nach D. genannten Fluth. Der Name des Ἰξίων kommt nur in dem adj. Ἰξιόνιος vor *Il.* 14. 317; von feinem Frevel u. feiner Strafe i. d. Unterwelt weiß H. nichts.

Seine Gemahlin Ἰξιονίη ἄλοχος wird *Il.* 14. 317 unter den Geliebten des Zeus aufgeführt; in d. fp. Sage heißt fie *Δῖα*; ihr und des Zeus Sohn Πειρίθοος wird erw. *Il. I.* 263; 14. 318; *O.* 21. 296. — Er heißt μεγάθυμος- θεόφιν μήστωρ ἀτάλαντος- Er und Thefeus: θεῶν ἐρικυδέα τέκνα.

Andere Lapithen werden *Il.* 1. 263 u. 64 erw.: *Δρύας, Καινεύς, Ἐξάδιος, Πολύφημος* und *Il.* 2. 746. *Κόρωνος*, der Sohn des Käneus; die Lapithenschlacht gegen die Kentauren *Il.* 1. 267 ff. 2. 742 und *O.* 21. 295, wo der Kentaur *Εὐρυτίων* als Urheber des Kampfes bezeichnet wird.

Ἱπποδάμεια, die berühmte (κλυτός) Gemahlin des Peirithoos, erw. Hom. *Il.* 2. 742; ihren und des

Peirithoos S. Πολυποίτης (μενεπτόλεμος) *Il.* 2. 740; 12. 129 (κρατερός) als einen der beiden Hüter am Thore des griechischen Lagers; der andere Wächter ist Λεοντεύς, der Sohn des Lapithenkönigs Koronos, Enkel des Käneus (ὄζος Ἄρηος).

Von den Kentauren nennt der Dichter außer dem oben erw. Eurytion nur noch:

Χείρων (δικαιότατος Κενταύρων) *Il.* 4. 219; 11. 831, 16. 143, 19. 390 als Lehrer des Asklepios und Achill in der Heilkunde und Freund des Peleus, dem er die Pelias schenkte. (In d. sp. S. ist er S. des Kronos u. der Philyra und Erzieher noch anderer Königsöhne, wie des Jason, Amphiaraos, der Dioskuren u. A.)

Aus der Argonautenfage.

Homer erw. Thyro, Tochter des Salmoneus (f. ob.), als Geliebte des Poseidon und Mutter des:

Πελίης, Königs v. Jolkos *O.* 11. 254. *Il.* 2. 715 (πολύρρηνος reich an Schafheerden) u. des Νηλεύς, des Gründers von Phlos *Il.* 7. 133; 11. 691. *O.* 3. 4. 409. ἀμύμων- ἀντίθεος- μεγάθυμος- ἀγανότατος ζωόντων- θεόφιν μήστωρ ἀτάλαντος. Beide heißen κρατερὼ θεράποντε Διὸς μεγάλοιο.

Die Gemahlin des Neleus: Χλῶρις wird *O.* 11. 281; ihre T. Πηρώ *O.* 11. 287 u. ihre Söhne Νέστωρ, Χρόμιος u. Περικλύμενος ib. 286 erw. (Sage von Melampus u. Bias *O.* 15. 225 ff. *Il.* 2. 705; 23. 636; 11. 289)

Αἴσων ⎫ als Söhne der Thyro
Φέρης u. ⎬ und des Krethens
Ἀμυθάων ⎭ *O.* 11. 259

Ἰήσων (in der sp. S. Sohn des Aeson), Anführer der Argonauten *Il.* 7. 469 als Vater

7*

des *Εὔνηος*, K. in Lemnos,
und.dessen Mutter *Ὑψιπύλη*,
Tochter des Königs Thoas,
der *Il.* 14. 230. 23. 745 erw.
wird; endlich die

Ἀργὼ πᾶσι μέλουσα, die allbe-
kannte (eig. Alle interessirende)
παρ' Αἰήταο πλέουσα, .O.
12. 70, als das einzige Schiff,
welches zwischen den Irrfelsen
hindurch gefahren sei, mit Hülfe
der Here, „*ἐπεὶ φίλος ἦεν
Ἰήσων.*"

Alle übrigen Einzelnheiten der
Sage: Athamas u. Nephele, ihre
Kinder Phrixos u. Helle, Ino als
Stiefmutter derselben, die Abenteuer
der Hin- und Rückfahrt, wie die
Sage von Kyzikos, von dem Raube
des Hylas, von dem Faustkampfe
des Pollux mit Amykos, von der
Befreiung des Phineus von den
Harpyien durch die Boreassöhne,
von der Entwendung des Bließes
und dem Kampfe mit der Drachen-
saat mit Hülfe Medea's, von der
Schlachtung des Absyrtos, von dem
Tode des Pelias, u. Medea's Kinder-
mord bleiben unerwähnt.

Von den von Apollonius Rho-
dius I. 23—227 aufgezählten Argonauten werden in Homer folgende erwähnt, ohne daß ihrer Theilnahme an dem Zuge gedacht wird:

1) *Πολύφημος*, ein Lapith (s. o.)
2) *Ἴφικλος* in Phylake, Vater
   des Protesilaos, Besitzer trefflicher Rinderheerden (Sage v.

Melampus u. Bias s. oben)
S. Mutter *Κλυμένη* O. 11.
326
3) *Ἄδμητος* (S. des Pheres),
   K. von Pherä in Thessalien
   Il. 2. 713. 714; Gemahl der
   *Ἄλκηστις, Πελίαο θυγατρῶν ἀ-
   ρίστη Il.* 2. 715
   (Die Sage von ihrer Aufopferung
   für ihren Gatten erwähnt H. nicht)
   Ihr Sohn *Εὔμηλος*, Führer der
   Pheräer *Il.* 2. 714. 23. 288 ff.
4) *Κόρωνος*, Sohn des Käneus,
   Lapithenkönig in Gortyn in
   Thessalien *Il.* 2. 746
5) *Μενοίτιος*, S. des Aktor,
   Vater des Patroklos *Il.* 11.
   765 ff. 16, 14; 23, 85
6) *Ὀιλεύς*, König in Lokris,
   Vater des lokrischen Aias u. des
   Medon *Il.* 2. 527. 727; 13.
   694
   πτολίπορθος·
7) *Ἴφιτος*, der Sohn des Eurytos (s. ob. b. Herakles)
8) *Τελαμών*, S. des Aeakos,
   König in Aegina, Vater des
   Telamonier Aias u. des Teu-
   kros *Il.* 17. 293; O. 11. 553
   ἀγανός, ἀμύμων
9) *Πηλεύς*, s. Bruder, König
   der Myrmidonen, Gemahl der
   Thetis, Vater des Achill *Il.* 21.
   188. 189. *Il.* 16. 33; 20. 206.
   Von seiner Hochzeit spricht der
   Dichter *Il.* 24. 59 ff. 16. 143;
   380 (ohne den Apfel der Eris
   zu erwähnen)

Er heißt ἐσθλὸς Μυρμιδόνων
βουληφόρος ἠδ᾽ ἀγορητής-
γέρων ἱππηλάτα.

Der Vater des Telamon u. Peleus
Αἰακός heißt Il. 21. 189 ein S. des
Zeus; s. Mutter, die Nymphe
Aegina, erw. Homer nicht

10) Ἡρακλῆς s. ob.

11) Πολυδεύκης ⎫
12) Κάστωρ ⎭ s. unten

13) Ἴδης (S. des Aphareus) als
Vater der Kleopatra Il. 9. 558

14) Περικλύμενος, der Sohn des
Neleus s. ob.

15) Ἀγκαῖος (Sohn des Lykurgos),
Vater des Arkaderfürsten Agapenor Il. 2. 60

16) Αὐγείης, König in Elis Il.
11. 701 ff.

17) Μελέαγρος s. unt.

18) Ἴφιτος aus Phokis, Vater des
Schedios u. Epistrophos Il.
2. 518. 17. 306

Nicht erw. werden: Orpheus
(nch d. sp. S. Sohn des Oiagros
und der Muse Kalliope, Gemahl
der Eurydike), der Steuermann Ti-
phys, der Apharetiade Lynkeus
(Bruder des Ides), die Boreassöhne Zetes u. Kalaïs, Aka-
stos, der Sohn des Pelias, und
Argos, der Erbauer der Argo.

8. Aus der ätolischen Sage.

1) Οἰνεύς, König in Kalydon,
Vater des Tydeus u. Mele-
agros Il. 6. 216. 219; 14.
117; 9. 529 ff. Gastfreund
des Bellerophontes

2) Ἀλθαία, seine Gem. Il. 9. 555
(in d. sp. S. T. des Thestios,
Schwester der Leda u. Mutter
der Deïanira)

3) Μελέαγρος, ihr Sohn, der
Haupthelb der kalydonischen
Jagd Il. 2. 642. 9. 527 ff.

4) Κλεοπάτρη od. Ἀλκυόνη, T.
der Μάρπησσα u. des Ἴδης,
Gemahlin des Meleager Il. 9.
556 ff.

Homer berichtet an der eben ci-
tirten Stelle 9. 529 ff. über die
Veranlassung der Jagd durch den
Zorn der Artemis, die Erlegung
des Ebers durch Meleager und
den über den Kopf und die Haut
des Thieres zwischen den Kureten u. Aetolern ausgebrochenen
Krieg, in welchem die letzteren den
Kürzeren zogen, so lange Meleager,
grollend wegen des Fluches der
Mutter, sich von dem Kampfe zu-
rückgezogen hielt, sowie über den
endlichen Sieg der Aetoler, nachdem
Meleager auf Bitten seiner Gattin
Kleopatra, sich wieder an dem Kampfe
betheiligt hatte.

Die spätere Sage läßt an dem
Kampfe eine Menge der berühmtesten Helden, wie Ibes u. Lynkeus

von Messene, Kastor und Pollux, Theseus, Admetos, Jason, Jphikles u. Jolaos, Peirithoos, Peleus u. Telamon, Ankäos und außer diesen die berühmte Jägerin Atalante Theil nehmen, die Veranlassung zu dem Streite zwischen Meleagros u. den Brüdern seiner Mutter, den Söhnen des Thestios, wird, deren Ermordung durch Meleagros von der Mutter desselben, Althäa, gerächt wird, indem sie das für M's. Leben verhängnißvolle Holzscheit in das Feuer wirft.

9. Aus der späteren thebaischen Sage.

1) *Οἰδίπους* erwähnt Hom. Od. 11. 271 als Sohn u. Gatten der Epikaste u. Mörder seines Vaters, der nach Entdeckung seines Frevels in Theben weiter regierte, viele Leiden erduldend durch den Fluch seiner Mutter. Diese heißt b. Hom. *Ἐπικάστη* (b. den Trag. *Ἰοκάστη*), u. er erzählt von ihr, daß sie durch Erhängen ihrem Leben ein Ende gemacht habe. — Außerdem werden Il. 23. 680 die Leichenspiele *δεδουπότος Οἰδιπόδαο* erwähnt.

Von ihren Kindern nennt er nur: *Ἐτεοκλέης* und *Πολυνείκης* Il. 4. 377 u. 386.

Von den Fürsten, die an dem Zuge der Sieben Theil nehmen, erwähnt er:

Ἄδρηστος, König von Argos (nth d. sp. S. Schwiegervater des Thdeus u. Polyneikes)

Ἀμφιάραος, Urenkel des Melampus, Seher u. König in Argos O. 15. 244 (*λαοσσόος* volkantreibend); seine Gem.

Ἐριφύλη O. 11. 326, *στυγερή*, „welche kostbares Gold annahm zum Preise für den lieben Gatten"

Καπανεύς, den Vater des Sthenelos Il. 2. 564
ἀγακλειτός.

Τυδεύς, den S. des Oeneus, Vater des Diomedes Il. 2. 406. 4. 372, 5. 801. 10. 285
*μικρὸς δέμας ἀλλὰ μαχητής, *σακέσπαλος, ἱππότα, ἱππηλάτα*

Hom. erzählt ausführlicher die Sendung des Tydeus nach Theben als Unterhändler Il. 4. 382; 5. 800 ff. 10. 285 — er erwähnt Od. 11. 326 die Bestechung Eriphyle's (durch das verhängnißvolle Halsband der Harmonia) u. Il. 23. 346 das schnelle Roß des Adrestos, den *δῖος Ἀρείων*, welcher nach der späteren Sage diesen durch seine Schnelligkeit vom Tode rettete. Alle übrigen Details der Sage fehlen. So die Namen der übrigen Heerführer Hippomedon, Eteoklos u. Parthenopäus (Sophokles Oed. Col. v. 1313 ff.), die Einsetzung der nemeïſchen Spiele bei dem Tode des Opheltes, die Aufopferung des Menoikeus, des Sohnes des Kreon, der Tod des Kapaneus u. der feindlichen Brüder, der Untergang des von der Erde verſchlungenen Amphiaraos.

Der Epigonenkrieg wird *Il.* 4. 408 erwähnt, wo Sthenelos, der Sohn des Kapaneus, rühmend erzählt, daß ſie das ſiebenthorige Theben zerſtört, πειθόμενοι τεράεσσι θεῶν καὶ Ζηνὸς ἀρωγῇ, während ihre Väter σφετέρῃσιν ἀτασθαλίῃσιν ὄλοντο. Theben ſcheint während des troiſchen Krieges zerſtört, wenigſtens wird es in dem Katalog nicht erwähnt (cf. Ὑποθῆβαι).

Von den Führern werden erwähnt, aber nicht als ſolche:

Alkmaion Od. 15. 248 als Sohn des Amphiaraos

Amphilochos, S. des Amphiaraos Il. 2. 565

Sthenelos, S. d. Kapaneus ſ. o.

Diomedes, S. des Thydeus

Euryalos, S. des Mekiſteus

Die anderen: Aegialeus, S. des Adraſt; Promachos, S. des Parthenopäos; Therſandros, S. des Polyneikes, kommen ebenſo wenig vor, wie Laodamas, S. des Eteokles, der Anführer der Thebaner. Auch iſt die Ermordung Eriphyle's durch ihren Sohn Alkmäon Hom. fremd.

10. Aus der lakoniſchen Sage.

1) Τυνδάρεος wird O. 11. 298 als Gemahl der Leda u. Vater des Kaſtor u. Polydeukes erwähnt,

Λήδη an derſ. Stelle; ihre Tochter Κλυταιμνήστρη als Gattin des Agamemnon Il. 1. 113. O. 3. 264

Κάστωρ Il. 3. 237. O. 11. 299 ἱππόδαμος.

Πολυδεύκης ebendaſ. πὺξ ἀγαθός.

Beide zuſammen heißen κρατερόφρονε u. κοσμήτορε λαῶν

Ἑλένη heißt b. Hom. Tochter des Zeus, ohne daß ihrer Mutter gedacht wird

Nach Homer *Il.* 3. 243 ſind die Dioskuren (w. Ausdr. b. ihm noch nicht vorkommt) zur Zeit der Kämpfe vor Troja ſchon todt; nach O. 11. 299 wechſeln ſie einen Tag um den anderen ab, ἄλλοτε μὲν ζώουσ᾽ ἑτερήμεροι, ἄλλοτε δ᾽ αὖτε τεθνᾶσι.

Alles Uebrige iſt nachhomeriſch: die Sage von der Verwandlung des Zeus in einen Schwan, von der Unſterblichkeit des Polydeukes, von dem Kampfe der Dioskuren mit Lynkeus u. Jdas, in welchem Kaſtor getödtet wird, von der Entführung der Helena durch Theſeus u. ihrer Befreiung durch ihre Brüder (vgl.

jedoch oben *Αἴθρη*), von der Verehrung der Dioskuren und Helena's, als den Schiffern helfender
Götter.

11. Die Pelopiden.

Τάνταλος erwähnt Hom. O. 11.
582 als Büßenden in der Unterwelt, ohne seiner Abstammung zu gedenken. Nach der
sp. S. ist er Sohn des Zeus
u. der Pluto, Vater des Pelops u. der Niobe.

Πέλοψ wird *Il.* 2. 104 mit dem
Epith. *πλήξιππος* als Be-
sitzer des von Hephästos für
Zeus gearbeiteten u. von Her-
mes an Pelops geschenkten
Stepters genannt; als sein
Nachfolger

Ατρεύς Il. 2. 106; u. als Vater
des Agamemnon *Il.* 2. 23, wo
er *δαΐφρων, ἱππόδαμος* genannt wird; als dessen Nachfolger

Θυέστης Il. 2. 106 mit d. Epith.
πολύαρνος; dessen Wohnung
Od. 4. 517; in deren Nähe
Agamemnon auf der Heimkehr
von Troja verschlagen wurde.
Oefter wird dessen Sohn

Αἴγισθος erwähnt O. 4. 518 und
die Ermordung des Agamem-
non durch ihn Od. 4. 525 ff.
Od. 11. 409 ff. Er heißt *δολόμητις, ἄναλκις, ἀμύμων,
ποιμὴν λαῶν (πατροφονεύς)*
— Seiner Ermordung durch
Orestes geschieht Od. 1. 35;
3. 196 Erwähnung.

Alle übrigen Züge der Sage:
der Frevel des Tantalos gegen die
Götter, der Sieg des Pelops im
Wagenrennen über Oenomaos, König von Elis, und seine Vermählung mit dessen Tochter Hippodameia, die Bestechung u. spätere
Ermordung des Myrtilos, des Wa-
genlenkers des Oenomaos, die Ermordung des Chrysippos durch
Atreus u. Thyestes als Ursache des
über dem Pelopidenhause waltenden
Unheils, die Vermählung des Atreus
mit Aërope, der Tochter des Minos, das entsetzliche Gastmahl, welches Atreus dem Thyestes vorsetzt,
sind nachhomerisch.

12. Aus der troischen Sage.

1) *Δάρδανος* wird *Il.* 20. 215
als Sohn des Zeus (u. der
Electra nach der sp. S.) und
Gründer von Dardania er-
wähnt; auch vs. 304 als Lieb-
lingssohn des Zeus; ihm folgt

2) *Ἐριχθόνιος*, s. Sohn, der der
reichste *ἀφνειότατος* der Menschen war u. 3000 Stuten be-
saß und 12 von Boreas ge-
zeugte Wunderrosse. *Il.* 20.
219 ff.

3) *Τρώς*, s. Sohn (giebt dem Lande seinen Namen) *Il.* 20. 230.

4) *Ἶλος*, s. Sohn (der Erbauer von Ilios) *Il.* 20. 232. Sein Grabmal *Il.* 10. 415; 11. 166, 371

θεῖος- παλαιὸς δημογέρων

5) *Γανυμήδης*, sein Bruder, wird von den Göttern entführt, um dem Zeus als Mundschent zu dienen nch *Il.* 20. 234 cf. 5. 266

ἀμύμων- ἀντίθεος- κάλλιστος θνητῶν ἀνθρώπων.

6) *Λαομέδων*, Sohn des Ilos, Vater des Priamos *Il.* 20.

237, Besitzer trefflicher Rosse, die Zeus, als Ersatz für Ganymedes gegeben *Il.* 5. 265 cf. 23. 348. Die Sage von der Dienstbarkeit des Poseidon u. Apollo bei ihm wird erw. *Il.* 21. 443 cf. 7. 452. Von seinen Beziehungen zu Herakles spricht Hom. *Il.* 5. 638 ff. 20. 145

7) *Ἀγχίσης*, Geliebter der Aphrodite *Il.* 2. 819—21.

Ein alter troischer Heros ist auch *Αἰσυήτης*, dessen Grab *Il.* 2. 793 erwähnt wird.

Die Sage von dem Urtheil des Paris ist unhomerisch.

Cap. XXIV.

Die Götterwelt.

Ὁ ἡ θεός der Gott, die Göttin
ἡ θεά
ἡ θέαινα } die Göttin

ὁ ἡ δαίμων die Gottheit, besonders insofern sie in den Lauf der menschlichen Schicksale eingreift; namentlich die zürnende, unheilstiftende Gottheit; daher die Epitheta:

κακός- στυγερός- χαλεπός

Epitheta der θεοί sind:

οὐράνιοι
ἐπουράνιοι } die himmlischen
οὐρανίωνες

Ὀλύμπιοι
Ὀλύμπια δώματ'
ἔχοντες } die Bewohner des Olympos

μάκαρες die seligen

ῥεῖα ζώοντες die leicht (mühelos) hinlebenden

ἀθάνατοι die unsterblichen

ἀιειγενέται
αἰὲν ἐόντες } die ewigen

ἄνακτες die gebietenden

δωτῆρες ἐάων die Geber der Güter

ὁ ἰχώρ, ῶρος das Götterblut

ἡ ἀμβροσίη die Götterspeise und Göttersalbe

ἐρατεινή lieblich

ἠδὺ μάλα πνείουσα sehr süß duftend
τὸ νέκταρ, αρος der Göttertrank
ἐρυθρόν roth
γλυκύ süß
Ὄλυμπος u. Οὔλ. der Götterberg Olympos (ὅθι φασὶ θεῶν ἕδος ἀσφαλὲς αἰεὶ ἔμμεναι)
αἰπύς steil
μακρός hoch
ἀγάννιφος
νιφόεις } schneebedeckt
πολυδειράς, άδος vielgipfelig
πολύπτυχος schluchtenreich
αἰγλήεις glänzend

Die nach *Il.* 14. 338 von He-phästos erbauten Götterwohnungen auf dem Olympos werden erwähnt O. 3. 377; 6. 242; *Il.* 1. 181. 186; 1. 607; das Haus des Hephästos wird ausführlicher beschr. *Il.* 18. 369 ff. Eine andere Vorstellung von einer großen gemeinschaftlichen Wohnung der oberen Götter erscheint *Il.* 5. 504; 11. 76. Od. 3, 2; 4. 72 ff.

I. Die Urgötter.

Οὐρανός. Es ist zweifelhaft, ob Homer ihn als Person gedacht hat cf. *Il.* 15. 36. Od. 5. 184; jedoch heißen die Titanen *Il.* 5. 898 Οὐ-ρανίωνες wol als Söhne des Ura-nos, nicht als Himmlische.

Γῆ, die Göttin der Erde, Gem. des Uranos *Il.* 3. 104; 19. 259

Νύξ, die Göttin der Nacht (nch. Hesiod Tochter des Chaos) *Il.* 14. 258—61.

Ihre Söhne sind:

Ὕπνος, der Gott des Schlafes, *Il.* 14. 242. 270. 286. 231. 233; 16. 454. 672. 682
νήδυμος.
ἄναξ πάντων τε θεῶν, πάντων τ᾽ ἀν-θρώπων (D. Übr. Epith. S. 94.)

Θάνατος, der Gott des Todes, sein Zwillingsbruder (διδυμάονες) *Il.* 14. 231; 16. 454 u. 672.

(D. Epith. s. C. XXII.)

Ὄνειρος, der Traumgott, per-sonificirt *Il.* 2. 6; 16. 22. Od. 24. 12
οὖλος verderblich (A.: handgreiflich, leibhaftig)
θεῖος göttlich

Die Sage von den beiden Traum-thoren, aus Horn für die wahren, aus Elfenbein für die täuschenden Träume steht Od. 19. 562 ff. cf. Od. 24. 12.

Κήρ, die Göttin des gewalt-samen Todes heißt b. Hesiod eben-falls eine Tochter der Nacht. Hom. spricht öfters von mehreren Κῆρες μέλαινα· βαρεῖα· στυγερή· ὀλοή· κακή

Nicht etw. werden bei Hom. die Hesperiden, nch. der spät. Sage Töchter der Nacht, ebenso

wenig der bei ihnen Wache hal-
tende Drache Ladon,

Fraglich ist es, ob *Βριάρεως*
oder *Αἰγαίων*, obgleich er *ἑκα-
τόγχειρος* genannt wird, von Hom.
zu den 3 theogonischen Hekaton-
cheiren gezählt wird. Bei Hesiod
heißen sie Söhne des Uranos und
der Gäa, ihre Namen sind bei
ihm *Κόττος, Βριάρεως* und *Γύης*
s. unten b. Poseidon.)

Φόρκυς (nch. Hes. ein Sohn
des Pontos und der Gäa) heißt
bei Homer

ἅλιος γέρων der Meergreis
ἁλὸς ἀτρυγέτοιο μέδων der Herrscher
    des wogenden Meeres
Seine Tochter, die Nymphe
Θόωσα, ist die Mutter des Ky-
klopen *Πολύφημος*, des Sohnes des
Poseidon.

Σκύλλη oder *Σκύλλα* ist in
der späteren Sage eine Tochter des
Phorkys und der Hekate, bei Hom.
heißt sie Tochter der *Κραταιΐς* O.
12. 124. Er nennt sie

ἀπρηκτος ἀνίη die unabwehrbare
    Plage
πετραίη im Felsen hausend
δεινὸν λελακυῖα furchtbar bellend
Kinder des Phorkys und der
Keto sind nach Hes. die 3 Gor-
gonen; *Σθενώ, Εὐρυάλη* und die
allein unter ihnen sterbliche *Μέ-
δουσα*. Homer erwähnt nur die
Γοργώ *βλοσυρῶπις (furchtbar
blickend), *δεινὸν δερκομένη* auf
dem Schilde des Agamemnon *Il.*
14. 36, die *Γοργοῦς ὄμματα* des

Hektor *Il.* 8. 349 und die *Γοργείη κεφαλή* als Schreckbild im
Hades *Od.* 11. 634.

Die Kinder der Medusa: *Chry-
saor*, das Flügelroß *Pegasos*
und die *Echidna* erwähnt Hom.
nicht.

Ebenso wenig kennt er die
Γραῖαι (nch. Hes. Töchter des
Phorkys und der Keto: *Πεφρη-
δώ* und *Ἐνυώ*).

Τυφωεύς (nch. der sp. Sage
Sohn der Gäa und des Tartaros),
nennt Hom. *Il.* 2. 782. 783, ohne
seiner Abstammung zu gedenken.

Von den Kindern des Typhon
und der Echidna (nach Hes.)
werden erwähnt:

1) Die *Χίμαιρα Il.* 6. 179;
16. 328, ohne daß ihre Abkunft
angegeben wird.

2) *κύων Ἀίδαο Il.* 8. 368.
O. 11. 623, dessen Name *Κέρ-
βερος* bei Hom. noch nicht vorkommt.

Unerwähnt bleibt der Hund
Ὄρθρος, der Wächter der Rinderheerden des Geryoneus auf der Insel Erytheia; so wie die *Σφίγξ*,
nch. der sp. S. ebenfalls Kinder
des Typhon und der Echidna.

Die übrigen Gottheiten der ersten Generation werden bei Hom.
nicht erwähnt; so namentlich nicht
die theogonischen *Κύκλωπες* (bei
Hes. *Βρόντης, Στερόπης* und
Ἄργης) Χάος, Τάρταρα, der nur
als Titanenkerker erscheint, ferner

Πόντος, Ἔρος, Ἔρεβος, Αἰθήρ, Ἡμέρη, obwohl diese als Appellativa vorkommen. — Die Giganten, nach Hes. Söhne der Gaia, aus dem Blute des verwundeten Uranos entsprossen: Altho-neus, Porphyrion, Pallas, Enkelados ꝛc. und die Gigantomachie auf den phlegräischen Feldern gehören ebenfalls der nachhomerischen Sage an.

II. Die Titanen.

Τιτῆνες. Il. 14. 274 heißen sie οἱ ἔνερθε θεοί, Κρόνον ἀμφὶς ἐόντες und 279 θεοὶ Ὑποταρτάριοι, Il. 5. 898 Οὐρανίωνες d. i. Uranossöhne.

Hesiod zählt theog. 133 ff. 12 Titanen auf:

1) Ὠκεανός, 2) Τηθύς, 3) Κρόνος, 4) Ῥεῖα, 5) Κοῖος, 6) Φοίβη, 7) Ὑπερίων, 8) Θείη, 9) Κρῖος, 10) Ἰαπετός, 11) Μνημοσύνη, 12) Θέμις.

Von diesen werden bei Hom. erwähnt:

1) Ὠκεανός, der Gott des Weltstroms Okeanos, ohne Angabe seiner Eltern, personifizirt Il. 20. 7; 14. 201. 246; 21. 195 ff.

Er heißt:
βαθυρρείταο μέγα σθένος Ὠκεανοῖο
θεῶν γένεσις
γένεσις πάντεσσι

Die anderen Epitheta beziehen sich auf den Fluß:
ἀκαλαρρείτης sanftströmend
βαθύρρος tief strömend
βαθυδίνης tief strudelnd
ἀψόρροος zurückströmend

2) Τηθύς, ύος, s. Gemahlin Il. 14. 201. 302. Here nennt sie μήτηρ.

Beide sind nach Hesiod die Eltern der 3000 Stromgötter und der 3000 Ὠκεανῖναι oder Wassernymphen.

Von den Flußgöttern erscheinen bei Homer folgende:
Ἀχελώιος κρείων Il. 21. 194
Ἀλφειός Il. 5. 545. Od. 3. 489.
Ἀσωπός Od. 11. 260.
Ἐνιπεύς Od. 11. 238. 240.
θεῖος.
Ξάνθος, der Gott des Σκάμανδρος Il. 21. 136 ff.
Σπερχειός Il. 16. 174.

Von den Töchtern des Okeanos werden namentlich erwähnt:

Πέρση, die Gemahlin des Helios O. 10. 139.

Εὐρυνόμη, nebst Thetis Pflegerin des aus dem Himmel geworfenen Hephästos Il. 18. 398.

Διώνη, die Mutter der Aphrodite (v. Zeus) Il. 5. 370 (nach

Hesiod ebenfalls Tochter des Oceanos).

3) **Κρόνος** Il. 8. 479; 15. 187ff. cf. Il. 2. 205. 319. — 12. 450. Od. 21. 415.

μέγας· ἀγκυλομήτης verschlagen, unerforschlich

4) **Ῥείη** (att. Ῥέα), seine Gemahlin Il. 14. 203; 15. 187.

5) **Ἰαπετός** Il. 8. 479 neben Kronos als Bewohner des Tartaros.

6) **Θέμις** Il. 20. 4; 15. 87; als Götterherold, indem sie die Götter zur Versammlung beruft und in derselben, wie beim Mahle, über Sitte und Ordnung wacht.

καλλιπάρῃος schönwangig
ἥτ' ἀνδρῶν ἀγορὰς ἠμὲν λύει ἠδὲ
καθίζει Ο. 2. 68

7) **Ὑπερίων**. Sein Name erscheint nur in dem Patronymikon Ὑπεριονίδης, Beiname des Helios.

Die übrigen fehlen; μνημοσύνη findet sich nur als Appellativum = Erinnerung.

Von den Kindern der Titanen werden außer den oben angeführten Oceaniden und den unten folgenden Kroniden erwähnt:

1) **Λητώ** (nch. Hes. Tochter des Koios und der Phoibe), die Mutter des Apollo und der Artemis Il. 1. 9. Od. 11. 318. Il. 5. 447. Od. 11. 580. Sie heißt:

Διὸς κυδρὴ παράκοιτις ἠΰκομος· καλλιπάρῃος· ἐρικυδής·

(Nicht erwähnt wird ihre Schwester Asteria, die Mutter der Hekate.)

2) **Ἥλιος** (att. Ἥλ.) nch. Hes. Sohn des Hyperion und der Theie.

Ὑπεριονίδης Sohn des Hyperion
Ὑπερίων entweder = dem vor. oder
in der Höhe wandelnd
φαέθων strahlend
φαεσίμβροτος den Sterblichen leuchtend
τερψίμβροτος die Sterblichen erfreuend
παμφανόων hell strahlend
δεινὸς θεὸς ὃς πάντ' ἐφορᾷ καὶ
πάντ' ἐπακούει

Von seinen Kindern werden erwähnt:

a) **Κίρκη**, Tochter des Helios und der Oceanide Perse Od. X. 138.

Ἀλαίη als Bewohnerin der gleichnamigen Insel
δῖα θεάων
καλλιπλόκαμος· ἐϋπλόκαμος δεινὴ
θεός, αὐδήεσσα (mit menschlicher Stimme redend)
δολόεσσα ränkevoll
πολυφάρμακος reich an Zaubermitteln
— πότνια.

b) **Αἰήτης**, ihr Bruder Ο. X. 137 (nch. d. sp. Sage König von Aea und Vater der Medea) cf. Ο. 12. 70.

ὀλοόφρων unheilsinnend

c) **Λαμπετίη** u. } Töchter der
d) **Φαέθουσα** } Nymphe Νέαι-
ρα Ο. 12. 133

Nicht erwähnt sind die Schwester der Kirke: Pasiphaë, ferner die Helladen und Phaëthon (nach der spät. Sage Kinder des Helios und der Klymene).

3) Ἠώς, die Göttin der Morgenröthe (nach Hes. Tochter des Hyperion und der Theie).

ῥοδοδάκτυλος rosenfingerig
κροκόπεπλος mit safranfarbigem Gewande
χρυσόθρονος goldthronend
ἐΰθρονος schönthronend
εὐπλόκαμος.
φαεσίμβροτος den Sterblichen leuchtend
ἠριγένεια in der Frühe geboren
φαεινή strahlend
δῖα- καλή- θεά.

Homer nennt:

Τιθωνός, den Sohn des Laomedon, als ihren Gatten (ἀγανός) Od. 5. 1. cf. Il. 20. 137.

Ὠρίων als von Eos entführt Od. 5. 121, von Artemis in Ortygia getödtet ib. 123; als ausgezeichnet durch seine Stärke Od. 11. 310. und als Jäger im Hades ib. 572.

(κλυτός- πελώριος)

Κλεῖτος, den Enkel des Melampus Od. 15, 249. 50 als von Eos wegen seiner Schönheit geraubt.

Μέμνων, den edlen Aethioperkönig, der nach der späteren Sage von Achill erlegt wurde, als Sohn der Eos (v. Tithonos) O. 4. 187. 188; 11. 522.

Ἠοῦς φαεινῆς ἀγλαὸς υἱός- δῖος.

Βορέης erscheint Il. 20. 223 ff. und

Ζέφυρος Il. 23. 200 personifizirt, ohne daß der Dichter ihrer Abstammung gedenkt. Nach Hes. sind sie nebst Νότος u. Ἑωσφόρος (b. Hom. Appell.) und Ἀργέστης (b. Hom. adj. ἀργεστής) Kinder der Eos und des Asträos.

Σελήνη, nach Hes. ebenfalls Tochter des Hyperion u. der Theie, kommt bei Homer nicht als Person vor.

4) Ἄτλας, αντος. Hom. nennt seine Eltern nicht; nach Hes. ist er ein Sohn des Japetos u. der Oceanide Klymene.

Er heißt ὀλοόφρων O. 1. 52 und erscheint schon bei ihm als Träger der Himmelssäulen, ὅστε θαλάσσης πάσης βένθεα οἶδεν.

Seine Töchter sind:

Καλυψώ, die Nymphe auf Ogygia.

νύμφη ἐϋπλόκαμος- ἠύκομος- πότνια νύμφη- δῖα- δῖα θεάων- αὐδήεσσα- δολόεσσα- δεινή θεύς O. 1. 50. 52. O. 7. 244 ff.

Μαιάς (άδος) in der sp. S. Μαῖα, Tochter des Atlas und der Pleïone wird bei Hom. als Mutter des Hermes erw. O. 14. 435.

Die Πληιάδες (nach der sp. Sage Töchter des Atlas und der Pleïone) erscheinen bei Hom. nur als Sternbild Od. 5. 272. Il. 18. 486.

5) Τάνταλος (nach der sp. Sage Sohn des Prometheus, Enkel des Japetos s. oben).

Nicht erwähnt werden die Japetiden Προμηθεύς, Ἐπιμηθεύς und Μενοίτιος.

Ebenso fehlen Kreios u. seine Söhne Asträos, Pallas und Perses, der Vater der Hekate.

Die Titanomachie erwähnt Homer nicht. Doch spricht er von dem Titanenkerker im Tartaros Il. 8. 479. 5. 898 cf. 14. 278 und von der Theilung der Weltherrschaft unter Zeus, Poseidon und Hades Il. 15. 187. — Der Mythus von der Κρόνου βασιλεία und den verschiedenen Zeitaltern findet sich erst bei Hesiod.

III. Die Kroniden.

Als Kinder des Kronos u. der Rhea zählt Hesiod auf:

1) Ἱστίη, 2) Δημήτηρ, 3) Ἥρη, 4) Ἀίδης, 5) Ἐννοσίγαιος (d. i. Ποσειδάων); 6) Ζεύς.

Von diesen findet sich die Erste bei Homer noch nicht personifizirt, ἱστίη ist bei ihm der Hausheerd.

1. Δημήτηρ,

erwähnt Hom. nur Il. 13. 322; 21. 76. Od. 2. 696; 14. 326; 5. 125; Il. 5. 500.

ξανθή· εὐπλόκαμος
καλλιπλόκαμος ἄνασσα

Ihr Geliebter Ἰασίων (nach d. spät. Sage Vater des Πλοῦτος) wird erw. O. 5. 125; ihre Tochter von Zeus Περσεφόνεια s. unt.

Bei Homer ist Demeter die Göttin der fruchtbringenden Erde und die Geberin der Feldfrucht (Δημήτερος ἀκτή). Die Entführung ihrer Tochter durch Hades, ihre Wanderung, um die Tochter zu suchen, ihr Aufenthalt bei Keleos und Metaneira in Eleusis (Jambe) u. die Stiftung der Mysterien (Triptolemos, Eumolpos) gehören der sp. Sage an. (Zuerst ausführlich in d. h. h. in Cer.)

2. Ἥρη (att. Ἥρα).

Διὸς αἰδοίη, κυδρὴ παράκοιτις, βοῶπις farrenäugig, (hoheitblickend)
θεὰ λευκώλενος lilienarmig
ἠύκομος mit schönem Haupthaar
χρυσοπέδιλος mit goldenen Sandalen
χρυσόθρονος goldthronend
Ἀργείη die Argivische, als Schutzgöttin von Argos
ὀβριμοπάτρη die Tochter eines mächtigen Vaters
πότνια die erhabene, hehre
πρέσβα θεά die ehrwürdige Göttin
*ἀπτοεπής ohne Scheu im Reden nennt sie Poseidon

Ueber ihre Erziehung vgl. Il. 14. 201, über ihr Verhältniß zu Zeus Il. 14. 153; 1. 568; 15.

13—21, ihre Betheiligung am troischen Kriege *Il.* 4. 26; 8. 205; 5. 767; 20. 133; 21. 377; ihren Haß gegen Herakles *Il.* 19. 97; 14. 250; 5. 392.

Ihre Lieblingsstädte sind nach *Il.* 4. 51. 52 **Argos**, **Sparta** u. **Mykene**.

Ihre Kinder sind: Ares, Hephästos, Hebe u. Eileithyia (f. unt.)

3. Ἀΐδης ob. Ἀιδωνεύς, (auch Ἄις, Ἄιδος)

der Beherrscher der Unterwelt *Il.* 15. 187); b. Hom. stets Person (außer *Il.* 23. 244). Der Name Πλούτων ist Homer unbekannt. Er heißt:

ἄναξ ἐνέρων } der Herrscher der
ἐνέροισιν ἀνάσσων } Unterwelt
Ζεὺς καταχθόνιος der unterirdische Zeus
πυλάρτης κρατερός der mächtige Hüter des Thores, Thorschließer
κλυτόπωλος berühmt durch seine Rosse
ἀμείλιχος unerbittlich
ἀδάμαστος unbezwinglich
στυγερός verhaßt

Ueber seine Verwundung durch Herakles cf. *Il.* 5. 395 ff. Sonst erscheint er in Homer nie auf der Oberwelt cf. *Il.* 20. 61—65. 9. 158. — Die unsichtbar machende Ἄιδος κυνέη wird erwähnt *Il.* 5. 845. Von der Sage von der Entführung Persephone's, die erst in der h. h. auf Dem. ausführlich erzählt wird, wollten einige alte Erklärer eine Andeutung finden in dem Epith. κλυτίπωλός *Il.* 5. 654.

Seine Gattin ist:

Περσεφόνεια, Tochter des Zeus und der Demeter.

ἐπαινή sehr furchtbar
ἁγνή ehrwürdig, heilig
ἀγαυή bewundernswerth, erlaucht
cf. *Il.* 14. 326. *O.* 10. 509; 11. 217.

Unbekannt ist Hom. die Todtengöttin Ἑκάτη, nach der sp. S. Tochter des Perses und der Asteria.

4. Ποσειδάων (att. ῶν), der Gott des Meeres.

Ἑλικώνιος ἄναξ heißt er nach b. St. Helike in Achaja
ἄναξ Herrscher
κυανοχαίτης schwarz umlockt
γαιήοχος der wagenfrohe
ἐννοσίγαιος } der Erderschüt-
ἐνοσίχθων } terer
εὐρυσθενής weithin mächtig
εὐρὺ κρείων weithin herrschend
κρείων der Herrscher
κλυτός glorreich, ruhmvoll
μέγας θεός.

Poseidon ist bei Homer der jüngere Bruder des Zeus, Beherrscher des Mittelmeeres (πόντος), nach Zeus der mächtigste Gott, der in seinem Palaste in der Meerestiefe bei Aegä auf Euböa wohnt *O.* 5. 381; *Il.* 13. 21. Die Sage von seiner Dienstbarkeit bei Laomedon berührt der Dichter *Il.* 7. 452; 21. 441—57. Von diesem um den Lohn betrogen, grollt er den Troern, mit Ausnahme des Aeneas *Il.* 13. 44 f. 209. 351. 677; 14. 136. 510. Er zerstört mit Apollo die Befestigungen des griechischen Lagers nach dem Abzuge der Achäer, Il. 12, 1—33. — Als Gott des Wagenlenkens erscheint er Il. 23. 307. 584. Als Orte seiner Verehrung werden Aegä, Helike in Achaja, Onchestos und das Land der Phäaken genannt, wo ein Ποσίδιον erwähnt wird.

Seine Waffe ist die dreizackige Harpune τρίαινα.

Seine Kinder sind (außer den oben angeführten: Pelias u. Neleus, Eurytos u. Kteatos u. Nausithoos, Vater des Phäakenkönigs Alkinoos):

1) Der Kyklop Πολύφημος (s. unten).

2) Die Aloaden Ὦτος und Ἐφιάλτης; ihre M. ist Ἰφιμέδεια nach O. 11. 305ff., nach der Ilias 5. 386 sind sie Söhne des Ἀλωεύς, der selbst in d. sp. Sage für einen Sohn des Poseidon galt. Der Dichter erw. an der angeführten St. die 13 Monate dauernde Einsperrung des Ares durch dieselben, so wie ihre Erlegung durch Apollo bei ihrem Versuche, den Olymp zu erstürmen.

3) Αἰγαίων od. Βριάρεως, ein hundertarmiger Riese. Homer läßt seine Abstammung ungewiß. Er nennt ihn nur βίῃ οὗ πατρὸς ἀμείνων Il. 1. 404. Nach der sp. Sage ist er ein Sohn des Poseidon u. Meergott, nch. A.: S. des Uranos u. der Gäa oder des Pontos und der Thalassa.

4) Χάρυβδις (nch. d. sp. S. Tochter des Poseidon und d. Gäa) O. 12. 118.

ἀθάνατον κακόν, δεινόν τ' ἀργαλέον τε καὶ ἄγριον, οὐδὲ μαχητόν. δια- δεινή- ὀκρ.

Die übrigen Meergöttheiten sind:

a. Ἀμφιτρίτη (nch. d. sp. S. Gemahlin des Poseidon u. Mutter des Triton).

κυανῶπις die schwarzäugige
καλὴ ἁλοσύδνη die schöne Meerestochter
κλυτός die gepriesene

Bisweilen bezeichnet ihr Name das Meer, darauf bezieht sich ihr Epith. ἀγάστονος die schmerzenreiche (cf. O. 12. 60, 5. 422; 12. 97).

b) Πρωτεύς. Er heißt b. Hom.: γέρων ἅλιος νημερτής (untrüglich), ἀθάνατος; Αἰγύπτιος, ὅστε θαλάσσης πάσης βένθεα οἶδε- Ποσειδάωνος ὑποδμώς (Diener), ἴφθιμος stark — θεῖος. ὀλοφώια εἰδώς voll verderblicher Ränke cf. O. 4. 349ff.

Seine Tochter: Εἰδοθέη heißt δῖα θεάων O. 4. 382 cf. 366.

c. Νηρεύς (nach Hes. Sohn des Pontos und der Gäa u. Gemahl der Oceanide Δωρίς) erscheint bei Hom. nur als Vater der Νηρηίδες, deren Namen zum Theil angegeben sind Il. 18. 37ff.

Sie heißen:

ἅλιαι θεαί
ἀθάναται θεαί
ἅλιαι κασίγνηται
κοῦραι ἁλίοιο γέροντος

Die berühmteste unter ihnen ist: **Θέτις**, die Gemahlin des Peleus und Mutter des Achill.

θυγάτηρ ἁλίοιο γέροντος
καλλιπλόκαμος ἁλοσύδνη
ἀργυρόπεζα silberfüßig
διὰ θεάων ἠύκομος
τανύπεπλος mit schleppendem Gewande

cf. Il. 18. 431 ff. 24. 62. Il. 1. 502 ff. 1. 397. Il. 24. 73, 753; 18. 35.

d. *Λευκοθέη*, die in eine Meergöttin verwandelte Ino, Tochter des Kadmos O. V. 334.

Nicht erwähnt werden von den Meergottheiten: Pontos- (nach Hes. Sohn der Gäa), seine Kinder Thaumas (Vater der Iris und der Harpyien s. unt.), Keto und Eurybie; ferner Triton (nach d. sp. S. Sohn des Poseidon und der Amphitrite), Palämon oder Melikertes (der Sohn der Leukothea), Glaukos, die Dioskuren und Helena.

5. Ζεύς.

Κρόνου παῖς ἀγκυλομήτεω, θεῶν ὕπατος καὶ ἄριστος, πατὴρ ἀνδρῶν τε θεῶν τε.

Κρονίδης, Κρονίων heißt er κατ' ἐξοχήν.
μέγας der große

ὕπατος κρειόντων der höchste der Herrscher
ὕπατος μήστωρ der höchste Berather, Ordner der Welt
ὑψίζυγος in der Höhe waltend
ὑψιβρεμέτης in der Höhe donnernd
ἐρίγδουπος (πόσις) } laut donnernd (Höhe?)
τερπικέραυνος donnerfroh
ἀργικέραυνος hellblitzend
ἀστεροπητής } der Blitzschleuderer
στεροπηγερέτα
νεφεληγερέτα der Wolkenversammler
κελαινεφής schwarz umwöllt
εὐρύοπα der weitschauende oder weitdonnernde
ἐρισθενής } hochmächtig
ὑπερμενής
μητίετα der planreiche Denker, hochweise
κύδιστος der preiswürdigste
πανομφαῖος die Quelle aller Offenbarung
ἑρκεῖος der Hüter des Hauses
ἱκτήσιος der Hort der Schutzflehenden
ξείνιος der gastliche
ταμίης πολέμοιο Obwalter des Krieges
αἰγίοχος der Träger der Aegide
Δωδωναῖος Πελασγικός ἰδαῖος Ἴδηθεν μεδέων.

Anrufung: Ζεῦ τε πάτερ καὶ Ἀθηναίη καὶ Ἄπολλον!

ἡ αἰγίς der eherne, von Hephästos gearbeitete Schild des Zeus, die Aegide cf. Il. 5. 738. vgl. 15. 308; 2. 448; 18. 204; 21. 400; 24. 20; bisweilen auch von Athene und Apollon benutzt. cf. O. 22. 297.

ἀριπρεπής stattlich
ἐρεμνή finster, grauenvoll
ἐρίτιμος hochgepriesen
ἀγήραος nicht alternd
ἀθανάτη unsterblich
θεσπις anstürmend
δεινή furchtbar
θυσσανόεσσα mit Quasten besetzt
μαρμαρέη schimmernd
χρυσείη golden
φθισίμβροτος Menschen vernichtend
*ἀμφιδάσεια ringsum zottig

Zeus erscheint bei Hom. 1) als der unbeschränkte Gebieter der Götter (*Il.* 8. 12ff. 19. 258); 2) als Lenker der Jahreszeiten und der Witterung (s. d. Epith.); 3) als der Quell aller Offenbarung, πανομφαῖος (s. O. 2. 146; *Il.* 24. 290; 2. 324; 12. 209. O. 16. 320; *Il.* 1. 63; O. 20. 102; *Il.* 8. 75; 4. 381. 9. 236); 4) als Lenker der menschlichen Schicksale, insbesondere der Kriege und Schlachten (*Il.* 10. 71; 24. 527—33; O. 6. 188); 5) als Schützer al=

ler geheiligten menschlichen Institute, wie des Königthums, der Gesetze, der Familie, des Eides und des Gastrechts (O. 2. 69; 22. 335; 14. 57. 58; 9. 270; 6. 207; 13. 213. *Il.* 4. 160ff.)

Die Sage von seiner Erziehung in Kreta durch die Daktylen (Amalthea) ist Hom. unbekannt; erwähnt wird die Theilung der Herrschaft (*Il.* 15. 187); sein Orakel in Dodona *Il.* 2. 750; 16. 233.

Als Gattinnen u. Geliebte des Zeus erwähnt Hom.: Dione, Demeter, Leto, Here, Semele, Alkmene, die Gattin des Ixion (Dia), die Phönikerin (Europa), Danae, Laodamia (Mutter d. Sarpedon), Maja, Leda; nicht dagegen als solche: Themis (Mutter der Horen und Moiren), Eurynome (M. d. Chariten), Mnemosyne (Mutter der Musen), Selene (M. d. Pandia), Kallisto (Mutter d. Arkas), Metis (Pallas Athene).

IV. Die Söhne und Töchter des Zeus.

1. Παλλὰς Ἀθήνη ob. Ἀθηναίη (att. Ἀθηνᾶ).

Homer nennt sie die Tochter des Zeus αἰγιόχοιο Διὸς τέκος (nach der sp. S. sprang sie völlig bewaffnet aus dem Haupte des Zeus, daher nach Einigen Τριτογένεια,

nachdem dieser die Μῆτις verschlungen).

Διὸς ἐκγεγαυῖα

Τριτογένεια am Triton (Bach bei Alalkomene oder See in Libyen) geboren (A.: aus dem Haupte geboren)

ἀλαλκομενηΐς die Schirmerin von
  Alalkomenä, oder die Helferin
γλαυκῶπις eulenäugig, mit leuchtendem Auge
ἀτρυτώνη (stets in Verbindung mit
  Διὸς τέκος) die unermüdliche
ἀγελείη   } die Beutebringerin
ληῖτις   }
λαοσσόος Volk antreibend
μεγάθυμος hochherzig
πολύβουλος reich an Rath
ὀβριμοπάτρη die Tochter eines mächtigen Vaters
ἐρυσίπτολις Stadt schirmend
δεινὴ θεός, δῖα θεάων, κυδίστη πότνια.

Als Vorsteherin einzelner Künste (namentlich der Weberei), erscheint Athene O. 6. 233; 23. 160; 2. 116; 7. 110; 20. 72; Il. 9. 390; 14. 178 cf. Il. 5. 61. 15. 412. Weit häufiger ist sie Kriegsgöttin, und zwar, im Gegensatze zu Ares, die Göttin des mit Umsicht und Besonnenheit und daher mit Erfolg geführten Krieges. Als solche beschützt sie kühne, kluge Helden, wie Tydeus, Diomedes u. Odysseus. Dagegen straft sie Uebermüthige, wie den Telamonier Aias O. 11. 547 und Aias, den Sohn des Oïleus, O. 4. 502. — Als Hauptorte ihrer Verehrung nennt der Dichter Troja Il. 6. 297—310, Athen Il. 2. 548—51 u. Scherie O. 6. 291.

2. Φοῖβος Ἀπόλλων,
Λητοῦς καὶ Διὸς υἱός.

Φοῖβος der Strahlende (A.: Schreckende, noch A.: mit langem Haupthaar)

λυκηγενής der lichtgeborne
Σμινθεύς, von Σμίνθη, Stadt in Troja
*ἀκερσεκόμης mit ungeschorenem Haupthaar
ἀργυρότοξος mit silbernem Bogen
κλυτότοξος bogenberühmt
*ἀφήτωρ } der Absender (der Pfeile)
ἥϊος   }
ἑκατηβελέτης }
ἑκατηβόλος }
ἑκηβόλος   } der Ferntreffer
ἑκάεργος   }
ἑκατος   }
ἑκά?ργος weithin wirkend
χρυσάωρ mit goldenem Schwerte
λαοσσόος Volk anfeuernd
Διὶ φίλος, διὸς θεός.

Apollo ist bei Hom. 1) Jagd- und Hirtengott, daher beständig bewaffnet. (Sage von seinem Hirtendienst bei Laomedon Il. 21. 448 und bei Adrastos Il. 2. 763.) 2) Gott der Weissagung, der den Sehern, wie Kalchas, ihre Kunst verleiht Il. 1. 72. 86. O. 15. 252. Sein Tempel zu Pytho wird erw. Il. 9. 405. O. 8. 79; sein Altar auf Delos O. 6. 162. Il. 23. 660; Chryse, Killa und Tenedos stehen unter seinem besonderen Schutze (Il. 1. 37; 4. 505). 3) Todesgott. Er sendet den sanften Tod (O. 15. 410), wie den gewaltsamen, diesen oft als Strafe (Sage von Niobe Il. 24. 604; v. Otos und Ephialtes O. 11. 318, von der Pest im Achäerheere Il. 1. 43). 4) Gott des Citherspiels (Il. 1. 603 cf. O. 8. 488), aber nicht des Gesanges.

§. Ἄρτεμις,
Tochter des Zeus und der Leto.

πότνια θηρῶν die Herrin des Wildes
ἀγροτέρη die Flur liebend (strahlend)
χρυσήνιος mit goldenen Zügeln (A. golden)
χρυσόθρονος goldthronend
χρυσηλάκατος mit goldenem Pfeil
  (A. mit goldener Spindel)
ἐϋπλόκαμος mit schön geflochtenem
  Haar
ἰοχέαιρα die Pfeile entsendende
εὔσκοπος die gut zielende
κελαδεινή die lärmende
ἐϋστέφανος mit schöner Kopfbinde
  (oder schön gegürtet)
ἁγνή ehrwürdig, hehr

Sie ist bei Hom.: 1) Göttin der Jagd, daher stets mit
Bogen und Pfeilen bewaffnet, wie
ihr Bruder; 2) Todesgöttin,
die besonders den Frauen den Tod
sendet. (Sage von Niobe Il. 24.
604 ff. u. vom Orion O. 5. 123.
— Sage vom kalydonischen Eber,
den sie, zur Strafe für Vernachlässigung ihres Cultus durch Oeneus, in dessen Land sendet Il. 9.
529 ff.) Unbekannt ist Hom. die
Sage von Aktäon.

§. Ἄρης,

Sohn des Zeus und der Here, der
Gott der Schlachten.

*κορυθαίξ πολεμιστής der helmschüttelnde Streiter
κορυθαίολος mit goldenem Zügel (A.
  raschgleichend)
ἐγχέσπαλος die Lanze schwingend
χάλκεος ehern
ταλαύρινος (πολεμιστής) mit dem
  lederschilde kandhabend

πελώριος riesig
ὄβριμος gewaltig
ἀρτίπος flink
θοός schnell
θοῦρος anstürmend
ὀξύς heftig, hitzig
ἆτος πολέμοιο unersättlich am Kämpfe
οὖλος verderblich
αἴθων vernichtend
δήϊος feindselig
μιαιφόνος mordbefleckt, blutriefend
ἐννάλιος mörderisch
ἀνδρειφόντης Männer mordend
ἀνδροφόνος bend
βροτολοιγός Menschenverderber
λαοσσόος Volk anfeuernd
*βριήπυος laut schreiend
*ῥινοτόρος Schilde durchbohrend
τειχεσιπλήτης Mauerstürmer
πτολίπορθος Städtezerstörer
ἀλλοπρόσαλλος wetterwendisch
δεινός furchtbar
στυγερός verhaßt
πολύδακρυς thränenreich

Ἄρες, Ἄρες βροτολοιγέ, μιαιφόνε,
τειχεσιπλήτα Il. 5. 31.

Ueber seinen Lieblingsaufenthalt bei den Thrakern, Phlegyern
und Ephyrern cf. Il. 13. 301 ff.
O. 8. 361. Schilderung seines
Aeußern Il. 5. 860. O. 8. 331;
seine Gefangennehmung durch die
Aloaden Il. 5. 385; sein Liebeshandel mit Aphrodite O. 8. 267 ff.

Seine Söhne Ἀσκάλαφος u.
Ἰάλμενος kämpfen vor Troja Il.
2. 512; 15. 112; 9. 83; ihre
Mutter ist Ἀστυόχη, Tochter des
Aktor Il. 2. 513 ff.

Als Begleiter des Ares erschei-

nen bei Homer folgende Kriegs-
gottheiten:

a. Ἔρις.

Ἄρεος ἀνδροφόνοιο κασιγνήτη
ἑτάρη τε Il. 4. 440 (bei Hes. ist
sie eine Tochter der Nacht).

> ἄμοτον μεμαυῖα unaufhörlich be-
> gierig
> λαοσσόος- κρατερή, ἀργαλέη
> πολέμοιο τέρας μετὰ χερσὶν ἔχουσα
> b. i. den Regenbogen Il. 11. 4. (cf.
> 17. 547); nach Duentzer etwas der
> Aegis Aehnliches.

Personifizirt erscheint sie nur
Il. 4. 440; 5. 518, 20. 48; 11.
3ff.; 18. 535, erst in den kypri-
schen Gedichten als Göttin der
Zwietracht, in der Sage von dem
Erisapfel.

b. Ἐννώ,

bei Hes. Tochter des Phorkys u.
der Keto; bei Hom. Il. 5. 333,
593 als Begleiterin des Ares.

> πότνια- πτολίπορθος.

c. Κυδοιμός,

der Dämon des Schlachtgetümmels,
Begleiter der Vorigen Il. 5. 593;
18. 535.

> ἀναιδής, δηιοτῆτος schonungslos in
> dem Kampfe

d. Κήρ,

die Ker, die Göttin des gewalt-
samen Todes, als Begleiterin der
Eris Il. 18. 535.

> ὀλοή verderblich

e. Δεῖμος,

der Gott der Furcht, Dämon und
Wagenlenker des Ares Il. 4. 440,
11. 37, 15. 119.

f. Φόβος,

der Gott des Schreckens und der
Flucht, Sohn und Wagenlenker des
Ares Il. 4. 440, 15. 119, 13. 299.

> ἅμα κρατερός καὶ ἀταρβής uner-
> schrocken

(Ἐννάλιος, nach d. sp. S. Sohn
des Ares und der Enyo, ist bei
Hom. nur Epitheton des Ares).

5. Ἥφαιστος,

Sohn des Zeus und der Here,
Gott des Feuers und der Metall-
arbeiten. Seine Wohnung und
Werkstätte ist bei Hom. im Olymp.

> πέλωρ αἴητον das schnaubende Un-
> gethüm
> ἀμφιγυήεις auf beiden Füßen lahm
> κυλλοποδίων krummfüßig
> χωλός lahm
> ἠπεδανός hinfällig (Α. = ἤπιος)
> σθένει βλεμεαίνων stolz auf seine
> Stärke
> χαλκεύς in Erz arbeitend
> κλυτοεργός berühmt durch seine Werke
> κλυτοτέχνης, der geschickte Künstler
> πολύμητις, erfindungsreich
> πολύφρων sinnreich
> κλυτός- περικλυτός ἀγακλυτός

Über seine beiden Stürze aus
dem Olympos cf. Il. 18. 395 u.
1. 590, die Schilderung seiner Person Il. 18. 410 ff. Beschreibung
seiner Werkstätte Il. 18. 405.
Die berühmtesten von ihm verfer-
tigten Kunstwerke sind

1) die Aegide u. das Scepter des Zeus Il. 2. 101; 15. 309;

2) die Wohnungen der Götter und ihre Throne Il. 1. 606; 14. 166. 238. 367. Il. 20. 12;

3) die Waffen des Achill Il. 478 ff.;

4) das Netz, in welchem er Ares u. Aphrodite fing O. 8. 274;

5) die goldenen, mit Geist, Sprache und Kraft begabten Dienerinnen, auf die er beim Gange sich stützt Il. 18. 417;

6) die goldenen und silbernen, unsterblichen, nie alternden Hunde, die den Palast des Phäakenkönigs Alkinoos bewachen O. 7. 91;

7) die wandelnden Dreifüße Il. 18. 373 ff.;

Seine Gem. ist in der Ilias 18. 382 eine Χάρις (bei Hes. heißt sie Ἀγλαΐη) λιπαροκρήδεμνος mit glänzendem Schleier, καλή; in der Odyssee 8. 267 Ἀφροδίτη.

Die Kyklopen als Schmiedegesellen des Heph. (b. d. Sp. Arges, Steropes u. Pyrakmon) sind Homer unbekannt.

6. Ἑρμείας oder Ἑρμῆς, Sohn des Zeus und der Maia oder Μαιάς (O. 8. 335. 14. 334), der Göttergesandte.

Κυλλήνιος nch. d. Berge Kyllene in Arkadien, seinem Geburtsorte
χρυσόρραπις mit goldenem Stabe.
κρατύς stark

Ἀργειφόντης der Erleger des Argos (A. der Tilbote)
διάκτορος der Botschafter
ἀκάκητα der Heilbringer, Heiland
ἐριούνης ⎱ der starke Helfer
ἐριούνιος ⎰
σῶκος der Retter
δώτωρ ἑάων der Geber der Güter
ἐύσκοπος der treffliche Späher
ἄναξ.

Die Sage von seiner Geburt auf dem Berge Kyllene, von der Erfindung der Lyra und dem Diebstahl der Rinder des Apollo wird erst in den Hom. hymn. erzählt. Bei Hom. erscheint er als Götterbote (neben Iris) bei Aegisthos (O. 1. 37 ff.), bei Kalypso (O. 5. 29. 32), bei Priamos (Il. 24. 336); als Geleiter des Herakles in die Unterwelt (O. 11. 626) und des Odysseus bei Kirke (O. 10. 277 ff.); als Erleger des Argos heißt er Ἀργειφόντης (s. ob.); als Wagenlenker u. Mundschenk der Götter fungirt er O. 1. 143. Il. 24. 178. 440.

Seine Flügelsandalen und sein Wunderstab werden O. 5. 45 ff. erwähnt; als Todtenführer (ψυχοπομπός in der sp. Sage) erscheint er O. 24. 1 ff.; als Ertheiler des Schlafes (sp. ὑπνοδότης) Il. 24. 344; dem am Ende des Mahls gespendet wird (O. 7. 137).

7. Ἀφροδίτη, nach Hom. Tochter des Zeus u. der Dione; nch. d. sp. S. aus dem Schaume des von dem Blute des

Kronos befruchteten Meeres entsprossen. Hes. theog. 188 ff.

καλὴ θυγάτηρ Διός, ἀτὰρ οὐχ Ἐρε-
Κυπός die schöne, aber leichtsinnige Tochter des Zeus

Κύπρις, Κυθέρεια

ἐυστέφανος mit schöner Kopfbinde oder schön gegürtet

φιλομμειδής gern lächelnd

χρυσείη goldstrahlend

Ihr Zaubergürtel wird beschrieben Il. 14. 214 ff.; als Anstifterin des Krieges wird sie bezeichnet Il. 5. 349. cf. 24. 30.

Ihre Dienerinnen sind die Χά-ριτες, Grazien (s. unt.); folgende nach der sp. Sage in ihrem Gefolge befindliche Gottheiten kennt Hom. noch nicht:

Ἔρως (Sohn des Ares und der Aphrodite).

Πειθώ, die Göttin der Ueberredung, Suada.

Πόθος, den Gott des Verlangens.

Ἵμερος, den Gott der Sehnsucht.

Ὑμέναιος, den Gott der Hochzeiten (nach der sp. S. Sohn des Apollo und der Kalliope); b. Hom. ist ὑμήν der Hochzeitsgesang.

Ebenso wenig kennt Hom. die Sage von Adonis u. die von Harmonie (T. der Aphrodite und des Ares, Gem. des Kadmus).

8. Διάνυσος od. Διόνυσος Sohn des Zeus und der Semele, der Tochter des Kadmos cf. Il. 14. 325. 6. 132. O. 11. 325. Er erscheint bei Homer nie im Olymp oder sonst unter den handelnden Göttern und ist, wie es scheint, bei ihm ein bloßer Felddämon, der vielleicht nur ein Mal genannt wird, da die anderen Stellen, wo er vorkommt, schon von den alten Kritikern als unächt verworfen wurden." (Lobeck). Er heißt:

μαινόμενος Il. 6. 132.
χάρμα βροτοῖσιν Il. 14. 325.

Seine Flucht vor Lykurgos erzählt Homer Il. 6. 130—40.

V. Die übrigen Gottheiten.

19. Die Schicksalsgötter und die Erinyen.

1) Μοῖρα, die Parze. Hom. spricht stets nur von einer, außer Il. 24. 46. Sie heißt:
δυσώνυμος mit bösem Namen, ver-

κραταιή, ὀλοή, χαλεπή

Gleichbedeutend erscheint an 2 Stellen:
Αἶσα O. 7. 197; und Il. 20. 127 personifizirt und im Plur.

οἱ Κατακλῶθες oder Κλῶθες, die Spinnerinnen. O. 7. 197. Νόσφεωσ.

Erst bei Hes. theog. 218 werden drei Parzen als Kinder der Nacht erwähnt; Κλωθώ, Λάχεσις und Ἄτροπος.

Unbekannt sind Homer:

Τύχη (erst bei Alkman und Pindar als T. des Zeus);

Νέμεσις (nach Hes. th. 223 T. der Nacht) die Personifikation des moralischen Gefühls, die auch Ἀδρήστεια „die Unentrinnbare" genannt wird, und

Δίκη (T. des Zeus und der Themis nach Hes. th. 902), die Göttin der Gerechtigkeit.

Die Straf- und Rachegöttinnen sind bei ihm die

Ἐρινύες.

Er spricht bald von einer Ἐρινύς, bald von mehreren, ohne die Zahl und die Namen derselben anzugeben. Er nennt sie:

θεὰ δασπλῆτις mit der Fackel nahend (T. schwer nahend)

ἠεροφοῖτις im Dunkel einherschreitend

ἀμείλιχοι νηλεόποινα (unerbittlich)

στυγεραί verhaßt

Auch nach dem Tode noch strafen sie den Schuldigen, besonders

2) Die Heilgötter.

1) Παιήων, der Götterarzt cf. Il. 5. 401. 899. Od. 4. 232.

2) Εἰλείθυιαι, die Helferinnen bei der Geburt, nach Il.

den Meineidigen Il. 19. 259. cf. O. 20. 78.

Nach Hes. th. 185 gebar sie Gäa aus den Blutstropfen des Uranos; erst bei Apollodor finden sich ihre Namen: Τισιφόνη (Rächerin des Mordes), Μέγαιρα (die Schadenfrohe) und Ἀληκτώ (die nie Rastende).

Ueber die Κῆρες, die Todesgöttinnen, s. ob. C. XXIV. 1.

Verwandt mit den Schicksalsgöttern ist:

Ἄτη, Tochter des Zeus (Il. 19. 91); (nach Hes. Tochter der Eris), die Göttin der Verblendung, die selbst Zeus zu bestricken vermag; personifizirt Il. 9. 504 ff. 19. 126. 130. Sie heißt:

κρατερή mächtig

σθεναρή schnellfüßig

οὐλομένη unselig

(*λιπαροπλόκαμος (mit glänzenden Haarflechten) heißt ihr Haupt)

Ihre Gegnerinnen die Λιταί, die Göttinnen der Bitten, werden Il. 9. 502—12 geschildert. Sie heißen:

Διὸς κοῦραι μεγάλοιο

χωλαί lahm

*ῥυσαί runzlig

*παραβλῶπες ὀφθαλμώ schielend

Il. 270 Töchter des Zeus und der Here; cf. 19. 119. Der Sing. steht Il. 19. 103. 16. 187. O. 19. 188.

Sie heißen:

μογοστόκος Schmerzen erregend πικρὰς ὠδῖνας (Wehen) ἔχουσα.

(Ἀσκληπιός ist bei Homer ein heilkundiger Sterblicher, König in Thessalien, Vater des Poda-

leirios und Machaon; nach d. sp. Sage Sohn des Apollon und der Koronis oder Arsinoë, und Gott der Heilkunde.)

3. Die Windgötter.

Personifizirt erscheinen bei Homer:

1) Βορέης Il. 20. 223 ff. u.

2) Ζέφυρος Il. 23. 200; nicht dagegen Νότος, Ἀργέστης und Εὖρος.

Nach Hesiod sind die ersten 4 Söhne des Asträos und der Eos, Euros dagegen Sohn des Typhoeus; ἀργεστής findet sich bei Hom. nur als Epitheton des νότος = schnell, reißend; εὖρος und νότος als Appell. für Ost- und Südwind (cf. oben Cap. I).

Die in der Argonautensage vorkommenden Söhne des Boreas u. der Oreithyia (Tochter des Erechtheus), Ζήτης u. Κάλαϊς, kennt Homer nicht.

3) αἱ Ἁρπυιαι, die Wegraffenden, d. i. die Sturmgöttinnen.

Der Dichter nennt eine derselben Ποδάργη Il. 16. 150 als Mutter der von Zephyros gezeugten Rosse des Achill. Hes. erwähnt zwei: Ἀελλώ u. Ὠκυπέτη als Töchter des Thaumas (s. ob.) und der Oreanide Elektra cf. O. 1. 241; 20. 77.

4) Ἶρις (nch. Hes. Schwester der Harpyien), nur in der Ilias als windschnelle Götterbotin; erst bei späteren Dichtern ist sie Göttin des Regenbogens (cf. Il. 2. 786; 8. 398; 15. 144. 159. 172; 3. 121; 24. 76; 23. 198). Sie heißt:

Διὸς ἄγγελος
Ὀλύμπιος ἄγγελος
ἀελλόπος sturmfüßig
ποδήνεμος windfüßig
χρυσόπτερος mit goldenen Schwingen
ταχεῖα, ὠκέα, πόδας ὠκέα.

(Αἴολος ist bei Homer ein Sterblicher, Sohn des Hippotes, beherrscht der Aeolischen Insel, der nach O. 10. 1 ff. von Zeus die Gabe empfing, die Winde auszutheilen und zurückzurufen; daher heißt er:

ταμίης ἀνέμων der Schaffner der Winde

Sonst heißt er noch:

μεγαλήτωρ und φίλος ἀθανάτοισι θεοῖσι.

Die Beschreibung seines Wohnsitzes giebt Hom. O. X. 1 ff.

4. Die Feld- und Waldgötter.

Homer kennt nur die
Νύμφαι als Töchter des Zeus,
Bewohner der Haine, Quellen, Wiesen (Il. 20, 8. 9.), der Berge und der ländlichen Fluren, und unterscheidet 3 Arten mit besonderen Namen:

ὀρεστιάδες Bergnymphen,

ἀγρονόμοι Feldnymphen, als Gespielen der Artemis.

νηΐάδες
νηΐδες } Wasser- oder Quellnymphen
κρηναῖαι }

Epith.: ἐϋπλόκαμοι.

(Später kommen dazu δρυάδες oder ἀμαδρυάδες, Baumnymphen, λειμωνιάδες Wiesennymphen, ἀντριάδες Grottennymphen, ἐπιμηλίδες, μηλίδες, νόμιαι als Beschützerinnen der Heerden, ἀλσηΐδες Hainnymphen u. a.)

Von ihrer Verehrung spricht Hom. O. 14. 435 ff. — Vgl. über sie O. 10. 350; Il. 6. 420. O. 6. 105. 10. 348.

Unbekannt sind Homer: Pan (Sohn des Hermes oder Zeus), Priapos (Sohn des Dionysos und der Aphrodite), Silenos, Marsyas und die Satyrn überhaupt.

5. Die Gesangnymphen oder Musen und die Sirenen.

Homer spricht bald von einer Μοῦσα, bald von mehreren

Μοῦσαι. Die Neunzahl findet sich erst in dem unächten 24sten Buche der Od. v. 60. Nach Hom. sind sie Töchter des Zeus; Hes. nennt auch die Mutter Mnemosyne, eine der Titanen.

Sie heißen: κοῦραι Διὸς αἰγιόχοιο- Ὀλυμπιάδες- Ὀλύμπια δώματ᾽ ἔχουσαι.

Ihre Namen giebt Hes. theog. 76 in folgenden Hexametern:

Κλειώ τ᾽ Εὐτέρπη τε, Θάλειά τε Μελπομένη τε,
Τερψιχόρη τ᾽ Ἐρατώ τε Πολύμνιά τ᾽ Οὐρανίη τε
Καλλιόπη θ᾽ ἣ δὲ προφερεστάτη ἐστὶν ἁπασέων.

Nach der späteren Deutung ist:

Klio, die Muse der Geschichte (ihr Emblem die Rolle);

Euterpe, die Muse des lyrischen Gesanges (Flöte);

Thalia, die Muse der Komödie (komische Maske, Hirtenstab u. Epheukranz);

Melpomene, die Muse der Tragödie (tragische Maske und Epheu);

Terpsichore die Muse des Tanzes (Lyra u. Plektrum);

Erato die Muse der erotischen Poesie und der Mimik (Embl. wie b. Terpsichore);

Polhymnia die Muse der Hymnen;

Urania die Muse der Sternkunde (Globus und Radius);

Kalliope die Muse des Epos (Wachstafel und Stilus).

Die Musenberge Parnassos, Helikon und Kithäron sind Hom. als solche ebenso unbekannt, wie das Musenroß Pegasos, die Musenquellen Peirene, Hippokrene, Kastalia und Aganippe. Er kennt die Sage von dem durch die Musen geblendeten Sänger Θάμυρις Il. 2. 595 (S. des Philammon und der Nymphe Antiope); nicht die von Orpheus (S. des Oiagros und der Kalliope, Gem. der Eurydike); von Linos und Musaios; ebenso wenig Pierien

als Musensitz und Apollon als Μουσαγέτης.

Die homer. Stellen über die Musen sind Il. 1. 604; 2. 484. 491. Od. 1. 10; 24. 60.

2) Die Σειρῆνες (Sing. Σειρήν). Homer erwähnt 2 (Σειρήνοιϊν O. 12. 52) auf einer wüsten Insel zwischen Aeäa und dem Felsen der Skylla wohnend (O. 12. 39). Gestalt, Namen und Abstammung derselben verschweigt er. Nach der späteren Sage sind sie Töchter des Phorkys, oder der Erde, oder des Acheloos und der Muse Terpsichore; ihre Namen werden verschieden angegeben; gewöhnlich heißen sie: Parthenope, Leucosia und Ligeia, bei Anderen: Aglaopheme, Aglaope und Thelxiepeia (cf. der Schol. zu O. 12. 39).

Ihre Epitheta bei Hom. sind: θεσπέσιαι göttlich redend λίγυραι lauft singend

6. Die Chariten, Grazien.

Χάρις, Χάριτες. Hom. scheint mehr als drei anzunehmen; er nennt eine der jüngeren Grazien Χαρίτων ὁπλοτεράων mit Namen, Πασιθέη, welche von Here dem Hypnos zur Gemahlin versprochen wird Il. 14. 269. 275) und eine andere Χάρις, Ἡφαιστόροιο als Gattin des Hephästos Il. 18. 382. Außerdem er-

scheinen sie als Dienerinnen Here's und Aphrodite's O. 8. 364; 18. 194; Il. 5. 338 und sonst noch Il. 17. 51. Od. 6. 18.

Nach Hes. sind sie Töchter des Zeus und der Okeanide Eurynome und heißen: in folgenden

Ἀγλαΐη, Εὐφροσύνη und Θαλίη.

7. Die Horen.

Die ῏Ωραι sind bei Homer die Thürhüter des Olympos und Führerinnen der Jahreszeiten und der Witterung (Il. 24. 393. Od. 10. 469. Il. 21. 430); außerdem erscheinen sie als Dienerinnen der Here Il. 8. 433. Ihre Zahl und Namen erwähnt Hom. nicht.

Nach Hes. sind sie Töchter des Zeus und der Themis und heißen:

Εὐνομίη, Δίκη und Εἰρήνη.

Im alten Athen verehrte man sie unter den Namen Θαλλώ und Καρπώ.

Epith.: *πολυγηθέες viele Freuden bringend

8. Hebe und Ganymedes.

῞Ηβη, Tochter des Zeus und der Here, Gemahlin des vergötterten Herakles (O. 11. 603), ist die Dienerin der Götter ohne einen scharf begränzten Wirkungskreis (Il. 4. 2; 5. 722; 5. 905); erst später wird sie als die Mundschenkin der Götter und als Göttin der Jugend gedacht.

καλλίσφυρος schlankfüßig
πότνια hehr

Γανυμήδης, Sohn des Königs von Troja, Tros, nach Il. 20. 232; 5. 266 von den Göttern wegen seiner Schönheit in den Himmel versetzt, um als Mundschenk zu dienen.

Seine Entführung durch den Adler des Zeus ist spätere Sage.

Dritter Abschnitt.

Aus der homerischen Erdkunde.

Cap. XXV.

I. Meere und Seen.

Von einzelnen Meeren erw. Homer nur:

1) den πόντος Ἰκάριος Il. 2. 145, den südöstlichen, und

2) den πόντος Θρηΐκιος Il. 23. 230, das thrakische Meer, den nördlichen Theil des ägäischen Meeres;

3) den Μέλας oder Μέλας πόντος Il. 24. 97, die schwarze Bai, zwischen dem thrakischen Festlande und der thrakischen Chersones;

4) den Ἑλλήσποντος.

Er heißt:
πλατύς breit
ἀπείρων unbegränzt
ἀγάρροος stark schäumend
ἰχθυόεις fischreich

Von Seen werden erwähnt:

1) die λίμνη Κηφισίς, später ἡ Κωπαΐς λίμνη gen. in Böotien;

2) die λ. Βοίβηΐς bei Bölhe in Thessalien;

3) die λ. Γυγαίη in Lydien, am Berge Tmolos.

II. Flüsse, Bäche und Quellen.

a. In Europa.

Ἀξιός in Makedonien (heute Vistrizza).
μέγας· εὐρὺ ῥέων· εὐρυρέεθρος· βαθυδίνης.

Πηνειός in Thessalien (h. Salambria).
ἀργυροδίνης silberstrudelnd

Ἐνιπεύς desgl., Nebenfluß des vorigen.
θεῖος· δινήεις.

Τιταρήσιος ebenf. Nebenfluß des Pen.

Σπερχειός in Thessalien

ἀπείρες hin...den strömd
ἀπείρες unermüdlich

Βοάγριος, Waldstrom in Lokris.

Κηφισός in Phokis, in den Kopais-See mündend.

διος.

Ἀσωπός in Böotien.

φραδόσχοινος durch dichte Binsen strömend

λεχεποίης von grasreichen Wiesen umsäumt

b. In Asien

Αἴσηπός in Phrygien b. Kyzikos.

Κάρησος, Nebenfluß desf.

Γρήνικος (att. Γράν.) in Kleinmysien.

Rhesos, Nebenfluß desf.

Σατνιόεις, Waldbach in Mysien

Σαγγάριος in Bithynien

Παρθένιος, Gränzfluß zwisch. Paphlagonien und Bithynien

Ῥοδίος in Troas

Πράκτιος in Troas bei Abydos

Σκάμανδρος oder Ξάνθος in Troas (h. Mendere-Su)

ἠϊόεις ἰχθυόεις (?) διος· διατρεφής· διιπετής· μέγας· δινήεις· ἀργυροδίνης· βαθυδίνης· βαθυδινήεις· εὔρρου ῥέων· εὔρροος· εὐρρείς· δεινός.

Σιμόεις, Nebenfluß des vor. (h. Ghumbre)

Σελλήεις in Troas b. Arisbe

Μαίανδρος in Jonien und Phrygien bei Milet (berühmt weg. seiner vielen Krümmungen)

Κάϋστριος in Lydien und

Ἀχελῷος zwischen Aetolien u. Akarnanien (h. Aspro-Potamo).

Ἀλφειός in Arkadien u. Elis.

δερ...διος ῥέει διὰ Πυλίων διὰ γαίης.

Κελάδων in Elis oder Arkadien.

Σελλήεις
Ἰάρδαρος } in Elis.

Ἰάρδανος in Kreta.

b. In Asien

Jonien bei Ephesus (berühmt durch seine Schwäne)

Ἑρμός in Aeolis (bei Smyrna)

δινήεις.

Ὕλλος in Jonien, Nebenfluß des vor.

ἰχθυόεις.

Ξάνθος in Lycien.

Außer diesen wird bei Homer noch erw.:

Αἴγυπτος d. i. der Nil

διιπετὴς ποταμός· εὐρρείτης.

Quellen:

Ἀρέθουσα in Ithaka

Ὑπέρεια in Pherä in Thessalien

Μεσσηίς bei Hellas in Thessalien oder bei Therapne in Lakonien

Κρουνοί, Quelle und Flecken im südlichen Elis O. 15. 295 (v. sp.)

Ἀρτακίη κρήνη καλλιρέεθρος in dem Lästrygonenlande.

Von der fabelhaften Strömen erwähnt Homer den *Ὠκεανός*, den breiten, die Erdscheibe umfließenden Weltstrom. (Die Epith. s. Cap. XXIV.) und

die Flüsse der Unterwelt (Cap. XXII).

Dagegen kennt er den *Κηφισός nicht*.

Σκέλλεις

III. Berge, Felsen und Hügel.

a. In Europa.

τὸ *Νυσήιον* Berg in Thrale

ὁ *Ὄλυμπος* zw. Thessalien und Makedonien (h. Elimbo). Die Epith. s. ob. Cap. XXIV.

ἡ *Ὄσσα* in Thessalien, Wohnsitz der Kentauren

τὸ *Πήλιον* in Thessalien

εἰνοσίφυλλον laubschüttelnd

Τίτανος in Thessalien

ὁ *Ἀθόως* (sp. Ἄθως) auf der Halbinsel Chalkidike (h. Monte Santo)

ὁ *Παρνησός* (att. Παρνασσός) in Phokis

αἰπὺ- κατατειμένον ὕλῃ mit Wald bekleidet

Γεραιστός Vorgebirge in Euböa

Γυραί (πέτραι μεγάλαι) oder *Γυραίη πέτρη*, Felsgruppe bei Euböa, an der Ajax, der S. des Oileus, scheiterte und umkam

Σούνιον Vorgebirge in Attika (h. Cap Colonna)
ἱρὸς ἄκρον Ἀθηνέων

Ἐρύμανθος } in Arkadien
Κυλλήνη } ὄρος αἰπύ

Ὠλενίη πέτρη in Achaja an der Gränze von Elis.

Ἀλεισίου κολώνη in Elis (viell. ein Grabhügel Il. 11, 757)

Τηΰγετος in Lakonien
περιμήκετος sehr lang, hoch

Μάλεια und *Μάλειαι* Vorgebirge in Lakonien (jetzt Cap San-Angelo)

Νήριτον Gebirge auf Ithaka
ἀριπρεπές sehr hervorstechend
εἰνοσίφυλλον.
κατατειμένον ὕλῃ.

Νήιον Berg in Ithaka
ὑλήεν waldig

Κόρακος πέτρη der Rabenfels in Ithaka.

b. In Asien.

Πλάκος Berg in Mysien
ὑλήεσσα.

Τήρεια Berg in Mysien

Ἴδη Gebirge in Phrygien (Troas)
πιδήεσσα } quellenreich
πολυπίδαξ }

ὑλήεσσα walbig
πολύπτυχος ſchluchtenreich
ὑψηλή hoch
μήτηρ θηρῶν die Mutter des Wildes

Seine Spitze heißt Γάργαρον
Il. 14. 292.

Λεκτόν Vorgebirge in Troas,
Lesbos gegenüber

Βατίεια (der Dornberg) Hügel
bei Troja
αἰπεῖα κολώνη, περίδρομος ἔνθα καὶ
ἔνθα.

Καλλικολώνη (Schönbuhl)
Hügel in der troiſchen Ebene

Σίπυλος zwiſchen Lydien u.
Phrygien

Τμῶλος in Lydien
νιφόεις ſchneebedeckt

Μυκάλη Vorgebirge in Jo-
nien, Samos gegenüber (h. Cap
S. Maria)

M—ης αἰπεινὰ κάρηνα.

Μίμας Vorgebirge öſtlich von
Chios

Πράμνη, wahrſcheinlich Berg
auf der Inſel Ikaria (nur in dem
adj. Πράμνειος)

Φθειρῶν ὄρος (Fichtenberg)
in Karien.

Fabelhafte Felſen:

1) αἱ Πλαγκταί, die Prall-
felſen O. 12. 61; nach den Alten
vor der nördlichen Oeffnung der
ſicilischen Meerenge; nch. A. iden-
tiſch mit den Συμπληγάδες am
Eingange des Bosporos.

2) ἡ Λευκὰς πέτρη, der
weiße Fels, am Ufer des Okeanos
Od. 24. 11.

IV. Die Inſeln.

**1. An der Oſt- und Südküſte Griechen-
lands:**

Σκῦρος, Geburtsort des
Neoptolemos

Εὔβοια (h. Egribo)
ἱερή.

Αἴγινα im ſaroniſchen Meerbuſen

Σαλαμίς im ſaroniſchen
Meerbuſen

Κύθηρα τὰ ſüdweſtlich von
Malea

ζάθεα hochheilig

Κρανάη, kl. Inſel im la-
koniſchen Meerbuſen (ob. b. Attika)

2. An der Weſtküſte:

Ζάκυνθος (h. Zante) im
joniſchen Meere
ἀλήεις oder ὑλήεσσα

Σάμη oder Σάμος, das ſp.
Κεφαλληνία (h. Cefalonia)
παιπαλόεσσα vielfach gewunden oder
klippenreich

Ἰθάκη (h. Theaki ob. Tiaki)

τρηχεῖα καὶ οὐχ ἱππήλατος· οὐδὲ
   λίην λυγρή, ἀτὰρ οὐδ' εὐρεῖα,
   αἰγίβοτος δ' ἀγαθὴ καὶ βούβοτος.
ἀγαθὴ κουροτρόφος die Jugend gut
   ernährend
ἀμφίαλος meerumströmt
εὐδείελος weithin sichtbar
ἐυκτιμένη wohl angebaut
κραναή felsig
ὑπονήιος am Fuße des Neïon liegend
παιπαλόεσσα.
χθαμαλή (?) O. 9. 26.
Ἰθάκης πίων δῆμος O. 14. 329.

Δουλίχιον, eine der Echi=
naden südöstlich von Ithaka; nch.
A. eine später untergegangene In=
sel oder ein Theil von Kephallenia.

Ἐχῖναι αἱ b. sp. *Ἐχινάδες*,
eine Inselgruppe an der Mündung
des Acheloos; nch. A. bei Elis

ἱεραὶ νῆσοι.

Τάφος an der Westküste von
Akarnanien

Ἀστερίς, eine kleine (vielleicht
von Homer erdichtete) Insel zw.
Same und Ithaka

νῆσος πετρήεσσα οὐ μεγάλη.

Αἰγίλιψ, kl. Insel bei Epiros
(nach A. Ort in Ithaka ob. Akar=
nanien)

Κροκύλεια, kl. Insel b. Ithaka
(nach A. Ort in Akarnanien).

3. An der afiatischen Küste:

Σάμος Θρηικίη sp. *Σαμο-
θρᾴκη*, auch blos *Σάμος* gen.

Ἴμβρος (h. Imbro)

παιπαλόεσσα.

Λῆμνος (h. Stalimene), dem
Hephästos heilig
*ἀμιχθαλόεσσα nebelig, räucherig
   (durch den Vulkan)
ἠγαθέη hochheilig
ἐυκτιμένη.

Τένεδος an der Küste von
Troas

Λέσβος (h. Metelino)
ἠγαθέη· ἐυκτιμένη.

Ψυρίη sp. *Ψύρα*, kleine Insel
zwischen Lesbos und Chios

Χίος (h. Scio)
παιπαλόεσσα.

Κόως, Κῶς (h. Stanchio ob.
Ko) bei Karien

ἐυναιομένη.

Νίσυρος, kl. Insel bei Kos,
zu den Sporaden gehörig

Καλύδναι sc. νῆσοι bei Kos

Ῥόδος (h. Rhodis)

Σύμη zwischen Rhodos und
Knidos

Κάρπαθος ob. Κραπ. zw.
Kreta und Rhodos

Κάσος in der Nähe der vo=
rigen.

4. Zwischen Hellas und Asien:

Δίη sp. *Νάξος*, dem Dio=
nysos heilig

ἀμφιρύτη rings umströmt

Δῆλος, eine der Cykladen,
dem Apollo u. der Artemis heilig,
früher Ortygia genannt.

5. Südlicher gelegene:

Κρήτη, auch *Κρῆται* (h. Candia)

καλὴ καὶ πίειρα, περίρρυτος.

εὐρεῖη- ἑκατόμπολις mit 100 Städten

Κύπρος an der kilikischen Küste (h. Cipro), der Aphrodite heilig

Σικανίη, der alte Name für *Σικελία* O. 24. 307 (nch. A. ein mythisches Land)

Φάρος, kl. Insel vor der Nilmündung, Sitz des Proteus.

Zweifelhaft ist, ob Homer *Σαρδώ* Sardinien kennt; Einige beziehen darauf das adj. *Σαρδάνιος* O. 20. 302.

6. Fabelhafte Inseln:

Αἰαίη νῆσος, die Insel der Kirke im fernen Nordwesten O. 10. 135; 12. 3.

Αἰολίη νῆσος, die Insel des Aeolus; nach den Alten eine der liparischen Inseln; nch. Voelcker eine der ägatischen; nch. Voss eine schwimmende (*πλωτή*) Insel, die einmal östlich von Trinakia, das andere Mal westlich vom Atlas erscheint O. 10. 1 ff.

Θρινακίη, die nur von den Rindern des Helios bewohnte Insel O. 11. 107; 12. 127 ff. 351. Nach manchen Erklärern: Sicilien.

θεοῦ ἀμύμων νῆσος.

Ὀρτυγίη eig. Wachtelland, ein fabelhaftes Land, wo Artemis den Orion tödtete; nach Einigen Delos oder Rheneia bei Delos O. 5. 123; 15. 404.

Συρίη, mythische Insel im äußersten Westen, nördlich von Ortygia, Vaterland des Eumäos; nch. Ein. Syros, eine der Kykladen od. an der Ostküste Siciliens O. 15. 403.

ἀγαθή, εὔβοτος, εὔμηλος, οἰνοπληθής, πολύπυρος.

Ὠγυγίη, der Wohnsitz der Kalypso O. 1. 85; 6. 172; 7. 244, nach den Alten die Insel Gaudos bei Malta; nach den neueren Erklärern im nordwestlichen, nach A. im südwestlichen Meere gedacht. Sie heißt:

νῆσος ἀμφιρύτη ὅθι τ᾽ ὀμφαλός ἐστι θαλάσσης
νῆσος δενδρήεσσα baumreich

Die Ziegeninsel in der Nähe des Kyklopenlandes O. IX. 116.

V. Länder und Völker.

1. Griechenland nebst Thrakien und Epirus.

Eine Bezeichnung für ganz Griechenland mit einem Namen findet sich bei Homer noch nicht.

Er sagt dafür *Ἑλλὰς καὶ μέσον Ἄργος* (Od. 1. 344; 4. 726) oder *Ἄργος καὶ Ἀχαιίς*

(*Il.* 3. 75) b. i. der Peloponnes und das übrige Griechenland.

Die Einwohner heißen an 4 St. *Παναχαιοί* (*Il.* 2. 404; 23. 236. O.1.239; 14.369); an einer *Πανέλληνες καὶ Ἀχαιοί Il.* 2. 530. Sonst heißen sie bei Hom. gewöhnlich:

1) *Ἀχαιοί* nach dem mächtigsten Volksstamm. Epith. derselben sind:

ἑλίκωπες freudig oder muthig blickend (A.: mit gewölbten, schön geschnittenen Augen)

χαλκοχίτωνες erzgewappnet

ἐυκνήμιδες wohl umschient

καρηκομόωντες mit reichem, wallendem Haupthaar

χαλκοκνήμιδες mit ehernen Beinschienen

ἀρήιοι
ἀρηίφιλοι } streitbar
φιλοπτόλεμοι

μένεα πνείοντες muthbeseelt

μένος ἄσχετοι unbezwinglich

μεγάθυμοι hochherzig

ὑπερκύδαντες hochberühmt

Das Fem. *Ἀχαιίς* ist bald Bezeichnung des übrigen Achäerlandes im Gegensatze zu Argos (siehe ob.) und heißt dann:

καλλιγύναιξ mit schönen Frauen gesegnet

πουλυβότειρα Viel ernährend

bald = Achäerin, mit den Nebenformen

Ἀχαιιάς, άδος und

Ἀχαιά. Der Dichter nennt sie:

ἐύπεπλοι Il. 5. 424 mit schönem Gewande

ἐυπλοκαμίδες O. 2. 119

2) *Ἀργεῖοι* nach den Bewohnern des mächtigsten Reiches.

αἰχμηταί Lanzenschwinger

θωρηκταί gewappnet

φιλοπτόλεμοι· χαλκοχίτωνες

das *Fem.* ist *Ἀργείη.*

So heißen speziell *Ἥρη* und *Ἑλένη.*

3.) *Δαναοί* nach dem Stammvater der Argiver.

αἰχμηταί

ἀσπισταί

ταχύπωλοι

φιλοπτόλεμοι

θεράποντες Ἄρηος

ἴφθιμοι

———

Θρῄκη (att. *Θρᾴκη*) Thrakien, bei Homer alle über Thessalien hinaus liegenden Länder

ἐριβῶλαξ starkschollig

μήτηρ μήλων.

Θρήικες oder *Θρῇκες,* die Einwohner.

*ἀκρόκομοι auf dem Scheitel behaart, weil sie die Haare auf dem Scheitel in einen Knoten zusammenbanden

δολίχ' ἔγχεα χερσὶν ἔχοντες

ἱπποπόλοι Rosse tummelnd

Als Landschaften und Völker in Thrakien werden erwähnt:

Κίκονες an der südl. Küste von Thrakien.

αἰχμηταί· ἤπειρον ναίοντες, ἐπιστά-μενοι μὲν ἀφ' ἵππων ἀνδράσι μάρνασθαι καὶ ὅθι χρὴ πεζὸν ἐόντα.

Μυσοί, ein Volksstamm an der Donau *Il.* 13. 5.

Παιονίη.

ἐριβῶλαξ· ἐρίβωλος
Παίονες.
ἀγκυλότοξοι
ἄνδρες δολιχεγχέες
ἱπποκορυσταί mit Roſſen gerüſtet

Ἠμαθίη (ἐρατεινή), der äl-
tere Name von Makedonien.

Πιερίη an der Gränze von
Makedonien und Theſſalien.

In Theſſalien, das Hom.
unter dieſem Namen nicht erwähnt,
(die theſſaliſche Ebene am Peneios
bezeichnet er mit dem Namen Ἄργος Πελασγικόν) liegen:

Φθίη am Spercheios.
μήτηρ μήλων· βωτιάνειρα· ἐριβῶλαξ·
ἐρίβωλος.

Die Einwohner: Φθῖοι.

Ἑλλάς, άδος zwiſchen Aſo-
pos und Enipeus.
εὐρύχορος· καλλιγύναιξ

Beide zuſammen bildeten das
Reich der Myrmidonen unter Peleus und Achill.

Πηρείη, Landſchaft b. Pherä
Il. 2. 766 (al. Πιερίη).

Es wohnen in Theſſalien folgende Völker:

Περαιβοί, Pelasger am Ti-
tareſios.
μενεπτόλεμοι.

Δόλοπες am Enipeus, ſpä-
ter am Pindos.

Φλεγύαι oder Φλέγυες
bei Gyrtone, ſp. in Böotien
μεγαλήτορες.

Αἴθικες am Pindos Il. 2.
744.

Λαπίθαι um Olympos und
Pelion
αἰχμηταί.

Μυρμιδόνες, achäiſches
Volk in Phthiotis.
μεγαλήτορες· φιλοπτόλεμοι· ταχύ-
πωλοι· ἐγχεσίμωροι· λύκοι ὡς
ὠμοφάγοι.

Ἕλληνες, die Bewohner von
Hellas Il. 2. 684.

Μάγνητες, die pelasgiſchen
Bewohner der Landſchaft Magneſia.

Ἐνιῆνες (ſp. Αἰνιᾶνες) am
Oſſa, ſpäter in Epirus.

Ἔφυροι, die Bewohner von
Krannon, das früher Ephyre hieß.

Ἄπειρος Epirus Od. 7. 89.

Θεσπρωτοί, Pelasgiſches
Volk bei Dodona.

Südlich von Epirus und
Theſſalien:

Τάφιοι, ein lelegiſcher Volksſtamm auf der Weſtküſte von Akarnanien und den Inſeln an derſelben,
auch Teleboer genannt.
λῃστῆρες· λῃίστορες ἄνδρες (Seeräuber) φιλήρετμοι ruderliebend

Αἰτωλοί.
μεγάθυμοι· μενεχάρμαι kampfmuthig

Κουρῆτες, ein alter ätoliſcher
Volksſtamm, um Pleuron wohnend.

Λοκροί, und zwar nur die
epiknemidiſchen oder opuntiſchen Il.
2. 527; 13. 686; 712.

Δωριέες am Fuße des Oeta.

Φωκεῖς die Bewohner von Phokis.

Βοιωτοί die Böoter.

μάλα πίονα δῆμον ἔχοντες.
χαλκοχίτωνες.

Μινύαι, die alten Bewohner von Orchomenos (nur in dem adj. *Μινύϊος*).

Ἰάονες die Joner, nach den Schol. die Bewohner von Attika.

ἑλκεχίτωνες mit schleppenden Gewändern

In der Peloponnes:

Αἰγιαλός, das spätere Achaja

Καύκωνες, pelasgisches Volk in Triphylien und um Dyme in Achaja O. 3. 366.

Ἦλις bei Homer nur Landschaft, nicht Stadt; die spätere Eintheilung in *Κοίλη, Πισᾶτις* und *Τριφυλία* kennt er nicht.

δῖα ὅθι κρατέουσιν Ἐπειοί· εὐρύχορος· ἱππόβοτος.

Ἠλεῖοι die Einwohner *Il.* 11. 671.

Ἐπειοί, die ältesten Bewohner von Nord-Elis.

φαιδιμόεντες mit glänzender Rüstung bekleidet
μεγάθυμοι· χαλκοχίτωνες.

Πύλος, das pylische Reich, das mittlere und südliche Elis und ein Theil Messeniens

ἠγαθέη hochheilig
ἠμαθόεις sandig
ἱρή· μήτηρ μήλων

Πύλιοι die Einwohner

Μεσσήνη, kleiner Landstrich um Pherä im sp. Messenien O. 21. 15.

Λακεδαίμων Lakonien

κοίλη im Thale liegend (zw. Taygetos und Parnon)
κητώεσσα schluchtenreich
δῖα· ἐρατεινή· εὐρύχορος.

Γερηνία, Landschaft iu Lakonien (nch. A. Stadt), nur in d. adj. *Γερήνιος.*

Ἀρκαδίη Arkadien, die Einw.
Ἀρκάδες ἐγχεσίμωροι· ἐπιστάμενοι πολεμίζειν

Ἄργος, d. sp. Argolis. 1) so weit es zu dem Gebiete des Agamemnon, K. v. Mykenä, gehörte *Il.* 1. 30; 2. 108; 2) Stadt Argos und Gebiet derselben unter Diomedes.

Außerdem ist *Ἄ.* Bezeichnung für die Peloponnesos, die Hom. unter diesem Namen noch nicht kennt.

Ἀχαιϊκόν das Land der Achäer
οὖθαρ ἀρούρης das Euter der Flur d. i. das Land des Segens, das gesegnete Land

Ἴασον (nach Jasos, einem Sohne oder Enkel des Argos, B. d. Jo; nach dem Schol.)
πολυδίψιον viel dürstend (A.: heiß ersehnt)
πολύπυρον weizenreich
ἱππόβοτον Rosse weidend
κλυτόν gepriesen *Il.* 24. 437.

Auf den Inseln:

Σίντιες (b. h. Räuber) die

ältesten, wahrscheinlich thrakischen Bewohner von Lemnos

ἀγριόφωνοι mit wilder (barbarischer) Sprache

Ἄβαντες, die ältesten, thrakischen Bewohner von Euböa

ὄπιθεν κομόωντες die am Hinterkopfe lang behaarten d. i. vorne geschorenen

θοοί rüstig — μένεα πνείοντες- μεγάθυμοι- αἰχμηταί.

Κεφαλλῆνες die Bewohner des von Odysseus beherrschten Kephallenischen Reiches (aus Same, Ithaka, Zakynthos, Dulichion und einem Theile des Festlandes bestehend).

μεγάθυμοι.

Κρῆτες χαλκοχίτωνες nach Od. 19. 175 in 5 Stämmen:

Ἐτεόκρητες (μεγαλήτορες) die Ureinwohner.

Δωριέες (τριχάϊκες d. i. helmbuschschüttelnd von θρίξ und ἀΐσσω)

Ἀχαιοί

Κύδωνες und

Πελασγοί (δῖοι)

Ῥόδιοι (ἀγέρωχοι reichbegabt; oder stolz, glanzvoll; A.: Wagenversammler; Goebel: sehr ungestüm v. ἐρωή).

Σικελοί als Sklavenhändler erwähnt O. 20. 383; 24. 211. 366. 389.

2. Länder und Völker außerhalb Griechenlands.

Τροίη Troja, das troische Land in Kleinasien, der Küstenstrich vom Flusse Aesepus bis zum Kaïkos. (An 90 Stellen, fast immer Bezeichnung des Landes, selten der Stadt, die an 120 St. Ἴλιος heißt, mit welchem letzteren Namen das Land nie bezeichnet wird. Gladstone).

ἐριβῶλαξ ἐρίβωλος- εὐρεῖα.

Die Einwohner Τρῶες heißen

χαλκοχίτωνες- αἰχμηταί- ἀγέρωχοι s. ob. bei Ῥόδιοι

ἱππόδαμοι Rossebezwinger
κέντορες ἵππων Tummler der Rosse
θωρηκταί gepanzert
αὐίαχοι zusammenschreiend
ἄρρηκτοι lärmend
εὐηγενέες edelgeboren

ἀγαυοί bewunderungswerth, trefflich
ἀγήνορες sehr mannhaft
ἄλκιμοι stark
ὑπέρθυμοι
μεγάθυμοι } hochherzig
μεγαλήτορες
ὑπερφίαλοι
ὑπερηνορέοντες } übermüthig
μαχηταί
φιλοπτόλεμοι } streitbar
ἀκόρητοι αὐτῆς
μάχης ἀκόρητοι
ἄμοτον μεμαῶτες.

Fem.: Τρωάς, άδος die Troerin

ἑλκεσίπεπλοι mit schleppenden Gewändern

und Τρωή, Τρωαί (ἐϋπλόκαμοι)

Δάρδανοι die Einwohner

der kleinen Landschaft *Δαρδανίη* oberh. Troja's am Hellespont, von Aeneas beherrscht.

Fem.: *Δαρδανίδες* Dardanerinnen

βαϑύκολποι tief gegürtet (eig. mit tief bauschigem Gewande)

Θύμβρη, Gegend in Troas

Ἁλιζῶνες, Volk am Pontos in Bithynien

Παφλαγόνες am Pontos zwischen dem Halys und Phrygien

μεγάϑυμοι· ἀσπισταί· μεγαλήτορες

Ἐνετοί, Volk in Paphlagonien, ὅϑεν ἡμιόνων γένος ἀγροτεράων.

Καύκωνες, ein wahrscheinlich pelasgischer Volksstamm in Bithynien

μεγάϑυμοι.

Ἀσκανίη, Landschaft in Bithynien

ἐριβῶλαξ Il. 13. 793

Μυσοί aus Thrakien eingewandert, vom Aesepos bis zum Olympos

ἀγχέμαχοι aus der Nähe kämpfend — ἀγέρωχοι· καρτερόϑυμοι.

Κήτειοι in Mysien O. 11. 521.

Λέλεγες, pelasgisches Volk auf der Südküste von Troas, Lesbos gegenüber

φιλοπτόλεμοι.

Φρυγίη, theils am Hellespont, theils am Sangarios

ἀμπελόεσσα rebenreich

Φρύγες

ἀνέρες αἰολόπωλοι Rosse tummelnd ἱππόδαμοι.

Ἀσκανίη, kleine Landschaft in Phrygien Il. 2. 863.

Μῃονίη, alter Name von Lydien.

ἐρατεινή.

Ἀσίω λειμών die Aue des Asias (nach einem alten lydischen Könige)an den Ufern des Kaystros

Μῄονες Lyder

ἱπποκορυσταί.

Πελασγοί, Volk in Klein-Asien bei *Κύμη*.

δῖοι· ἐγχεσίμωροι

Κάρες im südwestlichen Klein-Asien

βαρβαρόφωνοι barbarisch redend

Λυκίη Landschaft im Süden Klein-Asiens zwischen Karien und Pamphylien Il. 2. 877 verschieden von

Λυκίη, Landschaft am Fuße des Jda am Aesepus

ἐριβῶλαξ· εὐρεῖα· πίων δῆμος.

Λύκιοι

*ἀμιτροχίτωνες die keine Mitra unter dem Waffenrocke tragen

πύκα ϑωρηκταί· ἀσπισταί· ἀντίϑεοι· ἴφϑιμοι.

Σόλυμοι, Volk in Lykien

κυδάλιμοι.

Κίλικες, zu Homer's Zeit in Großphrygien in zwei Reichen mit den Hauptstädten Thebe am Plakos und Lyrnessos.

Ἀλήιον πεδίον (das Irrfeld?) in Kilikien Il. 6. 201.

Φοινίκη Phönizien Od. 4.
83. 14. 291.

Φοίνικες die Phönizier

πολυπαίπαλοι abgefeimt (gerieben)
ναυσικλυτοὶ ἄνδρες· ἀγαυοί· τρῶκται
Gauner

Φοίνισσα die Phönizierin

Σιδονίη, Landschaft in
Phönike·

εὐναιομένη.

Σιδόνες πολυδαίδαλοι kunst-
fertig

Αἴγυπτος Aegypten

πικρή bitter, verhaßt O. 17. 448.

Λιβύη, das Land westlich von
Aegypten bis zum Okeanos, ἵνα
τ᾽ ἄρνες ἄφαρ κεραοὶ τελέθουσιν.

3. Fabelhafte Länder und Völker.

Ἄβιοι d. i. die Friedlichen
(im Skythenlande) Il. 13. 6

δικαιότατοι ἀνθρώπων

Αἰθίοπες (d. i. mit sonn-
gebräuntem Antlitz) zwiefach ge-
theilt; ein Theil im äußersten Osten,
ein Theil im äußersten Westen der
Erdscheibe (O. 1. 22—25. 4. 84;
5. 282. Il. 1. 423; 23. 206)

τηλόσ᾽ ἐόντες die fernen
ἔσχατοι ἀνδρῶν· ἀμύμονες.

Ἀμαζόνες (d. i. die Unnah-
baren od. die Niedermähenden) ein
kriegerisches Frauenvolk am Ther-
modon im Pontos Il. 6. 186; 3.
189.

ἀντιάνειραι männergleich

Eine derselben wird namentlich
erw. Il. 2. 814 die πολύσκαρθ-
μος (d. i. weit springend, behend)
Μυρίνη, deren Grabmal sich bei
Troja befand.

Dagegen erw. Hom. nicht die
in der sp. Mythe vorkommenden:
Hippolyte oder Antiope und Me-
lanippe.

Ἄριμοι Il. 2. 783, ein Volk
in Kilikien, nach A. in Mysien,
Lydien oder Syrien; (nach A.
Ἄριμα ein Gebirge)

ὅθι φασὶ Τυφωέος ἔμμεναι εὐνάς.

Γίγαντες (d. i. die Erdge-
borenen) ein riesiges, den Göttern
feindliches, von Zeus vertilgtes
Volk bei Hypereia; nach Od. 7.
206 von Poseidon abstammend u.
mit den Phäaken verwandt cf. O.
7. 59; 10. 120.

ἄγρια φῦλα γιγάντων
ὑπέρθυμοι.

Ἔρεμβοι vielleicht die Ara-
mäer d. h. die Bewohner von Syrien; nach den Alten Troglodyten
in Arabien (ἔρα- ἐμβαίνειν) O.
4. 84.

Κένταυροι, ein alter, wilder Volksstamm in Thessalien zwischen Pelion und Ossa, von den
Lapithen vertrieben. Sie heißen bei
Homer:

φῆρες ὀρεσκῷοι im Gebirge lagernde

(A.: Berghöhlen bewohnende) Ungethüme, Unholde *Il.* 1. 268

φῆρες λαχνήεντες zottige Ungethüme.

Er erwähnt unter ihnen namentlich den Χείρων cf. ob. Cap. XXIII. 7.

Von der Doppelgestalt der Kentauren spricht Homer nirgends.

Κιμμέριοι, Volk am Westrande der Erde, am Okeanos, nördlich von dem Eingange in die Unterwelt, in ewigem Dunkel lebend O. 11. 14.

ἠέρι καὶ νεφέλῃ κεκαλυμμένοι.

Κύκλωπες (d. i. Rolläugige oder Rundäugige) ein riesiges, (nch. der sp. S. einäugiges), zerstreut in Höhlen lebendes Hirtenvolk; nch. den Alten in Sicilien in der Gegend des Aetna; wahrscheinlich nur ein Phantasiegebilde des Dichters cf. O. 9. 106 ff. O. 2. 19.

ἄνδρες ὑπερηνορέοντες übermüthige Männer
ἀθέμιστοι ohne Gesetze lebend
ὑπερφίαλοι übermüthig

Hom. nennt nur Einen von ihnen:

Πολύφημος, den Sohn des Poseidon u. der Nymphe Thoösa, der Tochter des Phorkys (O. 1. 71. 72), der oft κατ᾿ ἐξοχὴν ὁ Κύκλωψ heißt.

ἄγριος ἀνήρ, ἀντίθεος ὅου κράτος
ἐστὶ μέγιστον πᾶσιν Κυκλώπεσσιν
ἀνὴρ πελώριος riesig
πέλωρ ἀθεμίστια εἰδώς das Ungethüm, gesetzlosen Sinnes
σχέτλιος grausam — κρατερός- μένος

ἄσχετος- ἀνδροφόνος, aber auch μεγαλήτωρ- φέριστος- ἄναξ.

Λαιστρυγόνες, ein mythisches von Viehzucht lebendes Riesenvolk im hohen Norden (cf. O. 10. 82, wo der kurzen Sommernächte Erwähnung geschieht); nach den Alten an der Ostküste Siciliens bei Leontini oder bei Formiä im südlichen Latium (cf. Od. 10. 106. 119 ff.)

ἴφθιμοι, μύριοι, οὐκ ἄνδρεσσιν ἐοικότες, ἀλλὰ γίγασιν.

Ihre Hauptstadt heißt:

Τηλέπυλος Λαιστρυγονίη d. i. Weitthor oder nach Nitzsch weithin mündend d. i. sich schmal und lang hinziehend; nach A. ist τηλέπυλος adj. und Λαιστρυγονίη der Namen der Stadt. (Nach den Alten Formiä).

Λωτοφάγοι die Lotosesser, ein friedliches, gastfreies Volk im Westen, das sich Homer wahrscheinlich an der libyschen Küste dachte O. 9. 84 ff.

οἵτ᾿ ἄνθινον εἶδαρ ἔδουσιν.

Πυγμαῖοι (d. i. Fäustlinge, eine Faust hoch), ein fabelhaftes Zwergenvolk am Südrande der Erdscheibe *Il.* 3. 6, wo von ihrem Kampfe mit den Kranichen gesprochen wird.

Σχερίη, das fabelhafte Land der Phäaken; nach den Alten eine Insel nördlich von Ithaka, das spätere Κέρκυρα (h. Corfu); wahrscheinlicher ein Fabelland, u. zwar als Theil des Festlandes gedacht, weil es beständig γαῖα, nicht νῆ-σος genannt wird.

ἐρατεινή lieblich, anmuthig
ἐρίβωλος starkschollig

(cf. Od. 5. 34. 280; 6. 204. 279; 7. 129).

Die Einwohner desselben, die göttergeliebten, Schifffahrt trei-benden

Φαίηκες heißen bei dem Dichter:

ἀγχίθεοι den Göttern nahe verwandt
ἀντίθεοι göttergleich
δολιχήρετμοι lange Ruder führend
φιλήρετμοι Ruder liebend
ναυσικλυτοί durch ihre Schiffe be-rühmt
φίλοι ἀθανάτοισιν.

ἀμύμονες- ἀγαυοί- μεγάθυμοι.

O. 8. 246 Characteristik derselben:
οὐ γὰρ πυγμάχοι εἰμὲν ἀμύμονες οὐδὲ παλαισταί,
ἀλλὰ ποσὶ κραιπνῶς θέομεν καὶ
νηυσὶν ἄριστοι·
αἰεὶ δ᾽ ἡμῖν δαίς τε φίλη, κί-
θαρίς τε χοροί τε,
εἵματά τ᾽ ἐξημοιβὰ λοετρά τε
θερμὰ καὶ εὐναί. ●

Ihr früherer Wohnsitz:
Ὑπερείη in der Nähe der Kyklopen wird Od. 6. 4 erwähnt
εὐρύχορος.

Unbekannt sind Homer die Hyperboreer, die erst in dem hom. h. auf Bacch. 29 erwähnt werden.

VI. Städte und Flecken.

1. In Thrakien:

Ἀμυδών in Päonien am Axios
Σηστός am Hellespont
Ἴσμαρος im Kikonenlande, durch ihren Wein berühmt
Αἶνος am Hebros
Αἰσύμη Il. 8. 304
Καβησός Il. 13. 363 (nch. A. in Klein-Asien)

2. In Thessalien:

Φθίη am Spercheios
Μυρμιδόνων ἄστυ περικλυτόν.
Ἑλλάς Stadt in Phthiotis

Ἴτων St. ebendas.
μήτηρ μήλων.

Ἰαωλκός Jolkos am paga-säischen Meerbusen.
ἐυκτιμένη- εὐρύχορος.

Οἰχαλίη am Peneios
πόλις Εὐρύτου.

Μηθώνη in Magnesia
Μελίβοια das. am Othrys
Τρηχίς, ῖνος att. Τραχίς am malischen Meerbusen
Τρίκη oder Τρίκκη am Pe-neios
ἱππόβοτος.

Ἰθώμη Kastell in Hestiäotis
κλωμακόεσσα felsig

Ὀλιζών in Magnesia (τρηχεῖα)

Ὀλοοσσών in Perrhäbia
πόλις λευκή von den weißen Felsen

Πτελεός (Ulm) in Phthiotis
λεχεποίη von grasreichen Wiesen umgeben

Πύρασος (Weizenstadt) in
Phthiotis mit einem Haine der
Demeter
ἀνθεμόεις blumenreich
Δήμητρος τέμενος.

Ἀντρών am Fuße des Oeta
ἀγχίαλος nahe am Meere

Ἄλος
Ἀλόπη } in Achill's Reich

Φυλάκη am Othrys

Φεραί in Pelasgiotis, Resi-
benz des Admetos, mit dem Hafen
Pagasä

Βοίβη ebendas.

Γλαφύραι (sonst unbekannt)

Θαυμακίη
Ὀρμένιον } in Magnesia
Ἀστέριον

Ἄργισσα sp. Argura am Pe-
neios

Γυρτώνη am Fuße des Olympos

Ὄρθη
Ἠλώνη } in Perrhäbien
Κύφος

Βούδειον in Magnesia oder
Phthiotis

3. In Phokis:
Κυπάρισσος auf dem Parnaß
bei Delphi, sp. Apollonias

Πυθώ u. *Πυθών*, der äl-
tere N. für Delphi, eig. nur die
Gegend mit dem Tempel u. Orakel
des Apollo
πετρήεσσα felsig
ἠγαθέη hochheilig
der λαϊνός οὐδός des Tempels
wird erwähnt Il. 9. 404. O. 8. 80

Δαυλίς bei Delphi

Ἀνεμώρεια b. Delphi sp. Ane-
moleia

Κρῖσα, alte Stadt südwestl.
von Delphi
ζαθέη hochheilig

Πανοπεύς an der böotischen
Gränze
καλλίχορος· κλειτός.

Ὑάμπολις (d. i. St. der Hy-
anten) am Kephisos

Λίλαια an den Quellen des
Kephissos.

4. In Lokris:
Κῦνος, St. der opuntischen
Lokrer

Ὀπόεις (sp. —οῦς) Hauptstadt der Lokrer, Vaterstadt des
Patroklos

Καλλίαρος sp. zerstört

Βῆσα.

Σκάρφη unweit der Thermo-
phlen

Αὔγειαί (ein anderes lag in
Lakonien)
ἐρατειναί.

Τάρφη westlich vom Oeta, des
sp. Pharhgä

Θρόνιον Hauptstadt d. epiknemidischen Lokrer am Boagrios

5. In Böotien:

Θήβη und Θῆβαι Theben

ἑπτάπυλος siebenthorig
εὐρύχορος geräumig
ἐυστέφανος gut ummauert
πολυήρατος vielgeliebt
ἱερὰ τείχεα Θήβης.

Die Einwohner heißen O. 10. 492 Θηβαῖοι (Teiresias); sonst Καδμεῖοι oder Καδμείωνες

κέντορες ἵππων die Tummler der Rosse

Zur Zeit des troischen Krieges war die Kadmea d. i. die Burg und die Oberstadt zerstört; daher wird in dem Schiffskatalog nur

Ὑποθῆβαι erw., die Unterstadt von Theben; nach Strabo aber ist es das sp. Ποτνιαί

ἐυκτίμενον πτολίεθρον

Σχοῖνος (d. i. Binsenstadt) bei Theben

Σκῶλος, Flecken bei Theben

Γλίσας, alte Stadt b. Theben

Ὑρίη, kl. Stadt am Euripos bei Tanagra

Αὐλίς, Flecken am Euripos, Chalkis gegenüber (h. Vathi); Versammlungsort der griechischen Flotte vor der Abfahrt nach Troja

πετρήεσσα.

Ἐτεωνός, Stadt am Asopos

πολύκνημος reich an Waldschluchten

Θέσπια oder Θέσπεια sp. Θεσπιαί, alte Stadt am Helikon

Γραῖα, uralter Ort bei Oropus, nach Pausanias d. sp. Tanagra

Μυκαλησσός, Stadt bei Tanagra

εὐρύχορος.

Ἅρμα, Ort bei Tanagra, wo nach d. sp. Sage Amphiaraos von der Erde verschlungen wurde.

Εἰλέσιον bei Tanagra

Ἐρύθραι am Kithäron im Gebiete von Platää

Ἐλεών Flecken bei Tanagra

Ὕλη kleine Stadt am Kopaïs-See, sp. zerst.

Πετεών } Flecken bei Haliar-
Ὠκαλέη } tos

Μεδεών am Berge Phönikios
ἐυκτίμενον πτολίεθρον.

Κῶπαι am Kopaïs-See (h. Topolia)

Εὔτρησις Flecken bei Thespiä

Θίσβη alte St. am Helikon
πολυτρήρων taubenreich

Κορώνεια westlich vom Kopaïs-See

Ἁλίαρτος am Kopaïs-See
ποιήεις grasreich

Πλάταια am Asopos (h. Paläo-Castro)

Ὀγχηστός am Kopaïs-See (h. Kloster Mazaraki)

ἱερός, Ποσιδήιον ἀγλαὸν ἄλσος.

Ἄρνη, nach Pausanias d. sp. Chäroneia, nach A. vom Kopaïs-See verschlungen

πολυστάφυλος rebenreich

(Nach Thucydides erst 60 J. nach Troja's Eroberung von den Böotern erbaut).

Μίδεια am Kopaïs-See; nch. Einigen von diesem verschlungen

Νῖσα Flecken am Helikon

ζαθέη hochheilig

Ἀνθηδών Hafenstadt

ἐσχατόωσα an der äußersten Gränze liegend

In dem Reiche der Minyer:

Ὀρχομενός Μινυήιος uralte Stadt in Böotien am Einflusse des Kephissos in den Kopaïs-See, Hauptstadt des Minyerreiches. (Schatzhaus des Minyas). Ein anderes O. lag in Arkadien.

Ἀσπληδών Stadt am Flusse Melas

*Ἀλαλκομεναί alte Stadt; nach der Sage Geburtsort Athene's (nur in dem adj. *Ἀλαλκομενηΐς* Il. 4. 8).

6. In Attika:

Ἀθῆναι und O. 7. 80 *Ἀθήνη*

ἐυκτίμενον πτολίεθρον, δῆμος Ἐρεχθῆος μεγαλήτορος, εὐρυάγυια O. 7. 80.

ἱεραί O. 11. 323.

Die Einwohner *Ἀθηναῖοι* (*μήστωρες ἀυτῆς*)

Μαραθών, Demos an der Ostküste von Attika O. 7. 80.

7. In Aetolien:

Πλευρών am Euenos, Sitz der Kureten (sp. mit einem Tempel der Athene)

Ὤλενος am Arakynthos, früh zerstört

Πυλήνη sp. Proschion

Χαλκίς an der Mündung des Euenos (h. Galata)

ἀγχίαλος.

Καλυδών, uralte Stadt am Euenos, Residenz des Oeneus u. Meleagros

πετρήεσσα- *αἰπεινή* steil
ἐραννή lieblich

Νήρικος alte Stadt auf der früheren Halbinsel, späteren Insel Leukas

ἐυκτίμενον πτολίεθρον.

8. In Akarnanien:

Αἰγίλιψ nach Strabo Ort in Akarnanien, nach A. K. Insel bei Epirus

Κροκύλεια nach Str. in Akarnanien, nach A. K. Insel bei Ithaka.

9. In Epirus:

Δωδώνη, uralte Stadt am Fuße des Tomaros in Epeiros, Sitz der *Σελλοί*, *Διὸς ὑποφῆται ἀνιπτόποδες* (mit ungewaschenen Füßen), *χαμαιεῦναι* (auf der Erde lagernd) Il. 16. 233 ff. 2. 750.

δυσχείμερος sehr winterlich

10. In der Peloponnes:

a. In Achaja (bei Homer Aegialos).

Aἰγαί, kl. Stadt bei Helike (e. and. Aeg. auf Euböa).

Aἴγιον, spät. Residenz des achäischen Bundes

Ὑπερησίη sp. *Aἴγειρα*

Γονόεσσα an der sikyonischen Gränze

αἰπεῖα.

Πελλήνη zwischen Sikyon u. Aegira

Ἑλίκη, bedeutende Küstenstadt mit einem berühmten Tempel des Poseidon (373 a. Chr. vom Meere verschlungen)

εὐρεῖα.

Die genannten Städte gehörten zu dem Reiche des Agamemnon; ebenso:

Κόρινθος, das *Il.* 6. 152 auch unter dem älteren Namen *Ἐφύρη* erwähnt wird.

ἀφνειός gesegnet

Σικυών Il. 2. 572 und 23. 299.

εὐρύχορος und

Ἀραιθυρέη, das spätere Phlius zwischen Sikyon u. Argos

ἐρατεινή.

b. In Argolis:

Zu dem mykenischen Reiche des Agamemnon gehörten:

Μυκήνη oder *Μυκῆναι* Residenz Agamemnon's (Schatzkam-

mer des Atreus und kyklopische Mauern)

πολύχρυσος goldreich

εὐρυάγυια- ἐϋκτίμενον πτολίεθρον

Κλεωναί südwestlich von Korinth

ἐϋκτίμεναι.

Ὀρνειαί sp. —εαί

Zu dem Reiche des Diomedes gehörten folgende Städte in Argolis:

Ἄργος am Inachos (Kyklopenmauern der Burg [Larissa]) (*Ἀχαϊκόν- Ἴασον- ἱππόβοτον* cf. supra! p. 134)

Τίρυνς, θος uralte Stadt (Sitz des Perseus)

τειχιόεσσα wohl ummauert

Ἑρμιόνη mit einem Hafen

Ἀσίνη westl. v. d. vor., beide heißen: *βαθὺν κατὰ κόλπον ἔχουσαι* d. h. an einem tiefen Meerbusen liegend

Τροιζήν in der Nähe des saronischen Meerbusens

Ἠιόνες (Stadt), Flecken an der Küste; sp. Hafen von Mykene

Ἐπίδαυρος am saronischen Meerbusen; sp. berühmt durch seinen Asklepiostempel

ἀμπελόεις.

Μάσης, sp. Hafen von Hermione.

(Auch Aegina gehörte zu dem Reiche des Diomedes).

c. In Lakonien:

Φῆρις, alte Stadt südlich von Amyklä.

Σπάρτη am Eurotas, Residenz des Menelaos

εὐρεῖα- καλλιγύναιξ

Μέσση, Hafenstadt bei Tänaros

πολυτρήρων taubenreich

Βρυσειαί, alte Stadt südwestl. von Sparta; sp. verschollen

Αὐγειαί bei Gythion (ein anderes in Lokris)

ἐρατειναί.

Ἀμύκλαι, uralte Stadt in der Nähe des Eurotas, ¼ Meile unterhalb Sparta's (der Thron von Amyklä); später ein offener Flecken

Ἕλος, Küstenstadt oberhalb Gythion; sp. von den Spartanern zerstört (Heloten)

ἔφαλον πτολίεθρον Hafenstadt

Λάας alte Stadt nahe dem Meere; nach der spät. Sage von den Dioskuren zerstört, die daher Λαπέρσαι hießen

Οἴτυλος Küstenstadt

Καρδαμύλη am messenischen Meerbusen.

d. In Messenien:

Αἴπεια Seestadt Il. 9. 152

καλή.

Αἶπυ in Nestor's Gebiet

ἐύκτιτον.

Δώριον von unbest. Lage, der Ort, wo die Musen den thrakischen Sänger Thamyris blendeten und des Gesanges beraubten

Φηραί am Flusse Nedon, in Homer's Zeit zu Lakonien gehörig.

Πύλος am Berge Aegaleos, der Insel Sphakteria gegenüber, von Neleus gegründet, Residenz des Nestor.

αἰπὺ πτολίεθρον- ἐυκτίμενον πτολίεθρον- ἠγαθέη- ἱρή- Νηλήιος- Πυλίων ἄστυ.

Ἱρή (al. Ἱρή) eine der Städte, welche Agamemnon dem Achill zur Mitgift versprach; nach Strabo das spätere Ἀβία am messenischen Meerbusen

Πήδασος nach Einigen das spätere Methone Il. 9. 152.

Ἄθεια nach Einigen das sp. Thuria

Ἐνόπη Il. 9. 150. 292.

e. In Elis:

Ἀρήνη am Flusse Minyeios, vielleicht das sp. Samikon

Θρύον od. Θρυόεσσα an einer Furth des Alpheios, an der Gränze zwischen den Eleern und Pyliern

Ἀλφειοῖο πόρος (Furth)

Κυπαρισσήεις in Triphylien an der messenischen Gränze

Ἀμφιγένεια vielleicht das sp. Ampheia

Πτελεός sp. veröbet

Ἕλος am Alpheios, später unbekannt.

Die genannten Städte gehörten zu dem pylischen Achärreiche des

Nestor; die folgenden zu dem Sperrreiche:

Βουπράσιον, alte Königs= stadt an der Gränze von Achaja

Φειά u. *Φειαί* in Nord=Elis

Υρμίνη, Hafenstadt in Nord= Elis.

Μύρσινος, Flecken bei Dyme

Ἀλείσιον, zu Strabo's Zeit nicht mehr vorhanden.

Ἐφύρη am Flusse Selleïs; Wohnort des Augeias, berühmt durch seine Giftpflanzen *Il.* 11. 741.

Die Stadt Elis kennt Hom. noch nicht.

f. In Arkadien:

Φένεος an dem gleichnamigen See.

Ὀρχομενός (noch jetzt in Ruinen vorhanden)
πολύμηλος.

Ῥίπη bei Stratos

Στρατίη sp. verödet

Ἐνίσπη sp. verschollen
ἠνεμόεσσα winbig

Τεγέη

Μαντινέη am Fl. Ophis
ἐρατεινή.

Στύμφηλος (sp. -αλος) am stymphalischen See

Παρρασίη.

11. Auf den Inseln.

a. Auf Euböa:

Χαλκίς, Hauptstadt (heute Egribos)

Εἰρέτρια (att. Ἐρ.) heute Paläo=Castro

Ἰστίαια (att. Ἑστ.) an der Nordküste, sp. Ὠρεός.
πολυστάφυλος traubenreich

Κήρινθος nordöstl. v. Chalkis
ἔφαλος.

Δῖον am Vorgebirge Kenäon
αἰπὺ πτολίεθρον.

Κάρυστος auf der Südküste (h. Caristo) durch ihren Marmor berühmt

Στύρα.

Αἰγαί auf der Westküste, in dessen Nähe Poseidon's Palast s. ob. *Il.* 13. 21; *Od.* 5. 381, nach A. eine Insel.

b. Auf Ithaka:

Ἰθάκη, Stadt am Fuße des Neïon, daher ἐπονήιος — auch ἐυκτιμένη *Od.* 2. 154; 3. 81.

Es hatte drei Häfen:

Ῥεῖθρον nördlich von der Stadt O. 1. 186

Φόρκυνος λιμήν an der nordöstlichen Küste *Od.* 13. 96, einen dritten bei der Stadt selbst *Od.* 16. 322

c. Auf Kreta:

Κνωσός, Hauptstadt; bei Hom. Residenz des Minos

Γόρτυς oder *Γόρτυν,* eine der größten Städte
τειχιόεσσα.

Λύκτος östlich von Knosos

Μίλητος, Mutterstadt des jonischen Milet

Λύκαστος im Süden

ἀργινόεις kreibig (A.: weißschimmernd) nach ben Kreidebergen

Φαιστός, Stadt bei Gortyne,

Ῥύτιον vielleicht b. sp. Rhithymnia; beide heißen *πόλεις εὐναιετάωσαι*

Ἀμνισός, Hafen ober Ankerplatz Od. 19. 188.

d. Auf Rhodos:

Λίνδος sp. mit einem berühmten Athenetempel (h. Lindo)

Ἰηλυσός (*Ἰάλ.*) h. Jaliso

Κάμειρος an ber Westküste

ἀργινόεις s. ob.

e. Andere Inselstädte:

Κόως (*Κῶς*) auf Kos

πόλις Μερόπων (al. *μερόπων*) ἀνθρώπων. — εὐναιομένη.

Πάφος auf Kypros mit einem Haine und Altar der Aphrodite O. 8. 363.

Τεμέση ebenbas., berühmt durch ihr Kupfer Od. 1. 184; das sp. Tamasos (nach A. in Unteritalien).

Σκάνδεια, Hafen auf Kythera

Städte außerhalb Europa's.

1. In Troas.

Ἴλιος ἡ (*τὸ Ἴλιον* nur Il. 15. 71) selten *Τροίη*, Hauptstadt des Troerreiches, eine Meile vom Meere, zwischen ben Flüssen Simoïs und Skamandros, mit der Burg *Πέργαμος* (sp. *τὸ Πέργαμον* unb *τὰ Πέργαμα*)

ἱρή- αἰπεινή- ἐρατεινή- εὔπωλος- εὐτείχεος- ἠνεμόεσσα- *ὀφρυόεσσα hügelig. — πόλις μερόπων ἀνθρώπων- εὐναιομένη- εὐκτίμενον πτολίεθρον- εὐναιόμενον πτόλ.

Τροίη

εὔπυργος - εὐρυάγυια - εὐτείχεος- ὑψίπυλος- αἰπεινὸν πτολίεθρον- Πριάμοιο πόλις — πολύχρυσος, πολύχαλκος- εὐναιομένη

Πέργαμος

ἄκρη- ἱρή.

Ἰλίου πόλις ἄκρη Il. 7. 345.

Oft erw. werden die:

Σκαιαὶ πύλαι, das Westthor, auch *Δαρδάνιαι πύλαι* genannt.

Andere öfters genannte Lokalitäten in der Nähe der Stadt sind:

1) Die bem Zeus heilige Eiche *φηγός*, nahe bem skäischen Thore.

2) Der Feigenhügel *ἐρινεός* Il. 6. 433; 22. 145, da wo die Stadtmauer am meisten zugänglich war.

ἠνεμόεις windig.

3) Die *Καλλικολώνη* (Schönbühl), nicht weit von Ilios, an bem rechten Ufer bes Simoïs Il. 20. 53. 151.

4) Der Grabhügel des

Aesyetes, von wo man das grie= chische Lager übersah.

5) ἡ σκοπιή, die Warte am Grabe des Aesyetes Il. 22. 145.

6) ἀμαξιτός, eine Land= straße, die neben der Warte und dem Feigenhügel sich hinzog Il. 22. 146.

7) Die beiden Quellen des Skamandros mit den stei= nernen Waschgruben (πλυνοί) der Troerinnen Il. 22. 146 ff.

8) Der Dornberg Βατί= εια, nach der Sage der Grab= hügel der Amazone Myrine Il. 2. 813.

9) Das Grabmal (σῆμα) des Ilos, etwa in der Mitte zwischen dem Thore und dem achäi= schen Lager Il. 10. 415; 11. 166. 371.

10) Das Τρωικὸν πεδίον oder Σκαμάνδριον πεδίον oder auch πεδίον allein, „das Blachfeld", die gewöhnlich als Kampfplatz dienende Ebene zwischen den beiden Flüssen.

11) Der θρωσμὸς πεδί= οιο, die Hochebene, die vom Ska= mandros bis zu dem griechischen Lager sich ausdehnte Il. 10. 160; 11. 56; 20. 3.

12) Das τεῖχος Ἡρα= κλῆος, die Heraklesschanze in der Nähe des Meeres Il. 20. 145.

———

Δαρδανίη, alte Residenz des Dardanos am Hellespont, am Fuße des Ida Il. 20. 216.

Ζέλεια am Fuße des Ida ἱερή.

Ἀδρήστεια an der Propontis

Ἀπαισός in Klein=Mysien, auch Παισός.

Πιτύεια d. i. Fichtenstadt

Περκώτη am Hellespont zwi= schen Abydos und Lampsakos

Ἄβυδος desgl., Sestos ge= gegenüber (heute Dardanellenschloß Avido)

Ἀρίσβη in der Nähe des vor. δῖα· ἐυκτιμένη.

Κίλλα mit einem Apollo= tempel, ζαθέη — nach A.: in Aeolis.

Χρύση an der Küste mit einem Tempel des Apollon Smintheus.

Θήβη an der Gränze von Mysien am Berge Plakos, daher Ὑποπλακίη, Sitz des Eetion, des Vaters der Andromache, von Achill zerstört ἱερὴ πόλις Ἠετίωνος.

Πήδαιον wahrscheinlich am Fuße des Ida

Λυρνησσός, Sitz des Königs Mynes

Πήδασος Stadt der Leleger am Satnioeis, von Achill zerstört.

2. Andere den Troern verbündete Städte in Asien.

Λάρισα (d. i. Burg) St. der Pelasger in Aeolien b. Kyme, sp. Phrikonis.

ἐριβῶλαξ.

Κύτωρος
Σήσαμος
Κρῶμνα
Αἰγίαλος
} in Paphlagonien

Ἐρυθῖνοι dto.; nach A.: zwei rothe Felsen.

ὑψηλοί.

Ἀλύβη St. am Pontos (ὅθεν ἰργύρου ἐστι γενέθλη); nach Strabo älterer Namen des Landes der Chalyber.

Μίλητος, Stadt der Jonier in Karien Il. 2. 868.

3. Außerdem werden folgende asiatische Städte erwähnt:

Τάρνη in Lydien am Tmolos sp. Sardes Il. 5. 44.

ἐριβῶλαξ.

Ὕδη desgl., nach dem Scholl. ist dieses das sp. Sardes Il. 20. 385 Ὕδης πίων δῆμος.

Σιδών, Hauptstadt von Phönike Od. 15. 425.

πολύχαλκος reich an Erz

Die Einw. Σιδόνες heißen πολυδαίδαλοι.

4. In Afrika.

Θῆβαι, Hauptstadt v. Ober-ägypten am Nil sp. Διὸς πόλις Il. 9. 381. Od. 4. 126. 127.

ἑκατόμπυλοι hundertthörig ὅθι πλεῖστα δόμοις ἐν κτήματα κεῖται.

(Zweifelhaft ist die Lage von Ἀλύβας O. 24. 304; nach Einigen ist es d. sp. Metapontum in Unteritalien; nach A.: = Ἀλύβη im Pontos, s. oben.)

Anhang.

Den Inhalt der Ilias geben die Scholien zur Ilias in folgenden Hexametern:

1. *Ἄλφα λιτὰς Χρύσου, λοιμὸν στρατοῦ, ἔχθος ἀνάκτων,*
2. *Βῆτα δ' ὄνειρον ἔχει, ἀγορὴν καὶ νῆας ἀριθμεῖ,*
3. *Γάμμα δ' ἄρ' ἀμφ' Ἑλένης οἵοις μόθος ἐστὶν ἀκοίταις.*
4. *Δέλτα· θεῶν ἀγορή, ὅρκων χύσις, Ἄρεος ἀρχή.*
5. *Εἶ· βάλλει Κυθέρειαν Ἄρηά τε Τυδέος υἱός.*
6. *Ζῆτα δ' ἄρ' Ἀνδρομάχης καὶ Ἕκτορός ἐστ' ὀαριστύς.*
7. *Ἦτα δ' Αἴας πολέμιζε μόνῳ μόνος Ἕκτορι δίῳ.*
8. *Θῆτα· θεῶν ἀγορή, Τρώων κράτος, Ἕκτορος εὖχος.*
9. *Ἐξεσίη δ' Ἀχιλῆος ἀπειθέος ἐστὶν Ἰῶτα.*
10. *Κάππα δὲ Ῥήσου τὴν κεφαλὴν ἕλε Τυδέος υἱός.*

11. $\Lambda\acute{a}\mu\beta\delta\alpha$ δ' $\mathring{\alpha}\varrho\iota\sigma\tau\tilde{\eta}\alpha\varsigma$ $\varDelta\alpha\nu\alpha\tilde{\omega}\nu$ $\beta\acute{\alpha}\lambda o\nu$ $^{\prime\prime}E\varkappa\tau o\varrho o\varsigma$ $\mathring{\alpha}\nu\delta\varrho\varepsilon\varsigma$.

12. $M\tilde{\upsilon}$ $T\varrho\acute{\omega}\omega\nu$ $\pi\alpha\lambda\acute{\alpha}\mu\eta\sigma\iota$ $\varkappa\alpha\tau\acute{\eta}\varrho\iota\pi\varepsilon$ $\tau\varepsilon\tilde{\iota}\chi o\varsigma$ $\mathring{A}\chi\alpha\iota\tilde{\omega}\nu$.

13. $N\tilde{\upsilon}$ $\delta\grave{\varepsilon}$ $\Pi o\sigma\varepsilon\iota\delta\acute{\alpha}\omega\nu$ $\varDelta\alpha\nu\alpha o\tilde{\iota}\varsigma$ $\varkappa\varrho\acute{\alpha}\tau o\varsigma$ $\mathring{\omega}\pi\alpha\sigma\varepsilon$ $\lambda\acute{\alpha}\vartheta\varrho\eta$.

14. $\Xi\tilde{\iota}$· $K\varrho o\nu\acute{\iota}\delta\eta\nu$ $\lambda\varepsilon\chi\acute{\varepsilon}\varepsilon\sigma\sigma\iota$ $\varkappa\alpha\grave{\iota}$ $\mathring{\upsilon}\pi\nu\wp$ $\mathring{\eta}\pi\alpha\varphi\varepsilon\nu$ $^{\prime\prime}H\varrho\eta$.

15. $O\tilde{\mathring{\upsilon}}$· $K\varrho o\nu\acute{\iota}\delta\eta\varsigma$ $\varkappa\varepsilon\chi\acute{o}\lambda\omega\tau o$ $\Pi o\sigma\varepsilon\iota\delta\acute{\alpha}\omega\nu\iota$ $\varkappa\alpha\grave{\iota}$ $^{\prime\prime}H\varrho\eta$.

16. $\Pi\tilde{\iota}$· $\Pi\acute{\alpha}\tau\varrho o\varkappa\lambda o\nu$ $\mathring{\varepsilon}\pi\varepsilon\varphi\nu\grave{\varepsilon}\nu$ $\mathring{A}\varrho\acute{\eta}\iota o\nu$ $^{\prime\prime}E\varkappa\tau o\varrho o\varsigma$ $\alpha\mathring{\iota}\chi\mu\acute{\eta}$.

17. $^{\prime}P\tilde{\omega}$· $\varDelta\alpha\nu\alpha o\grave{\iota}$ $T\varrho\tilde{\omega}\acute{\varepsilon}\varsigma$ $\tau\varepsilon$ $\nu\acute{\varepsilon}\varkappa\upsilon\nu$ $\pi\acute{\varepsilon}\varrho\iota$ $\chi\varepsilon\tilde{\iota}\varrho\alpha\varsigma$ $\mathring{\varepsilon}\mu\iota\sigma\gamma o\nu$.

18. $\Sigma\acute{\iota}\gamma\mu\alpha$· $\Theta\acute{\varepsilon}\tau\iota\varsigma$ $\mathring{A}\chi\iota\lambda\tilde{\eta}\iota$ $\pi\alpha\varrho$' $^{\prime}H\varphi\alpha\acute{\iota}\sigma\tau o\upsilon$ $\varphi\acute{\varepsilon}\varrho\varepsilon\nu$ $\mathring{o}\pi\lambda\alpha$.

19. $T\alpha\tilde{\upsilon}$ δ' $\mathring{\alpha}\pi\acute{\varepsilon}\lambda\eta\gamma\varepsilon$ $\chi\acute{o}\lambda o\iota o$ $\varkappa\alpha\grave{\iota}$ $\mathring{\varepsilon}\varkappa\vartheta o\varrho\varepsilon$ $\delta\tilde{\iota}o\varsigma$ $\mathring{A}\chi\iota\lambda\lambda\varepsilon\acute{\upsilon}\varsigma$.

20. $^{3}\mathring{Y}$· $\mu\alpha\varkappa\acute{\alpha}\varrho\omega\nu$ $\mathring{\varepsilon}\varrho\iota\varsigma$ $\tilde{\mathring{\omega}}\varrho\tau o$, $\varphi\acute{\varepsilon}\varrho\varepsilon\iota$ δ' $\mathring{\varepsilon}\pi\grave{\iota}$ $\varkappa\acute{\alpha}\varrho\tau o\varsigma$ $\mathring{A}\chi\alpha\iota o\tilde{\iota}\varsigma$.

21. $\Phi\tilde{\iota}$· $\mu\acute{o}\gamma o\varsigma$ $A\mathring{\iota}\alpha\varkappa\acute{\iota}\delta\alpha o$ $\pi\alpha\varrho$' $\mathring{\eta}\iota\acute{o}\nu\alpha\varsigma$ $\pi o\tau\alpha\mu o\tilde{\iota} o$.

22. $X\tilde{\iota}$ δ' $\mathring{\alpha}\varrho\alpha$ $\tau\varrho\grave{\iota}\varsigma$ $\pi\varepsilon\varrho\grave{\iota}$ $\tau\varepsilon\tilde{\iota}\chi o\varsigma$ $\mathring{\alpha}\gamma\omega\nu$ $\varkappa\tau\acute{\iota}\nu\varepsilon\nu$ $^{\prime\prime}E\varkappa\tau o\varrho$' $\mathring{A}\chi\iota\lambda\lambda\varepsilon\acute{\upsilon}\varsigma$.

23. $\Psi\tilde{\iota}$· $\varDelta\alpha\nu\alpha o\tilde{\iota}\sigma\iota\nu$ $\mathring{\alpha}\gamma\tilde{\omega}\nu\alpha$ $\delta\iota\delta o\grave{\upsilon}\varsigma$ $\mathring{\varepsilon}\tau\acute{\varepsilon}\lambda\varepsilon\sigma\sigma\varepsilon\nu$ $\mathring{A}\chi\iota\lambda\lambda\varepsilon\acute{\upsilon}\varsigma$.

24. $^{\prime}\Omega$· $\Pi\varrho\acute{\iota}\alpha\mu o\varsigma$ $\nu\acute{\varepsilon}\varkappa\upsilon\nu$ $\upsilon\tilde{\iota}\alpha$ $\lambda\alpha\beta\grave{\omega}\nu$ $\gamma\acute{\varepsilon}\varrho\alpha$ $\delta\tilde{\omega}\varkappa\varepsilon\nu$ $\mathring{A}\chi\iota\lambda\lambda\varepsilon\tilde{\iota}$.

II. Haupttheile der Ilias und der Odyssee.

A. der Ilias.
(Großentheils nach Faesi.)

Die Ilias zerfällt in vier Haupttheile nebst einer Ein=
leitung und einem Schlusse oder Anhange.

Einleitung. Buch I.: Veranlassung zum Zorne des Achill.
— (Neuntägige Pest; am 10. Tage beruft Achill die Ver=
sammlung, in welcher Agamemnon und Achill sich entzweien;
am 21. Tage erhält Thetis von Zeus Gewährung ihrer Bitte
um Genugthuung für Achill).

I. **Haupttheil** (Buch II—VII. 312). Erste Hauptschlacht
(22. Tag) und darin eingereihte Zweikämpfe; die Troer ge=
winnen schließlich durch Zeus die Oberhand.

II. **Haupttheil** (Buch VII. 312—X). Nach Bestattung der Todten
umgeben die Achäer ihr Lager mit Graben und Mauer (23.
und 24. Tag) und senden nach einer zweiten Schlacht

(am 25. Tage). vergeblich eine Gesandtschaft an Achill. Nächt=
liche Expedition des Odysseus und Diomedes in das troische
Lager.

III. **Haupttheil** (B. XI—XVIII). Dritte Schlacht (am 26. T.).
Die Troer dringen siegreich bis zur Mauer und den Schiffen.
Achill entsendet Patroklos zu Hülfe, der von Hektor erschlagen
wird. Achill entsagt seinem Groll. Hephästos schmiedet neue
Waffen für ihn.

IV. **Haupttheil** (B. XIX—XXII). Vierte Schlacht (am 27. T.).
Achill's Kämpfe gegen Götter und Menschen. Hektor's Tod.

Schluß (B. XXIII. u. XXIV). Am 28. Tage holen die Achäer das
Holz für den Scheiterhaufen des Patroklos, an dessen Be=
stattung (am 29. Tage) sich die Leichenspiele anreihen.
Bis zum 38. Tage (vom 27—38 = 12 T.) dauert die Miß=
handlung von Hektor's Leiche; am 39. führt Priamos dieselbe
nach Troja; 9 Tage (incl. des 39. T.) dauert die Todten=
klage um Hektor, 2 Tage die Bestattung desselben.

Die ganze im 10. Jahre des troischen Krieges spielende Hand=
lung der Ilias umfaßt demnach einen Zeitraum von 49 Tagen.

B. der Odyssee.

Die Odyssee läßt sich ebenfalls in vier Hauptpartieen
zerlegen:

Proömium B. I. v. 1—10.

I. **Haupttheil** (Buch I. v. 11ff.—IV). Vorbereitungen zur
Heimkehr des Odysseus. Nachdem in der Götterver=
sammlung auf Athene's Veranlassung der Beschluß gefaßt ist,
der Nymphe Kalypso den Befehl zu ertheilen, den bereits
sieben Jahre bei ihr auf Ogygia weilenden Odysseus in die
Heimath zu entlassen, begiebt sich Athene nach Ithaka und
bestimmt Telemach zu einer Reise nach Pylos und Sparta,
über die ausführlich berichtet wird (1. bis 6. Tag).

II. **Haupttheil** (B. V—XIII. v. 125). Heimfahrt des Odys=
seus. Neue Götterversammlung, nach welcher der schon in

der erſten gefaßte Beſchluß zur Ausführung kommt (7. Tag).
Schiffsbau des Odyſſeus (8—11. Tag). Ungeſtörte Seefahrt
des Odyſſeus (12—28. Tag). Sein Schiffbruch und ſeine
Rettung durch Leukothea (29—31. Tag). Seine Aufnahme
bei den Phääken. Erzählung der von ihm in den drei erſten
Jahren ſeiner Irrfahrten erlebten Abenteuer. — Heimſen=
dung nach Ithaka (32—34. Tag).

III. **Haupttheil** (B. XIII. v. 125—XIX). Odyſſeus in Ithaka,
zuerſt bei Eumäos (3 Tage, 35—37. Tag), dann in ſeinem
eigenen Hauſe. Vorbereitungen zur Rache (38. Tag).

IV. **Haupttheil** (B. XX—XXIII). Vollziehung der Rache.
Wiedererkennungs = Scene zwiſchen Odyſſeus und Penelope
(39. Tag).

Anhang. (B. XXIV). Beſuch bei Laërtes. Ausſöhnung mit dem
Volke (40. Tag).

Die im zehnten Jahre nach Beendigung des troiſchen Krieges
ſpielende Handlung der Odyſſee umfaßt alſo einen Zeitraum von
40 Tagen.

III. Ueberſicht der Streitkräfte der Achäer und Troer.

In dem Schiffskataloge (Il. B. 2) werden als Contingente des
griechiſchen Heeres aufgezählt:

1. **Böoter** unter 5 Anführern mit 50 Schiffen.
2. **Minyer** unter den Söhnen des Ares Askalaphos und Jal=
menos mit 30 Schiffen.
3. **Phocenſer** unter 2 Anführern mit 40 Schiffen.
4. **Lokrer** unter Ajax, dem S. des Oïleus, mit 40 Sch.
5. **Abanter** aus Euböa unter Elephenor mit 40 Sch.
6. **Athener** unter Meneſtheus. (Die Zahl der Schiffe wird
nicht angegeben).
7. **Salaminier** unter dem Telamonier Ajax mit 12 Sch.
8. **Argiver** unter Diomedes mit 80 Sch.
9. **Mykenäer** unter Agamemnon mit 100 Sch.
10. **Lakonier** unter Menelaos mit 60 Sch.

11. Pylier unter Nestor mit 90 Schiffen.

12. Arkader unter Agapenor mit 60 von Agamemnon gelieferten Schiffen.

13. Epeer unter 4 Führern mit 40 Sch.

14. Die Bewohner von Dulichion und den echinischen Inseln unter Meges mit 40 Sch.

15. Kephallener unter Odysseus mit 12 Sch.

16. Aetoler unter Thoas mit 40 Sch.

17. Kreter unter Idomeneus mit 80 Sch.

18. Rhodier unter dem Herakliden Tlepolemos mit 9 Sch.

19. Symer unter Nireus mit 3 Sch.

20. Die Bewohner von Kos und einigen benachbarten Inseln unter zwei Enkeln des Herakles Pheidippos und Antiphos mit 30 Sch.

21. Myrmidonen unter Achill mit 50 Sch.

22. Thessaler unter Protesilaos, und nach dessen Tode unter seinem Bruder Podarkes mit 40 Sch.

23. Pheräer unter Eumelos mit 11 Sch.

24. Thessaler aus Methone und den umliegenden Städten unter Philoktetes und nach dessen Erkrankung unter Medon, einem Bastard des Oileus, mit 7 Sch.

25. Thessaler aus Oichalia, Ithome und Umgegend unter Podaleirios und Machaon mit 30 Sch.

26. Thessaler aus Ormenos unter Eurypylos mit 40 Sch.

27. Lapithen unter Polypoites, dem S. des Peirithoos, und Leonteus mit 40 Sch.

28. Enienen und Perrhäber unter Guneus mit 22 Sch.

29. Magneter unter Prothoos mit 40 Sch.

Die Zahl der Anführer beträgt demnach 41, die der Schiffe (ohne die der Athener) 1136; die Zahl der Krieger, wenn man durchschnittlich 100 Mann auf das Schiff rechnet (die böotischen hatten je 120 M.), etwa 100,000 M.

Als Bestandtheile des troischen Heeres werden folgende Völkerschaften aufgezählt:

1. Troer aus Ilios unter Hektor.

2. Dardanier unter Anchises und 2 anderen Führern.

3. Die übrigen Bewohner der Landschaft Troas: Zeleer unter

Pandaros; die Bewohner von Adresteia und Umgegend unter 2 Führern; die Bewohner von Abydos, Sestos, Perkote u. a. unter Asios.

4. **Pelasger** unter 2 Führern.
5. **Thracier** unter 2 F.
6. **Kikonen** unter Euphemos.
7. **Päoner** unter Pyraichmes.
8. **Paphlagonen** und Eneter unter Pylämenes.
9. **Halizonen** unter 2 F.
10. **Myser** unter 2 F.
11. **Phryger** unter 2 F.
12. **Mäoner** unter 2 F.
13. **Karer** unter 2 F.
14. **Lykier** unter 2 F. (Sarpedon und Glaukos).

Die Zahl der Führer beträgt also 27; bei den meisten Contingenten je 2.

IV. Stammtafel des troischen Königshauses.
(cf. *Il.* 20. 215—240.)

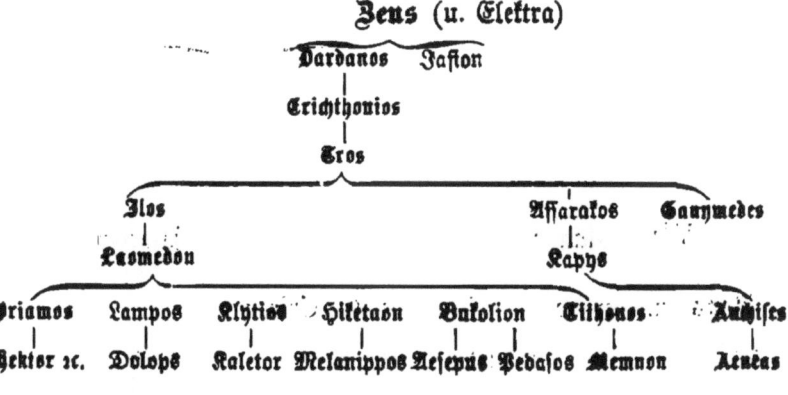

Die Kinder des Priamos und der Hekabe sind: 19 Söhne, darunter: 1) Hektor (dessen Sohn Astyanax oder Skamandrios), 2) Paris, 3) Troïlos, 4) Helenos, 5) Polites, 6) Delphobos, 7) Pammon, 8) Antiphos, und 2 Töchter Kassandra und Lasdike.

Außer diesen hat Priamos von anderen Frauen noch 31 Söhne, unter denen die bekanntesten Lykaon und Polydoros sind, beide Söhne der Laothoë, der letztere der jüngste aller Priamiden, und noch eine Tochter Medesikaste.

V. Stammtafel der Pelopiden.

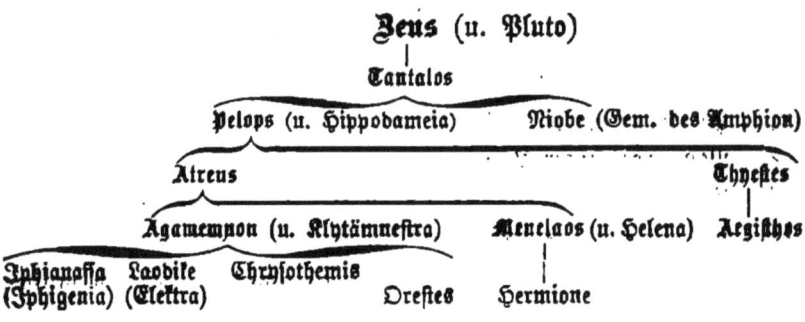

VI. Stammtafel des Achilleus.

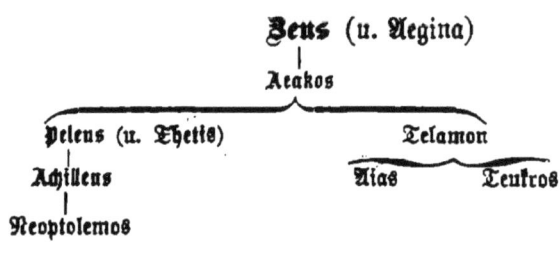

VII. Stammtafel des Odysseus und der Penelope.

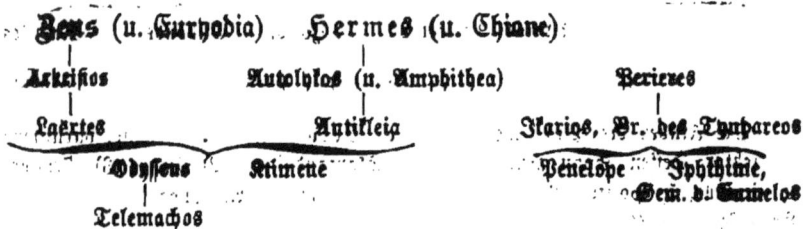

VIII. Stammtafel des Oedipus.

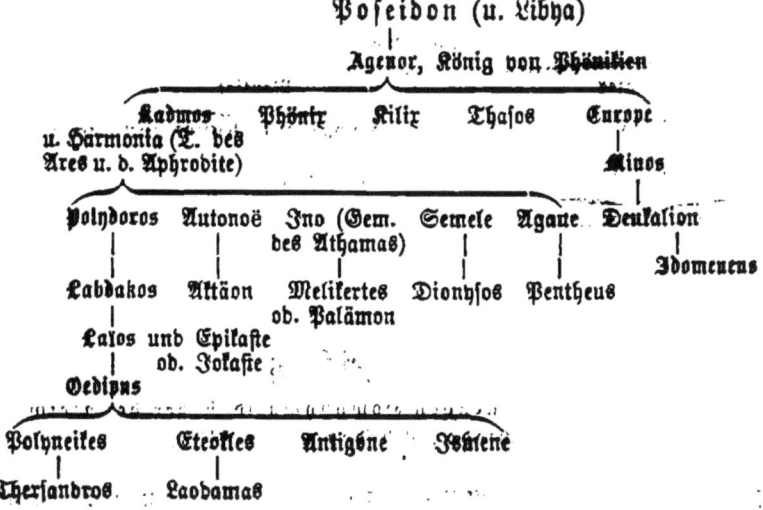

Poseidon (u. Libya)

Agenor, König von Phönizien

Kadmos   Phönix   Kilix   Thasos   Europe
u. Harmonia (T. des
Ares u. d. Aphrodite)   Minos

Polydoros   Autonoë   Ino (Gem.   Semele   Agaue   Deukalion
                      des Athamas)   Idomeneus

Labdakos   Aktäon   Melikertes   Dionysos   Pentheus
                    ob. Palämon

Laios und Epikaste
        ob. Jokaste

Oedipus

Polyneikes   Eteokles   Antigone   Jsmene

Thersandros   Laodamas

IX. Stammtafel. Die Nachkommen der Tyro.

Poseidon u. Tyro (T. d. Salmoneus)

Pelias   Neleus

        Pero   Nestor   Chromios   Periklymenos

Antilochos   Peisistratos   Thrasymedes

Krethens u. Tyro

Aeson   Amythaon   Pheres

Jason   Bias   Melampus   Admetos

                        Eumelos

X. Stammtafel der Melampodiden.
(Od. 15. 225 ff.)

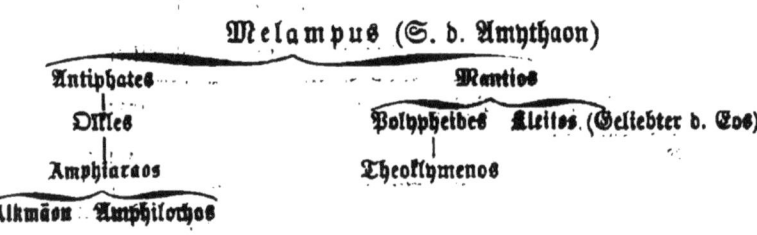

Melampus (S. d. Amythaon)

Antiphates — Mantios

Oïkles — Polypheides · Kleitos (Geliebter d. Eos)

Amphiaraos — Theoklymenos

Alkmäon Amphilochos

XI. Verzeichniß

der bei Homer vorkommenden Homonyma (d. h. der bei gleicher
Form Verschiedenes bedeutenden Wörter).

ἄγεν 1) er führte, 2) = ἐάγησαν sie wurden zerbrochen

ἀκήριος heißt 1) unverletzt (v. κήρ), 2) entseelt, todt oder ohne Herz, feig (v. κῆρ)

ἀκήρατος 1) unversehrt (v. κήρ, κηραίνω), 2) ungemischt, lauter (v. κεράννυμι)

ἀκτή 1) die Küste (v. ἄγνυμι), 2) die Feldfrucht (v. ἀκή, ἄκρος, acus. Aehre)

ἄκων 1) der Wurfspieß, 2) invitus (nur ἄκοντε, sonst ἀέκων)

ἀλέη 1) die Sonnenwärme (verwandt mit εἴλη, ἥλιος), 2) die Vermeidung = ἀλεωρή (von ἀλέασθαι). In beiden Bedeutungen nur je 1 mal vorkommend.

αλς ὁ das Salz, ἡ das Meer

ἄριστον 1) das Frühmahl, prandium, 2) optimum

αὔω 1) ich zünde an, 2) ich rufe

γουνός 1) der Hügel, 2) gen. v. γόνυ das Knie

ἔδησα aor. 1) zu δέω binde, 2) zu δέω entbehre

δέδμημαι perf. pass. 1) von δαμάω bezwinge, 2) von δέμω baue

δαίομαι pass. 1) v. δαίω zünde an, 2) v. δαίω zertheile

ἡ δαΐς die Fackel

(ἡ δαίς das Mahl)

ἡ δαΐς das Blutbad (nur im D. δαΐ)

δύη 1) das Unglück, 2) Opt. aor. von δύω

εὖρος τὸ die Breite, ὁ der Südostwind

ἕρμα 1) die Stütze (v. ἐρείδω),
  2) das Ohrgehänge (von
  εἴρω)

εἰσάμην aor. 1) v. εἴδομαι,
  video, 2) von εἶμι, eo

τὰ ἤϊα 1) die Wegekost (von
  ἰέναι), 2) die Spreu (von
  ἄημι?), 3) ἤϊα = ἤειν ich
  ging

ἦ 1) sprach's (von ἠμί) = ἔφη,
  2) er war = ἦν, 3) wahrlich

ἤχθετο impf. 1) v. ἄχθομαι
  bin betrübt, 2) v. ἔχθομαι
  bin verhaßt

θύω 1) stürme einher, müthe,
  2) verbrenne als Rauchopfer

θεῖον 1) der Schwefel, 2) göttlich, divinum

ἴδιον 1) ich schwitzte von ἰδίω
  = ἱδρόω, 2) proprium von
  ἴδιος

ἰῷ 1) Dat. v. ἰός der Pfeil, 2)
  von ἰος = εἷς

ἴσκεν 1) aequabat, 2) dixit(?)

κάρ 1) = κατά vor ῥ, 2) „Kopf"
  in ἐπὶ κάρ

καρπός 1) die Frucht, 2) die
  Handwurzel

κείω 1) ich will liegen, 2) ich
  spalte = κεάζω

κλείω 1) ich rühme, 2) ich schließe

κορώνη 1) der Thürring, 2) die
  Seekrähe

κρεῖον 1) die Fleischbank, 2) Voc.
  von κρείων Herrscher

λίς 1) der Löwe, 2) fem. zu λισ-
  σός glatt (λὶς πέτρη)

λέγειν 1) legen, 2) zählen, her-
  zählen, reden

λάων 1) gen. pl. v. λᾶας der
  Stein, 2) partic. von λάω
  = λαμβάνω

μήδεα 1) consilia, 2) pudenda
  = αἰδοῖα

μῆλον 1) das Schaf, 2) der
  Apfel

μήτι 1) Dat. v. μῆτις Einsicht,
  2) Neutr. v. μήτις Niemand

μνᾶσθαι 1) gedenken, 2) freien

νηός 1) der Tempel = νεώς,
  2) gen. von νηῦς Schiff

ὁ οὖρος 1) der Fahrwind (verwandt mit ὄρνυμι ob. αὔρη),
  2) die Gränze = ὁ ὅρος,
  3) der Aufseher, Wächter (v.
  ὁράω)

τὸ οὖρος der Berg = ὄρος

ἡ οὐλή die Narbe

αἱ οὐλαί = οὐλόχυται Opfer-
  gerste

ὄχος τὸ das Fuhrwerk, ὁ der
  Behälter, Bewahrer Od. 5.
  404

ὀρώρει 1) plusqupf. von ὄρνυμι, surrexit, 2) von ὄρο-
  μαι Il. 23. 113 führe die
  Aufsicht

ὁ ὅρμος 1) die Halsschnur (von
  εἴρω), 2) der Ankerplatz (verwandt mit ὁρμάω)

ἡ οὐδός der Weg = ὁδός

ὁ οὐδός die Thürschwelle

οὖλος 1) ganz, voll = ὅλος,

2) dicht, fest, kraus (v. εἰλέω), 3) verderblich = ὀλοός (οὖλε imperat. = salve O. 24. 402)

ὀπός 1) ὁ der Saft, 2) gen. von ὄψ, vox

ὀφέλλειν 1) augere, 2) debere = ὀφείλειν

πάσσων 1) part. von πάσσω streue, 2) Comparat. von παχύς

πεφήσομαι fut. III. v. φαίνω u. ΦΕΝΩ

πέφανται 3. Sing. pf. pass. v. φαίνω, 3. plur. pf. pass. v. ΦΕΝΩ

πόσις ὁ der Gatte, ἡ π. der Trank

πειραίνειν 1) anbinden, 2) vollenden

πεῖραρ 1) der Strick, 2) das Ende = πέρας

πρῆθειν 1) blasen, anblasen, 2) verbrennen

πλῆτο, πλῆντο 1) appropinquavit von πελάω, 2) impletus est von πίμπλημι

ῥυτήρ 1) der Spanner (des Bogens), 2) der Zügel, die Leine

σκοπός 1) der Späher, 2) das Ziel

στεῖρη 1) Subst. der Kiel, 2) adj. fem. von στερεός unfruchtbar

ὁ ταρσός 1) die Darre, 2) die Fußsohle

τάφος ὁ die Bestattung, τὸ τ. das Staunen

χράω 1) bedränge (nur imperf.) 2) ertheile Orakel, weissage

Durch den Accent werden unterschieden:

ἄγων führend

ἀγών die Versammlung

ἀκρίς, ίδος ἡ die Heuschrecke

ἄκρις, ιος ἡ die Bergspitze

ἄκμηνος, ον nüchtern = ἄγευστος

ἀκμηνός ungeschwächt

αἶνος ὁ die Lobrede

αἰνός, ή, όν = δεινός furchtbar

αὐλή der Hof

αὔλη das Flötenspiel

ὁ βίος das Leben

ὁ βιός der Bogen

ὁ βρότος das Blut (cruor)

ὁ βροτός der Sterbliche

ὁ δῆμος das Volk

ὁ δημός die Fetthaut

ὁ ἔλεος das Mitleid

ὁ ἐλεός der Anrichttisch

εἰῶ = ἐάω Il. 4. 55

εἴω Conj. v. εἰμί = ὦ

ἢ (ἠέ) oder

ἤ s. oben

ἴδε = εἶδε, vidit

ἰδέ = ἠδέ „und"

κάλος ὁ das Tau

καλός schön

κεινός ep. st. κενός leer

κεῖνος ep. st. ἐκεῖνος jener
κίων ὁ ἡ die Säule
κιών = ἰών, iens
κῆρ τό das Herz
κήρ ἡ das Todesloos
λάρος ὁ die Möve
λαρός lecker, labend
λαός das Volk
λᾶος gen. v. λᾶας Stein
λαῶν gen. pl. v. λαός
λάων (s. oben)
νέος jung
νεός gen. v. νηῦς Schiff
οὐρός ὁ der Graben (verwandt mit ὀρύσσω)
οὖρος ὁ u. τό (s. oben)
οἶος allein = μόνος
οἰός gen. v. οἶς, ovis

οἴκοι, aedes
οἴκοι, domi
ὄρος τό der Berg
ὀρός ὁ die Molken
ὁμῶς zusammen
ὅμως dennoch Il. 12. 393
σταφυλή die Weintraube
σταφύλη das Loth in der Bleiwage
πύθεσθαι modern v. πύθω
πυθέσθαι erfahren von πυνθάνομαι
φῆ = ἔφη
φή = ᾗ wie
ὦμος ὁ die Schulter
ὠμός roh, unreif
ὦχρος ὁ die Blässe
ὠχρός blaß

Aehnlich klingende, zwar durch die Endung verschiedene, aber nicht selten verwechselte Wörter sind:

ἀπείρητος imperitus
ἀπείριτος gränzenlos = ἀπειρέσιος u. ἀπείρων
ὁ αὐλός die Flöte, die Röhre
ἡ αὐλή u. ἡ αὔλη s. ob.
ὁ θρόνος der Armsessel
τὸ θρόνον die Blume (in der Stickerei)
ὁ ἰός der Pfeil
τὸ ἴον die Viole
ἡ ἱστίη der Heerd
τὸ ἱστίον das Segel
ὁ ἱστός der Mast, der Webstuhl
ὁ κνημός die Waldschlucht
ἡ κνήμη die Wade

ὁ οὖρος, τὸ οὖρος, ὁ οὐρός (s. oben)
ὁ οὐρεύς der Maulesel, der Wächter (Il. 10. 84)
τὸ οὖρον die Strecke
ὁ ἐπίουρος der Wächter
τὰ ἐπίουρα das Gewende
ἡ οὐρή der Schwanz
ὁ u. τὸ ὄχος s. oben
ὁ ὀχεύς der Sturmriemen u. der Riegel
ἡ οἴμη die Sage
τὸ οἶμα, impetus
ὁ ὄροφος das Rohr
ἡ ὀροφή das Dach

ἡ ὁπλή der Huf

τὰ ὅπλα die Waffen, das Geräth

οὐδός s. oben

οὖδας τό der Erdboden

πεπτεώς perf. von πίπτω,

πεπτηώς perf. von πτήσσω sich
    bucken

ἡ ποτής, ῆτος der Trank

ἡ ποτή das Fliegen

τὰ ποτητά das Geflügel

ἡ προχοή die Flußmündung

ἡ πρόχοος die Gießkanne

ὁ πυρός der Weizen

ἡ πυρή der Scheiterhaufen

ὁ σταθμός der Ständer, der
    Stall

ἡ στάθμη das Richtscheit

ἡ σφῦρα der Hammer

τὸ σφυρόν der Knöchel

ὁ τροπός der Ruderriemen

ἡ τρόπις der Schiffskiel

*ἡ τροπή die Wendung

ἡ ὑπερώη der Gaumen

τὸ ὑπερῷον der Söller

ὁ φόρτος die Ladung

ἡ φορτίς das Lastschiff

τὸ χάρμα die Freude

ἡ χάρμη der Kampf.

Erklärung der Figuren.

(Fig. 1—16 nach Rheinhard; Griech. und Röm. Kriegsalterthümer. Stuttg. b. A. Liesching.)

Fig. 1. κόρυς
a. φάλος
b. φάλαρα
c. κύμβαχος
d. λόφος
e. ὀχεύς

Fig. 2. τρυφάλεια
αὐλῶπις

Fig. 3. κυνέη
ἀμφίφαλος,
τετραφάληρος

Fig. 4. καταῖτυξ
ἄφαλος, ἄλοφος mit einer στεφάνη (a)

Fig. 5. θώρηξ
a. γύαλον
b. ζωστήρ
c. ὀχεύς
d. ζῶμα
e. χιτών

Fig. 6. κνημίς
a. ἐπισφύριον

Fig. 7. ἀσπίς
a. ἄντυξ
b. ὀμφαλός
c. τελαμών

Fig. 8. σάχος

Fig. 9. λαισήιον

Fig. 10. ἔγχος
a. δόρυ
b. ἀκωκή
αἰχμή
στόμα
c. αὐλός
d. πόρχης

e. καυλός
f. σαυρωτήρ,
οὐρίαχος

Fig. 11. ξίφος
a. κώπη
b. καυλός
c. ἀκμή

Fig. 12. κουλεόν
nebst ἀορτήρ (a)

Fig. 13. τόξον
a. πῆχυς
b. κέρατα
c. νευρή
d. κορώνη

Fig. 14. ἰός oder
ὀιστός
a. δόναξ
b. ἀκωκή
oder γλωχίς
c. ὄγχος
d. νεῦρον
e. γλυφίς
f. πτερά

Fig. 15. φαρέτρη
mit πῶμα

Fig. 16. ἀξίνη
a. πέλεχχον

Fig. 17. ἅρμα (nach Rich Illustrirtes Wörterbuch der Röm. Alterth. mit steter Berücks. b. griech. übers. von C. Müller. Paris u. Leipz. Firmin Didot 1862 p. 211).
a. τροχός oder κύκλος
b. πλήμνη
c. κνήμη

11*

d. ἴτυς

e. ἐπίσσωτρον

f. δίφρος

g. ἄντυξ

h. ἐπιδιφριάς

i. ῥυμός

Fig. 18. ζυγόν (nach Rich pag. 332)

a. ζεύγλη

b. ὀμφαλός

c. οἴηκες

d. ζυγόδεσμον

e. λέπαδνα

f. ῥυμός

g. πέζα

h. ἕστωρ

i. κρίκος

Fig. 19. Ein Gespann Pferde nach einem Gemälde in Pompeji (Rich p. 332)

a. ἄμπυξ

b. παρήιον

c. ἡνία, εὔληρα, ῥυτήρ

d. ζυγόν

e. λέπαδνα

Fig. 20. Ein πηκτὸν ἄροτρον nach einem auf der Halbinsel Magnesia aufgefundenen Basrelief (nach Rich p. 47).

a. γύης, buris

a' ἱστοβεύς, temo

b. ἔλυμα, dentale

c. ὕννις, vomer

d. Hölzernes Band zur Befestigung des dentale an der Deichsel (fulcrum?)

e. πτερά, aures

f. ἐχέτλη, stiva

(Sämmtliche Benennungen der Theile sind nachhomerisch.)

Fig. 21. Grundriß des Hauses des Odysseus (zum Theil nach Voß).

A. Α' αὐλή und zwar

A der vordere oder Viehhof

A' der hintere, von Wohnungen für

das Gesinde und anderen Wirthschaftsgebäuden umgebene Theil des Hofes

B. μέγαρον

C. Arbeitssaal der Königin

D. Seitenhof, λαύρη

E. κῆπος πολυδένδρεος O. 4. 737. hinter der Frauenwohnung (?)

a. ἕρκος

a' ἑρκίον αὐλῆς O. 18. 102 eine niedrigere, den vorderen Hof von dem hinteren trennende Mauer

b. λίθοι ξεστοί

c. θύραι Hofthor

d. πρόθυρον Thorweg

e. σταθμοί Ställungen

f. Gesindewohnungen und Wirthschaftsgebäude

g. Altar des Ζεὺς ἑρκεῖος

h. θόλος

i. αἴθουσα

k. θάλαμοι zur Aufnahme von Fremden

k' θάλαμος des Telemach

k'' Badezimmer?

l. πρόδομος ⎫ Vorhaus, Hausflur
   πρόθυρον ⎭

m. οὐδός — βηλός

n. Platz für den κρητήρ

o. ὀρσοθύρη (?)

p. ἱστίη, ἐσχάρη

q. κίονες

r. σταθμοί

s. Eingang zum Arbeitssaal der Königin

t. Aufgang zum ὑπερώιον und den über dem μέγαρον liegenden Kammern mit der κλῖμαξ und einem Ausgange nach der λαύρη

u. θάλαμοι Vorrathskammern

v. θάλαμος des Odysseus

w. der als Bettfuß dienende Stumpf des Oelbaums Od. 23. 190—201.

x. Säulen

y. Eingang von der αὐλή in die λαύρη

Fig. 22. Das homerische Schiff
(zum gr. Theil nach A. E. Lucht:
das Schiff der Odyssee. Progr.
Altona 1841).

a. στείρη
b. τοῖχος (ἐπηγκενίδες)
c. πρώρη
d. πρύμνη
e. ἄφλαστον (κόρυμβα)
f. μεσόδμη
g. ζυγά
h. κληίς mit τροπός
i. ἱστός
k. ἐπίκριον
l. ἱστίον (σπεῖρον)
m. πρότονοι
n. ἐπίτονος
o. ὑπέραι
p. κάλοι
q. πόδες
r. πηδάλιον
s. οἰήιον

t. ἐφόλκαιον
u. ἐρετμόν
v. κώπη
w. πηδόν
x. πρυμνήσια πείσματα]
y. δεσμός Ankertau
z. ἴκρια πρύμνης

Fig. 23. Querdurchschnitt des Schiffes.

a. τρόπις
b. στείρη
c. ἱστοπέδη
d. ἴκρια (Rippen)
e. σταμῖνες
f. ζυγόν
g. μεσόδμη
h. ἱστός
i. θρῆνυς
k. ἴκρια Brettergänge an den Seiten

Verzeichniß der Druckfehler.

Als Ἅπαξ εἰρημένα sind mit einem Sternchen noch zu
bezeichnen:

βύκτης (S. 1. 2. Col.), σπιδές (S. 8. 1.), ἰσόπεδον (ibid.), τανύφλοιος (12. 1),
φυλακινή (13. 2), ἴξαλος (ibid.), ἰονθάς (14. 1), ὑπόρρηνος (15. 1), ταναύποδα (15. 2), νωθής (ibid.), λυσσητήρ (16. 1), ῥῶγες (35. 1), σκαφίς, γαυλός, πέλλα (37. 1), σκύφος (37. 2), κίστη (38. 1), δείπνηστος (39. 1), φήγινος
ὀκτάκνημος (41. 2), ἐξήλατος (48. 1), βλῆτρον (66. 2).

Druck von G. Bernstein in Berlin.